U0611214

婴贝儿
你看不懂

刘长燕 著

中华工商联合出版社

献给婴贝儿大家庭，
感恩在婴贝儿战斗过的
每一位家人！

—— 刘长燕

◆　2007年8月8日婴贝儿第一家门店历山店正式开业

◆ 2009年4月1日第一批股东诞生

◆   在军训基地进行培训

◆　孝亲会上跪拜父母

◆　　2012年第一届"五年醇"颁奖典礼

◆   2016年济南慈善总会在婴贝儿设立慈善工作站

◆　　”婴二代“传统文化夏令营

◆　　2015年"人人都是创业家"

◈　　2017年周年庆誓师大会

◆　2017年第一批"十年陈"颁奖典礼

◈　　2017年新logo升级发布仪式

◆　2017年十周年庆典上，提出打造"百年企业，百亿企业"的"双百"梦想

目 录
contents

上篇　先有文化，后有企业

第一章
婴贝儿诞生

第二章
逆风翻盘：服务赢得信任

第三章
军队文化：保证完成任务，没有任何借口！

第八章
服务升级：星级管家，360°呵护顾客

第九章
培训升级：英成三实商学院

下篇　文化的力量：和谐共生，欣欣向荣

第十章
共享文化：人人都是创业家

第十一章
怀着使命感修行

长空飞燕尽风流

认识长燕好多年了。最初的印象就是一个女汉子。没想到时间越久，就越发看到她柔情似水的一面。尤其是看了她写的这本书，一个真实的、立体的、有血有肉的、鲜活生动的长燕，正活脱脱地展现在我的面前。

长燕是自信的。这个自信从哪儿来？长燕以她砥砺前行的人生告诉我们，只要有梦想，并且敢于追求梦想，这份自信就会油然而生。这是追求！

长燕是幸运的。她选择了一个有着巨大发展空间的方向——母婴行业。随着社会的发展与进步，越来越多的母亲们父亲们都开始重视幼小的生命，所以她的婴贝儿一定会越来越好。这是刚需！

长燕是美满的。贴心的丈夫，活泼的儿女，幸福的家庭，顺畅的事业，一个女人亦复何求？这是圆满！

长燕是有福的。做母婴产业的人很多，但有机缘走进传统文化的目前恐怕不多。她的人生轨迹从此一往无前，势如破竹。她的人生因此更加精彩，更加绽放！这是福报！

这个世界，女人比男人美丽，不是美貌，不是装饰，而是因为她们如同灿烂阳光的无边母爱，如涓涓流水般随方就圆的性情。上善若水，水善利万物而不争，故几于道。

这个世界，女人比男人高大。尽管站在前边的圣人、英雄、楷模、战士，多为男性，可站在他们身后的，永远是那些伟大的母亲们、妻子们。她们默默无闻的付出，成就了这些伟大的男人，成就了这个多彩的世界。

长燕的美丽与高大，就在她几十年如一日的孝道里，以及夫妻之道、父母之道、朋友之道里。所以，她才做得优秀，做得出彩，做得成功。

可能是因为篇幅所限，她个人的孝道故事并没有展开。其实我相信，这一部分可能才是最打动人、最富有人性张力的，也是最值得学习和借鉴的。

中国文化的源头和根基是孝道。"夫孝，德之本也。"自古以来，凡是孝道做得好的人，往往受人尊重。"德不孤必有邻。"得道多助，反之，失道寡助。

由孝道推而广之，就会产生人伦之爱、社会大爱。人类一切爱的起点就在这里。正因为长燕从小耳濡目染，父母的教育使她懂得了这些做人的道理，所以，她的人生方向没有偏失，没有离道。因此长燕得到这些好的结果也是必然的——积善之家必有余庆！

我相信长燕今后的人生路一定走得更加顺畅、美好。因为她"得道"了。得道之后再去传道，就一定能传好道，成为一名优秀的传道者。当今世界，不缺企业家，不缺有钱人，最缺传道者。所以我希望，长燕能够修身为本，正己化人，点亮自己，照亮别人，成为一个如同太阳一般的传道者。

最后，送一首我的小诗给长燕，算是我对这本书的一个评价和期许：

江河奔腾展歌喉，长空飞燕尽风流。

不夸今日婴贝儿，无限风光在前头。

吕明晰

2019年11月15日

（吕明晰，中国老龄事业发展基金会孝文化传播委员会副主任，中华炎黄文化研究会文明传播工作委员会理事长）

婴贝儿，用心就能读懂

　　婴贝儿十几年的艰苦实践，不仅仅创造出了行业的奇迹，也造就了一般人看不懂的企业风貌。

　　在现实中，不少的人以为做企业就是赚钱，可很多人忘记了，中国智慧是"义利相生"的模式。心中有对人的深情厚谊，才能获得好的经济回馈。认真学习和传播中华传统优秀文化的婴贝儿已经证明了这一点。

　　在现实中，不少的人用自己的思想去教育部下，道理讲了无数次，但好像只是停留在道理层面上，难以入心。其实，我们自己的经验是有限的，与其自己徒劳般地去说教，何不带领大家一起学习圣贤的智慧呢？在这一点上，婴贝儿觉醒了，走向了光明的大道！

　　在现实中，很多企业家以为搞企业只要学好企业管理就行了，结果，企业管理越做越尴尬，因为员工要么心中压抑，要么被老板刺激得欲望无法得到满足（欲望的特点就是无法满足），导致很多老板自己也很苦闷。婴贝儿的老板是中国企业家中较早觉醒的人，早早地开始进入中国著名的国学书院——华商书院学习国学，从圣人那里懂得了人心和天地大道，于是走上了"追随圣贤，改造自我"的人生道路。随着自我内心的不断纯净，智慧不断增加，在同行中就自然脱颖而出了。学习圣贤智慧，可以改变命运，婴贝儿的实践证明了这一点！

　　在现实中，一些企业家也开始学习国学智慧，课堂上也会有诸多的感慨和体悟，但离开课堂和老师，重新回到自己的生活中不久就会发现，学习到的国学智慧又差不多被忘掉了。婴贝儿的老板难能可贵，能学以致用，将学习到的国学智慧落地到自己的企业中，带领员工一起走上"学国学、追圣人、勤修行"的智慧道路。在他们的学习和智慧提高中，企业也自然地产生了新的动力，诞生了新的生产力，促进了企业的健康发展。

在现实中，还有不少的人认为，做企业就是让员工为企业奋斗，甚至很露骨地提出就是为了股东利益最大化。这样狭隘的逻辑，自然遭到了员工的唾弃。而学习国学后的婴贝儿的老板，懂得了做企业就是做人，管理员工就是要成就员工，成就员工关键是促进员工的成长，员工成长了，企业就成长了！看起来如此简单的道理，又有几家企业、几个老板真正地懂得和做到了呢？婴贝儿做到了！

婴贝儿，用俗心是肯定看不懂的！

婴贝儿，用圣人之心就一定能看懂！

因为，婴贝儿，就是圣人智慧实践的证明！

祝福婴贝儿，百尺竿头更进一步！

祝福婴贝儿，自我不破不停步，修行无止境！

祝福中国的企业，学习圣贤智慧，创造伟大的企业！

齐善鸿

2019年11月29日星期五

（齐善鸿，教授，南开大学商学院博士生导师，国学与管理研究中心主任，老子道学文化研究会副会长，中华孔子基金会特聘专家，聚成股份董事长、党委书记，华商书院院长，"《道德经》与人生智慧"主讲人）

美好创业，其路漫漫

每一个人都有自己的梦想，但勇于逐梦的人并不多。刘长燕创办婴贝儿的过程，是逐梦的过程，是敢于承诺、坚毅前行、不断升级的过程。

如果你说看不懂婴贝儿员工的疯狂，看不懂婴贝儿的培训体系，看不懂创始团队没有母婴行业背景却能在山东全省攻城略地，你可以试着读懂婴贝儿的创始人刘长燕。

一位从小立志改善家庭生活的普通女生，一个信奉PK精神的女汉子，一个有着两位孩子的柔情母亲，看懂了刘长燕，便能看懂婴贝儿。一天，婴贝儿共同创始人、刘长燕的爱人贾俊勇问："咱们真的还要再坚持下去吗？"济南的冬天寒风萧萧，临近预产期的刘长燕有些身心疲倦，但她坚定地回答道："为什么不坚持？坚持下去，至少还有50%的机会成功。如果放弃，就是100%的失败。退一万步讲，就算彻底失败了，无非我再回去讲课。"

风和日丽，美景如画，从来不是创业者的人生。刘长燕创办婴贝儿的过程，就是麻烦不断的过程，苦与乐交替进行。翻阅《婴贝儿你看不懂》，会让你感触到：真正为顾客提供良心服务、推动行业发展的创业者们，不仅是"麻烦"制造者，更是自我灵魂的锤炼者，美好商业的缔造者。

婴贝儿的创业故事，也是一则则成功的励志故事。这里有从门店普通员工成长为公司联席总裁的案例，有"人人都是创业家"机制下成果共分享的案例，当然也有血雨腥风的商战故事。人生不易，创业尤难。婴贝儿创建12年来，取得了令人瞩目的成绩：一直以高于同行业三四倍的速度发展，连锁店数量近200家。刘长燕本人被评为"中国杰出创业女性""中国儒商风范人物奖""影响济南"年度创新人物等。

《婴贝儿你看不懂》是一部有关爱的作品。刘长燕是两个孩子的妈妈，正因为在济南找不到一个能真正为妈妈提供专业服务的地方，强烈的使命感触发了刘长燕第四次创业。"感受着女儿在腹中的胎动，给妈妈们专业的爱，已经不再仅仅是一种创业愿景，更是我作为一个妈妈最朴素的情感表达！"

婴贝儿极其注意企业文化建设，刘长燕甚至用"先有文化，后有企业"来形容。婴贝儿的企业文化底层价值是"人心向善"，刘长燕坚信每个人心里都渴望被温暖和善意包裹，渴望积极进取实现更大的价值。为何婴贝儿的员工总是笑容满面？为何要求员工学习传统文化并且将孝道引入企业？为何投入巨大财力、人力推广"三好妈咪"，倡导母乳喂养，自断奶粉销售的财路？为何每年都有那么多企业家带团队到婴贝儿参观……《婴贝儿你看不懂》详细展露了"军队+学校+家庭"作为企业文化的实践路径，你会为之赞叹！

我喜欢一句话：决心成为自己，就是一种英雄行为。英雄之旅关系到探寻深层自我的勇气，婴贝儿的成长旅程，某种程度上说就是刘长燕的英雄之旅。

母婴行业是一个呼唤美好、提供健康产品与爱之服务的行业，让商业更美好，是以传统文化作为强基因的创业家们、企业家们的共同心愿。刘长燕的婴贝儿创业故事，是真正美好的创业。美好创业，其路漫漫，世人愿共祝福。

邱恒明

2019年12月1日

（邱恒明，财经作家，《海底捞你学不会》策划人，著有《创业大浪潮》、《创业第2课》、《这个星球不配我死》等作品）

自 序

婴贝儿其实是我第四次创业。自1992年下海经商开始,我摆过地摊、干过医药、做过培训。在商海中沉沉浮浮度过的激情岁月,让我从一个初出茅庐、满腔热血的创业女青年,成长为成熟稳重、优雅自信的"商界木兰"。婴贝儿也从刚开始连续两年多亏损、几乎赔光所有投资,到如今成为山东规模最大、品类最全、最专业的母婴连锁机构。28年的商海之路跌宕起伏,我的人生因商业而丰富、精彩。

如果问我为什么要写书讲述我和婴贝儿的故事,总结这段成长历程,那么我会告诉你,婴贝儿自2007年成立以来,已经走过12年。按照中国传统文化的说法,12年一个轮回,对于婴贝儿来说,这是一个回望初心、继往开来的时间节点。只有了解我们从哪里来,重新理解婴贝儿的发展历史、成长故事与精神文化,才能清楚将来要到哪里去。

母婴行业是一个非常特殊的行业:我们的顾客要么是婴童,要么是孕妇,要么是妈妈,都是一些弱势群体,如果不能把服务做好,我觉得对不起她们的信任;婴贝儿的员工90%以上都是女性,她们在职场中想做出一点成绩、创出一番事业来,往往要比男性付出更多的精力和代价,如果不能为她们创造快乐幸福的生活,我觉得对不起她们的付出。

这么多年来,婴贝儿一直致力于成为中国母婴行业受尊重的企业:受员工尊重,受顾客尊重,受社会尊重。因此,我们注定要承受太多的痛苦、挣扎、迷茫、蜕变，也收获了很多成长的喜悦、感动的瞬间、激情的岁月、骄傲的业绩，有太多的人物与故事让我震撼、自豪与幸福，我用文字、图片、视频记录了大家共同走过12年的点滴，共同书写一部荡气回肠、催人奋进的大美华章。

我将书名确定为《婴贝儿你看不懂》，是因为每次和企业家及朋友在一起的时候，大家都有很多疑问要我解答，在他们眼中，婴贝儿有太多东西看不懂。

看不懂婴贝儿的员工： 为什么婴贝儿的员工总是笑容满面？"努力到无能为力，拼搏到感动自己"的狂热激情究竟从何而来？为什么有些员工别人出三倍工资都挖不动？而且离职后回归的人数那么多？为什么员工会含着泪宣告"我为婴贝儿献青春，献完青春献子孙"？"要么全力以赴，要么走人""如果我不能，我就一定要"的决心和魄力是怎样形成的？在室外39度的酷暑下、在"利奇马"肆虐的暴风雨中，员工为什么依然能超额完成周年庆销售任务？一年搞3000多场活动背后的凝聚力、执行力和战斗力究竟是怎么形成的……

看不懂婴贝儿这家企业： 为何会对员工培训投入如此高的成本？为何每次新员工培训第一天老板会亲自上场？为何一场培训就能达到提升50%销售业绩的惊人效果？为何要求员工学习传统文化并且将孝道引入企业？为何一名基层员工能成长为联席总裁？为何提出"人人都是创业家"，鼓励人人当股东、人人拿分红？为何每年都耗费巨资打造一台周年庆典晚会，为员工颁发定制钻戒？为何要把"爱我就要投诉我"当作企业信条？为何员工敢开"扒皮会"当面批判老板？为何创业早期就敢拿出700万元真金白银补差价、退换货？为何投入巨大财力、人力推广"三好妈咪"，倡导母乳喂养，自断奶粉销售的财路？为何每年都有那么多企业家带团队到婴贝儿参观……

所有这些看不懂，可以简单总结成三句话：员工的"疯狂"你看不懂；员工的忠诚度高你看不懂；"婴式培训"你看不懂。

其实，我自己也给不出一个标准答案，更无法总结出高深的理论思想、完整的管理体系、先进的商业模式，我只是想尽可能真实还原当时的场景，原汁原味地把故事掰开了、揉碎了讲出来，坦诚地告诉大家我们曾经遇到的困难，总结其中的经验教训，包括我对传统文化身体力行、对培训的理解，帮助从事母婴领域、服务行业的创业者少走一些弯路。我相信故事本身就有魅力和能量，真诚的故事能够让读者感受到温暖和希望。

假若非要为看懂婴贝儿找一个切口，我倒是想谈一谈传统文化。无论员工还是顾客、供应商朋友，大家都称呼我刘老师，好像我不是一个做企业的人，更像是社会大学的一名老师。婴贝儿是一家企业，但更是一个大家庭，一个作战部队，一所社会大学。只有人生观、价值观都对了，才能做什么事情都对，否则都是错的。我们从事母婴行业，要为这些伟大的妈妈们、可爱的宝宝们贡献一份细心呵护的力量，要实现婴贝儿的双百梦想——百亿企业、百年企业，成为受人尊重的企业，必定由一群道德品质高的人来做，所以我从2014年开始引进传统文化，把孝道文化引进来。我们希望为社会传递一份正能量，能够温暖济南，影响山东，将来能够感动中国。

今天的婴贝儿依然是商海中一艘弱不禁风的小船，随时都会经历狂风巨浪的洗礼，但我们为成千上万中国母婴领域创业者提供了一个样本。你能看到一位女性的成长历程——我经历的酸甜苦辣、喜怒哀乐也许对你有参考价值。你能看到一家企业不断尝试、变革、突破、跨越的过程，从不断失败中走向成功。你还能看到一群人创造一项共同事业的奋斗史——婴贝儿人到底在坚持一种什么样的人生观、价值观？追求一种什么样的理想、目标？这些人生观、价值观到底起到什么样的作用？

图书正式付梓之前，我曾请朋友和员工阅读书稿，他们不约而同都提出了一个问题：这是你的自传，为什么你的故事不多，反倒讲了很多员工的故事？其实，这是《婴贝儿你看不懂》一书从策划伊始我就从未改变的初心：我希望采用自传的体裁，以企业创始人自述的形式记录下婴贝儿的故事，而婴贝儿的故事一定不仅仅是我的故事，更是所有婴贝儿人的故事——没有一批婴贝儿人和我并肩战斗，就不会有婴贝儿那么多荡气回肠的感人场景，也不会有婴贝儿如今的繁荣发展。所以，我希望把更多的篇幅留给婴贝儿的家人们。

当然，我不是专业作家，只是以聊天、拉家常的方式讲述我和婴贝儿的故事，所以请诸位读者不要挑剔书中的一些修辞手法——请您理解，我不是在分析商学院案例，所以不要较真是否符合管理规则；请您包容，因为我只想用真情实感将那些真人、真事如实记录。由于时间仓促，加之我自身知识、能力等原因局限，书稿中难免存在错漏之处，还请您多提宝贵意见，我一定会在后续再版、重印时修订纠正，努力做到尽善尽美。

这本书肯定适合母婴行业从业者阅读，因为我们曾踩过所有的坑、吃过所有的苦，但这本书的价值和意义远不止于此，这本书适合所有需要人去用心耕耘的行业从业者阅读，因为企业文化建设的底层逻辑是尊重人性，是最简单朴素也最温暖人心的普世价值。如何重新认识企业文化？如何培养员工的凝聚力、执行力？如果铸造企业内部共识？如何让企业文化成为每个人的力量源泉？以上种种疑问，每个人的答案不尽相同，而我在书中认真写下了婴贝儿的答案以飨读者。

这本书还适合所有心怀梦想并愿意努力去实现的人，也能激励一些还在迷茫和困境中挣扎的朋友。我想让更多人了解婴贝儿人平凡背后的伟大，她们活得有信仰、有梦想，干得有希望、有动力。希望我和婴贝儿的故事，能够成为大家共同的精神财富。最后，希望每一位曾在婴贝儿奋斗过的人能够再次感受到那份激情与美好，也希望每一位读者能够得到启迪与鼓励，能有所收获，哪怕只是一点点。

刘长燕

2019年11月15日

上 篇
先有文化，后有企业

　　别人都是先有企业后有文化，婴贝儿却是先有文化后有企业。因为在创办婴贝儿之前，我已经有了三次创业经历，这十五年的创业实践让我不仅对企业文化有着足够的重视，更形成了一套完善的理论体系，于是才有了婴贝儿文化驱动型的创业之路。

第一章

婴贝儿诞生

很多人都在问我，你是因为有了孩子才有了婴贝儿，还是因为做了婴贝儿才要的孩子？因为我的女儿和婴贝儿同龄。2007年，我有两个"孩子"诞生，一个是婴贝儿，一个是女儿丫丫。

也正是因为如此，我才能感同身受地知道妈妈的苦，妈妈的难，妈妈的需求和迷茫。而在这个过程当中，我却找不到一个能真正为妈妈提供专业服务的地方。于是，一种强烈的使命感油然而生。最终经过几轮选择，我坚定不移地选择了母婴行业再创业。有着此前三次成功创业的经验，因此我满怀信心地创办了婴贝儿。

没想到，一个猛子扎下去，结果异常惨烈。5万本目录册石沉大海，1200多平方米的店面门庭冷落，每年100多万元的房租，每天800多元钱的销售额，日均1万多元钱的亏空，持续800多天的亏损。婴贝儿初期的惨淡萧条可见一斑。曾经意气风发的我，被现实无情地打回了原形，成为在一个个深夜里，点灯数伤痕的刘长燕……

第四次激情创业：给妈妈专业的爱

"我怀孕啦！"一进门，我就迫不及待地把这个消息告诉家人，全家用掌声和欢呼声祝贺我这个三十三岁的高龄孕妇。

当时儿子浩浩已经六岁，再次孕育新生命让我既高兴又苦恼。为人母的喜悦背后，是只有妈妈才能切身体会的苦。生儿子的时候，36个小时的痛苦分娩让我死去活来。孩子出生后，运动员出身的我，因为身体虚弱第一次吸上了氧气，之后在月子里更是因为挤奶发了三次高烧！

同样现实的问题还有购物的辛苦和麻烦，因为济南没有专业的母婴店，所以我从这家买奶粉，从那家买纸尿裤，再跑到其他家买奶瓶、吸奶器。因为没有专业的导购给我介绍，买东西的时候我常常迷茫无助，眼花缭乱的商品让我不知道如何挑选。我一次次感慨，如果要有一家专业的母婴店该多好呀！

就这样，我的第二次怀孕，在喜悦和痛苦之间交替。恰恰这个时候，我们的事业也有了新的起点。当时，我是演讲台上小有名气的明星培训师，整天奔波于各大城市为企业家讲课，帮助了很多企业。为此，我感到无比幸福，可是一场场培训渐渐掏空了我此前积攒的干货，我感觉大脑需要再次充电，想在新的创业中汲取能量。于是，我和先生贾俊勇（后面简称"老贾"）开始寻找新的创业点。

我们首先把目光聚焦在图书城上。我放下之前的老板身段，到沈阳最大的图书城"卧底"当员工，但发现图书城并不能激发我创业的兴奋点，于是短暂的卧底生涯就此结束。

运动员出身的我又把目光转移到健身行业。为此，我特意跑到北京，与一家知名的健身品牌谈加盟，最后我和老贾连场地都选好了，却始终没有找到使命感，踏足健身行业的想法又画上了句号。

把视线从北方转移到南方，上海一家做办公用品的世界五百强企业吸引了我们。于是，我俩来到上海咨询学习。没想到，"有心栽花花不开，无心插柳柳成荫"，本是为办公用品行业而来，却阴差阳错地吹响了我们拥抱母婴行业的号角。

上海之行让我们第一次听说"目录册销售"①，并得知在北京有人通过目录册销售把母婴行业做得风生水起。就这样，无意之间，母婴行业在我的创业视野跃然显现。联想到孕育浩浩时的辛苦，和再怀丫丫的种种忧虑，几乎是出于母性的天然冲动，我当即认定：就是它了！

之前在济南，我压根都没听说过母婴行业！选择母婴行业创业，不仅能解决我怀孕正面临的问题，而且，母婴行业又是一个济南还未发展的新行业，更是朝阳行业。这样，既帮助了我，又服务了无数像我一样迷茫无助的妈妈，看着孩子在我们的服务中孕育诞生，陪孩子成长，这是一件多么让人充满使命感的事情！想到这里，我格外激动，马上找到了兴奋的创业感觉。

于是，带着一种强烈的使命感，我挺着孕肚开始了新一轮创业。

2007年初，我们开始招兵买马筹建团队。此时，"创业"对我和老贾来说并不陌生。

1998年，医药代理的经历使我们挖得人生第一桶金。当年，我们带出了一支在医药行业十分出名的营销队伍，我们一个促销员的销量是别人的两三倍！凭借过硬的销售实力，我们先后拿下了曲美、太太口服液等三十多个品

---

① 销售者把相关的商品信息和价格印制在统一的册子上，即"商品目录册"，消费者通过查阅目录册确定自己要购买的东西后，拨打目录册上的电话订购，再由专业快递公司送货上门，货到付款。

牌的代理权。

创业后，热爱学习的我一直在各地奔波听课，仅2005年一年，我用在个人学习上的费用就高达20万，《都市女报》对此还进行了整版报道，题目就叫《投资脑袋最合算》。也正是这段经历，才让我遇上了聚成①，打开我进入培训行业的大门，开启了第三次创业。我们将聚成引入山东，创立山东聚成公司。

当时，聚成集团总部只给我们支援了两个经理，其他的都要靠我们自己在摸爬滚打中探索。因为还没有装修好，所以山东聚成的第一次早会是在凌乱的办公室里举行的。有人曾经质疑："一个做药的去做培训，能成什么事？"结果，我们硬是凭借干一行爱一行的热情和全力以赴的态度，把事干成了！山东聚成在第一年就拿下了5个月的集团冠军！而后，作为讲师的我，更是获得了讲课成交量全国第一名的好成绩，第二、三、四名加起来的总和才是我一个人的业绩！走到哪里都有一群老板粉丝围绕！

如果加上之前我在夜市地摊卖饰品的创业经历，婴贝儿是我的第四次创业。前三次创业，起点一次比一次高，成就一次比一次大。因此我对第四次创业信心十足！

山东人的消费观念相对保守，供货商听说我们要用"目录册销售"的方式卖母婴商品时，有人说"简直是胡扯"！更有甚者，直接质疑我们是骗子。几次沟通后，我们决定开一家实体店，想法很简单：要么不做，要做就做山东最大、最全、最有品质的母婴店，既能让消费者了解我们，放心通过目录册的方式下单购买，又能给供货商吃一颗定心丸。

抱着必胜的决心，我投入到婴贝儿的事业当中，一出手就是大手笔——在别的母婴店都是一百来平方米的情况下，我们第一家门店就租了1200平方米的店面，装修豪华，还租了400多平方米的一整层楼作为办公室，组建了包括采购、运营、销售、客服、市场、财务、配送中心、信息中心等在内的一整套

---

① 即"聚成企业管理顾问股份有限公司"。

班子。此外，我还邀请了在山东广播电台工作的闺蜜林楠一起到幼儿园，选择最稚嫩、最动听的童声为我们录制了三个版本的企业彩铃，婴贝儿成为最早拥有彩铃的企业之一。

2007年4月，第一批目录册印制发行，从公司标志的设计到目录册每一页排版，设计部修改了不下数十遍，只为了达到婴贝儿的高标准。上万本目录册很快寄到成千上万个家庭中。

实体店的筹备也在紧锣密鼓地推进。从选址、谈房租、装修到开业宣传，我们全力以赴地拼搏，办公室里灯火通明的熬夜加班成为常态。

2007年6月28日，第一家店在济南市历山路开始试营业。"婴贝儿母婴购物广场"九个大字在店前巨大的显示屏上滚动，面积达到1200平方米的豪华规模，三十多名员工穿着工装，整整齐齐地站在门口迎宾，货架上，商品摆放整齐，种类繁多。

2007年8月8日，婴贝儿历山店在礼花炮中正式营业。我挺着孕肚站在崭新的门店前，心里酝酿着在母婴行业做中国第一的豪情壮志。**一边是女儿在我的身体中孕育，一边是婴贝儿在我的手上诞生，做母亲的喜悦和开创一个全新品牌的激情交融，我将对孩子天然的母爱全身心地倾注到新生的婴贝儿上。**这种奇妙的创业经历让我坚信，母婴行业是一个充满爱和希望的朝阳行业，我带着一个母亲的使命感去服务更多的母亲。

感受着女儿在腹中的胎动，"给妈妈们专业的爱"，已经不仅仅是一种创业愿景，更是我作为一个妈妈最朴素的情感表达！

"以彪悍的方式进入母婴行业"

2008年，在深圳的一次供货商大会上，同行闲谈之际互递名片，场面十分热闹。

一位老大哥看到我的名片后马上好奇地问："你是那个山东的婴贝儿吗？"

我赶紧回答："是呀。"

老大哥马上用十分熟悉的语气说道："噢！我早就知道你们！大家都说山东有一群人，没干过零售，也没干过母婴行业，就以极其彪悍的方式进入这个行业。听说做得还很不错呢！"

让我没有想到的是，婴贝儿刚刚开业一年，就因为彪悍的作风受到同行的关注。

婴贝儿到底为何被同行惊呼"彪悍"？

我们的梦想很彪悍。 婴贝儿是一家既没品牌也没经验的新店，刚开始被很多人瞧不起，却敢喊出"誓做中国第一"的口号。对此，有人不屑一顾地说："你连一家店还没有呢，就敢说中国第一？能不能做到济南第一还不一定呢？"网上有一句话说得好：梦想还是要有的，万一实现了呢？《孙子兵法》中曾经写道："求其上，得其中；求其中，得其下；求其下，必败。"如果连"求其上"的决心都没有，又怎么可能把事情做好呢？之所以打出"誓做中国第一"的大旗，是一种勇于进取的态度，更是一种敢于超越的精神！有人笑我白日做梦，我却笑你无梦可做！

我们的团队很彪悍。 创业之初的婴贝儿，团队里所有人都没有零售行业的经验，更没接触过母婴行业，我们这样一群门外汉，就凭着一股激情闯入了母婴行业。

我们的作风很彪悍。 婴贝儿这家刚诞生的门店，最初自然不被供应商放在眼里。开供货商大会时，在我们几次三番的邀请下，才有二三十名供货商前来——进门的时候趾高气扬，态度目空一切，婴贝儿这座不知名的"小庙"，怎么装下这些行业里的"大佛"？让他们见识一下婴贝儿的彪悍吧！

"我有一个梦想，要把婴贝儿做成母婴行业里一流的企业，"第一次供货商大会，我拿出之前做培训练就的"金刚钻儿"，开启了激情演讲，"我是业务员出身，知道做业务的艰辛，所以在婴贝儿，绝不允许折腾厂家业务员！我曾经是供货商，比别人更清楚你们的不易，所以我会成为你们最给力的合作伙伴！这不是我第一次创业，之前都获得了成功，这一次，我们有足够的经验和资本，也有足够的勇气和信心，欢迎大家和我们一起开辟山东母婴行业新天地！"

一番慷慨陈词让会场气氛开始发生微妙变化，紧接着，我趁热打铁，要让供货商看到我们的信心和士气，让他们知道"我们是谁"！于是我的声调又高了一个度："下面有请婴贝儿团队闪亮登场！"

"一二一，一二一！"伴随着响亮的口号和整齐的脚步声，各部门负责人带领着几十名精神饱满的员工，激情澎湃地跑步登上舞台，以军队阅兵的方式喊出婴贝儿的愿景、使命和作风。昂扬的士气瞬间镇住全场，在震天响的口号声中，供货商们无一例外，全都露出看呆了的表情，此前没有一家母婴店是以这种方式和他们见面。

"你们太厉害了！"士气展后，供货商们和我说得最多的就是这句话。士气展不仅体现了婴贝儿的决心，也增加了供货商对我们的信心，更让他们对这家企业肃然起敬！趾高气扬地来，客客气气地走，这是供货商们最真实的写照。

婴贝儿可以说是全国第一家引入军队文化的母婴企业。练就逢战必胜的士气，锻造斗志昂扬的高执行力，缔造一支母婴金牌军，这是婴贝儿在诞生之初就树立的目标，军队文化是婴贝儿的原生基因。

当天的士气展还给我们带来了意外的惊喜。菲比纸尿裤山东大区的经理亲自来到门店找我："我绝对相信你们婴贝儿一定能干大！我厂家直接给你供货，不走代理商，省掉你们的一部分成本，同时给你上促销员！"

我们的营销方式很彪悍。我知道育儿是笔巨大的投入，于是最大程度地压低利润，掀起"低价风暴"，席卷整个山东母婴行业。这让同行惊呼："婴贝儿疯了吗？还挣不挣钱了？！"我们还提供了当时很多母婴店都没有的体验感，从门店里开辟出60平方米的休息区，供孩子休息玩耍，这可能是中国母婴最早的体验式购物了吧！

我们的培训很彪悍。当时，山东母婴行业不仅规模小，专业度更有待提升。母婴行业的特殊性在于服务的都是相对敏感的人群，不专业的导购一个奶嘴型号推荐不对，就可能让孩子呛奶甚至引发肺炎！所以婴贝儿刚诞生，我就成立了母婴行业第一所商学院，聘请同济大学的赵教授为我们进行孕婴知识的专业培训，请厂家为我们培训专业的产品知识。培训严格到什么程度？为了让员工了解胎儿在肚子里是什么状态，考试的时候甚至要蜷缩在地上模拟姿态！

对此，有人问我："至于投入这么大的精力搞培训吗？"我的回答是："先有培训后有销售，先有专业后有服务！两手都要抓，两手都要硬！"

激情创业，彪悍入局，朋友相助。母婴行业正是新兴的朝阳行业，在最繁华的路段我们开了气派豪华的门店，门店里的我们激情澎湃。几乎占齐了天时地利人和，这一战必胜！我怀揣无限激情和憧憬，带着婴贝儿开足马力向前冲！没想到的是，就像游泳的人，一个猛子扎下去，才发现池里竟然没有水！创业的艰难与疼痛，在撞到泳池壁的那一刻直刺人心……

深夜醒着数伤痕

"刘老师^①，咱们今天的试营业额是800多块。"财务人员小心翼翼地向我汇报。

"老师^②，您觉得咱们婴贝儿这个店怎么样？"第二天，我来到门店，拉

---

① 做培训行业时，大家都称呼我为"刘老师"，这种叫法一直延续到现在。
② 山东人对陌生人的尊称。

着店里的一位顾客闲聊。

"门店环境挺好，服务也不错，就是不知道你们能干多久。"顾客的回答让我有些尴尬。"婴贝儿还能干多久？"这成为我一次次深夜失眠时抛向自己的问题。

"家人①们，努力加油干！誓破8000块！"一边是顶着亏损的压力深夜失眠，一边还要收起焦虑，在早会上激情昂扬地为员工加油鼓劲。一家1200平方米的店，年租金超过100万元，近100名员工，还在为每天8000元的营业额奋斗，明眼人都能看出来，这是多么悲惨壮烈的数字。

五万本装帧精美的目录册发放到市场后，杳无回音。偶尔几个电话打进来，就目录册上的商品咨询后，真正下单的寥寥无几。为了目录册销售，我们组建了近百人的团队，高薪请来一批技术人才，结果一竿子猛地下去，却打在了空气上，最后几千元的销售额还不及印刷费的十分之一。

目录册销售惨淡，实体店同样不见起色。店面气派，面子够足，里子却不行，光是货架这件事，我们就折腾了大半年。初入零售，不懂货架，我们特意跑到北京同行那里学习，照着人家的货架订货、摆放商品，都弄完之后再去北京，发现之前的货架已经被淘汰了，我们学的原来是人家正要淘汰的！于是，回来再把刚摆好的货架重新换一遍，一遍遍折腾，费钱费时费力，交了一次次学费才算把货架弄明白。这一次我才真正理解"行万里路不如名师指路"的价值和意义！

总算摸出一些门道，我们开始推出"低价风暴"，没想到的是，我们在给顾客带来福利的同时，也收到了别人给我们带来的"福利"。

婴贝儿的"低价风暴"引发了一些人的不满——一天晚上，员工正忙着深夜盘点，就听"哐当"一声，有人砸碎历山店的大橱窗玻璃；省立医院店连

---

① 婴贝儿从诞生之初就在企业内部提倡"家文化"，营造温馨友爱的工作氛围，将企业经营得像家一样，因此同事之间彼此互称"家人"。

续几天早上开门的时候，发现门口都是散发着恶臭的污物。对此，《齐鲁晚报》还进行了报道。

这还不够，更过分的是，后来竟然有人在网上有组织地发帖诋毁，说婴贝儿卖的奶粉是篡改过日期的，纸尿裤是黑心棉做的。一系列凭空捏造的谣言让人大开眼界，后来通过信息技术人员，我们知道了发帖的IP地址。一次店长会上，店长们义愤填膺地说："他们凭什么无缘无故地冤枉咱们，这不欺负人吗？"

"那我们怎么办？"我问。

"既然知道是谁干的了，那咱们就以其人之道还治其人之身，也写帖子打击报复他！"

"咱们家的奶粉是篡改过日期的吗？纸尿裤是黑心棉做的吗？"我又问。

"当然不是！"

"那就好，只要我们堂堂正正，问心无愧，自然就不怕别人的污蔑和造谣。"我表明了态度，但是店长们依然气愤难平。

"那不行！我们必须回击！"不止一个店长如此气愤。

"我们无法左右别人怎么说，但可以决定自己怎么做！别人之所以敢打击你，是因为你还不够强大，对敌人最好的回击就是做强自己！这才是婴贝儿人的态度！"我的话最终说服了大家，放弃发帖回击，决心练好内功，发展企业。

最后，这场对婴贝儿的"围剿"很快不攻自破。

"围剿"风波结束，我们的日营业额虽然在几个月后终于突破了八千元，却还是处于严重亏损状态。

本来创业之初，亏损很正常，我和老贾都有一定的心理准备。但可怕的是日复一日、看不到尽头的亏损，婴贝儿的亏损远远超过了预想。拿块石头扔水里还能听见声音，看到波纹，我们没日没夜地往里扔钱，却连个声响都没有! 我们像被判了无期徒刑, 不知道什么时候才能熬过寒冬。

我们一边赔着钱, 一边还要掩饰这种焦虑, 整天给员工加油鼓劲。在门店里, 我和大家霸气地说: "咱有的是钱, 赔得起, 好好干, 以后成功了大家都是元老! " 实际上, 每天夜深人静的时候我们都在发愁, 钱从哪来呀? **创业者最大的心酸, 或许就是所有的艰难委屈, 只能打落牙齿和血吞**。这段时间, 老贾最大的安慰就是抱着儿子看《猫和老鼠》, 只有沉浸在父子二人的动画时光中, 才能暂时麻痹亏损带来的疼痛感。

2007年12月, 是我们度过的最寒冷的冬天。目录册自发行以来持续亏损八个月, 实体店自试营业以来持续亏损六个月, 盈利遥遥无期。雪上加霜的是, 婆婆的心脏这时也出现了严重问题! 在重症监护室的半个多月里, 主治大夫一度让我们放弃治疗, 后来我们决定前往北京阜外医院。

至今每每闻到医院消毒液的味道, 还是会让我一次次想起在阜外医院那个难熬的寒冬。婆婆一直把我当作亲生女儿一样疼爱, 我俩相处的七年里一直像亲母女一样融洽。婆婆的病痛让我时刻揪心, 我的心就像悬在半空里, 每天不敢有一刻放松, 生怕病情又有所变化。我怀着丫丫接近临产, 每天腰都疼痛难忍, 身体极度不适, 还要一方面担心婆婆的病情, 一方面为婴贝儿每天一万多元的亏损焦虑。各种事情纠缠在一起, 导致我每天心神不宁、睡眠不足, 脸上长满脓包。

老贾的日子更加难熬。白天在济南, 忙婴贝儿的一大摊事, 晚上连夜坐火车赶到北京, 为母亲的病情奔波。凌晨的时候稍微睡一会儿, 然后赶最早一班火车回济南继续工作。母亲的病情让很多大夫束手无策, 我和老贾满身疲惫, 坐在医院走廊的长椅上, 看不到一丝希望——母亲的病情看不到希望, 婴贝儿的将来也看不到希望, 那是我们度过的最绝望的冬天。

之前创业, 一路摸爬滚打, 沟沟坎坎也遇到不少, 即使窘迫到需要借钱发工资, 老贾都没有失眠。而婴贝儿不见天日的亏损, 再加上母亲不稳定的病情, 把老贾这个铁骨铮铮的山东大汉折磨得经常凌晨两三点坐在那发呆。窗外寒风呼啸，心里五味杂陈，那一年的冬天是那么的冷，夜是那么的长。

"夜已深，还有什么人，让你这样醒着数伤痕？为何临睡前会想要留一盏灯……"那段最难熬的日子里，我几乎每天都会循环播放林忆莲的这首《伤痕》。深夜点着灯，醒着数伤痕，母亲能否平安度过寒冬？我们能否带着伤痕挺过婴贝儿的寒冬？

坚持下去，至少还有50%的成功机会

通过多方联系，我们总算找到了一位有把握给母亲做心脏搭桥手术的大夫，病情终于看到了转机。而此时，我们真的耗干了。我和老贾心力交瘁，感觉再没有精力同时照顾生病的母亲和亏损的婴贝儿。要想好好陪伴母亲，意味着我们不会再有过多的精力投入到婴贝儿；要想带领婴贝儿继续没日没夜地奋斗，意味着我们很难给母亲足够的关怀。

人生能有多少大事呢？当赡养老人、生孩子、创业三件大事挤在一起压在心上的时候，前两者再苦再累也要坚持，只有创业成了可以犹豫的事情。

"一直在亏钱，咱们还要坚持吗？"一天，老贾从北京回到济南，向几名核心负责人沉重地问到。没想到大家的反应让我们十分意外，原本的问号，最终变成了充满感动的感叹号！

"必须干下去！我有两套房子，卖掉一套支持公司，再难再苦咱们一起熬过去！"时任财务负责人孙悦怀第一个坚定地说。我们习惯称孙悦怀为"孙老师"，她是婴贝儿最年长的老大姐，从国企审计岗位退休后担任婴贝儿财务负责人，就像一个妈妈给所有人温暖和关爱，很多年轻员工都亲切地称她为"孙妈妈"。孙老师从婴贝儿创立之初一直陪着我们走过一路风雨，直到2015年因为身体原因，在婴贝儿光荣退休。

"您肯定知道公司现在的情况，不到俩月，您那套房子就亏完了。"

"那也不行呀！婴贝儿是大家的心血，不能就这么没了！为公司卖一套房，值！"孙老师那年已经五十多岁，辛辛苦苦一辈子就置下两套房，卖房的决心实在出乎我们的意料。

更出乎意料的是，拿出两肋插刀的义气支持婴贝儿的不止孙老师一个人。有的要把嫁妆拿出来，有的要向家里借钱支持公司。那一刻，一股强大的暖流在我心间流淌，我深刻地感受到公司已经不仅仅属于我俩，更属于每一个愿意与之荣辱与共、风雨同舟的婴贝儿人。

面对大家的义无反顾，我和老贾变得无路可退。

"咱们真的还要再坚持下去吗？"那天晚上，我俩在环山路上散步，路灯昏黄，冬天的寒风嗖嗖吹过，创业艰难，老贾实在心疼临近预产期的我，牵着我的手问道。

"为什么不坚持？婴贝儿的家人们都愿意放手一搏，我们又有什么资格放弃呢？**坚持下去，至少还有50%的机会成功。如果放弃，就是100%的失败。**退一万步讲，就算彻底失败了，无非我再回去讲课，给大家讲讲是怎么把婴贝儿做没的，成功的经验很宝贵，失败的经验更宝贵！只要有你我在，咱们随时都可以东山再起！"我坚定不移地说。其实，这番话是说给自己听，更是说给老贾听。我知道他是绝对不会轻言放弃的，只是想从妻子口中寻求继续走下去的勇气。

我破釜沉舟的一番话，给了老贾重整旗鼓的决心。那天散步回来后，我们做出两个决定：一是今后由老贾亲自负责采购，由他直接和供货商对接，想尽各种办法从厂家争取最大的资源支持——之所以做出这个决定，是因为我们发现，婴贝儿的进货成本普遍高于其他同行；第二个决定是砍掉目录册，大半年的忙活却收效甚微，说明最初供货商对目录册的担忧不无道理。

与此同时，母亲的病情也有了转机，手术顺利完成，身体逐渐康复。公公的支持也给了我们继续坚持的勇气。一天我和老贾下班回家，饭桌上公公在夹菜的时候，用看似不经意的语气说："创业嘛，赔钱很正常，哪能创业就挣钱啊。我是你们坚实的后盾，赔了也没什么了不起，药品这里还挣钱，需要再往里添。"

当时，我们没精力兼顾第一次创业成立的医药公司，就让退休的公公负责管理。老爷子在其他朋友都颐养天年之际，为了我们继续奋战，把医药公司打理得井井有条。饭桌上的这一幕，让我至今记忆犹新。"没什么了不起，我这里还挣钱，需要再往里添。"父爱如山，大抵就是如此吧！

咬牙在亏损期煎熬，我们精简团队，把一百多人缩减为三十多人，之前四百多平方米的办公场地缩减为仅有二十平方米的一间办公室。所有人都挤在历山店二楼的一间办公室里，空间局促到连办公桌都放不下，老贾每天就搬着椅子坐在门口办公。怀孕的我每次进办公室都要收肚子、侧身、踮脚尖，才能从一排椅子中间穿过。而我们每次和供货商的谈判，则全是在门店里为顾客准备的休息椅上完成的。

孙悦怀、刘存军、玄小莎、周晓宁、尹卫花、彭雯等一批员工和我患难与共。我至今记得玄小莎在英雄山店的时候，冬天顾客少，小莎为了省电，不舍得开空调。后来，空调坏了，店里更冷，把她的手冻出了冻疮。就是这么苦，她却从来没抱怨过。

这段日子，我们每个人都在苦水里浸泡着。

"老婆，我真的没想到，你能从万众瞩目的讲台上走下来，再这样从零开始艰苦创业！"一天老贾感慨地说，语气里带着钦佩。

"你太小看我了！我知道今天退下来是为了明天更好地站上去！"我自信而坚定地笑着说。从走下讲台的那天至今，我从未后悔。

从0到1，是超出百倍的辛苦，也带来了只有创业者才能体会到的苦中作乐。

由于业绩不理想，员工的收入普遍不高，设计部的高山因为家在外地，每个月除去房租外几乎剩不下多少钱。一天她在办公室无意中说到"我都好久没吃肉了"，老贾听到后第二天就买了一堆熟食，拿到办公室分给所有人。

大家兴奋地聚到一起分肉吃，在工作短暂的休息中开着彼此的玩笑，这种虽然不知道明天在哪里，但还能一边吃肉一边傻乐呵的感觉，只有创业者才能体会。

苦中作乐似乎是全体婴贝儿人的基因。门店里人手少，加班是常事。在那段最艰苦的岁月，段立青念叨最多的是自己深夜"报菜名"的"创举"："有时候晚上要加班卸货，扛货架的时候越扛越饿，我就每递一块层板就想一个菜名，就这样坚持，'鱼香肉丝''宫保鸡丁'，心里念着一道道菜给自己找乐子，货也就卸完了！"

婴贝儿在调整方向，专营实体店后，我们迅速扩张，不断摊薄物流、库存、人力成本。2008年一整年，虽然还在持续亏损，但销售额已经呈现出缓慢上升的趋势，我们在"少亏就是赚"的心态中，渐渐看到了婴贝儿的曙光。

致敬孙老师——终生荣誉员工颁奖仪式

第二章

逆风翻盘：服务赢得信任

我们有了坚持的决心，但是现实很骨感。如何从低点绝地反弹，逆风翻盘？从事服务行业，如何获得顾客的信任就显得至关重要。

婴贝儿得以打赢漂亮的翻身仗，最根本靠的是服务，真诚的服务是打开顾客心门的钥匙。什么才是好的服务？我想好的服务就是愿意拿出真金白银，只为让顾客安心；愿意打破行业暴利，只为给顾客最实惠的商品；愿意和洋奶粉血拼，只为捍卫消费者权益！

三聚氰胺事件：赔掉20万，赢得顾客心

2008年，一个原本生僻的名词"三聚氰胺"①突然进入大众视野，仿佛洪水猛兽，所有妈妈谈三聚氰胺而色变。

一个又一个妈妈站出来，用血泪控诉奶粉厂家：还不会说话的宝宝，因为长期食用含有三聚氰胺的毒奶粉，小小年纪就患上了肾结石！媒体开始高密度曝光，全国各地大批婴儿因为喝了问题奶粉，出现肾结石，甚至引发肾衰竭导致死亡！更令人震惊的是，最先爆雷、添加三聚氰胺最严重的企业竟然是拥有全国最大奶粉生产基地的国产奶粉巨头S集团！

愤怒之余，越来越多的妈妈们陷入恐慌：孩子喝的不会也是毒奶粉吧？！

这场当年几乎摧垮中国整个奶粉行业的食品安全问题，也给刚刚起步、还在亏损中飘摇的婴贝儿带来巨大考验。

一天晚上，刚刚开完店长会，我就收到朋友的电话，急促地说："出大事了！央视的《新闻联播》刚播了S奶粉三聚氰胺污染，你赶紧看看婴贝儿有没有那个批次的奶粉！"老贾那边一样，手机简直要被打爆了。

食品安全大于天！我赶紧上网一查，这条新闻果然已经被炒得沸沸扬

---

① 一种有机化合物，对身体有害，不可用于食品添加物，2017年，世界卫生组织将三聚氰胺列入2B类致癌物清单。

扬，事态十分严重。我一分钟都不敢耽误，马上让采购核查，确定我们进的那批货没有被污染。

我的心稍微舒缓了一些，但是一想到妈妈们看到新闻一定会恐慌，我的那颗心又悬了起来。于是立刻打电话叫回所有店长，说明情况，让她们赶紧回到店里调出所有S奶粉的会员信息，晚上所有人加班给顾客打电话说明情况。

"咱们的奶粉没有问题，为什么还要打电话？"有店长十分不解地问。

"咱们的奶粉是没问题，但顾客还是会不安心的，我们要第一时间告诉她们真实的情况，好让顾客放心。首先告诉她，现在喝的S奶粉不在被污染批次里，质量是没问题的，然后向顾客承诺，如果还是担心，可以随时来婴贝儿退换。"我向大家解释着。

"那厂家不给我们退怎么办？"采购急忙说。

"对呀，这很有可能赔不少钱的！"店长们也十分担忧。

"那是后话，先让顾客安心，后面再和厂家沟通协调。"我态度坚决，没有一点商量的余地。

我知道这意味着我们可能要承担几十万元甚至上百万元的损失，而婴贝儿还处在持续不断的亏损期，经济状况十分脆弱。但为了让顾客安心，我们毫不犹豫地做出决定："不管什么情况，都要让顾客买得放心！"这就是婴贝儿的态度！

达成一致后，大家分头行动。

店长回去打电话的同时，我们核算了过去几个月S奶粉的销量，总计一百多万元！如果都来退货的话，对现金流要求巨大。为了应对可能的退货潮，我们想方设法连夜取出五十万元现金，分到各个店，以备需要。同时，连夜开会，商定第二天所有管理层都要下到不同门店，以防现场出现争相退货的混乱场面。

结果，白天我们到店里发现风平浪静，没有一家店出现退货潮。情况和我们预想的相差太大，这时我负责的华信店里来了一位此前一直购买S奶粉的会员，趁他结账时我问道："老师，您昨天收到我们电话了吗？"

"收到了。昨天看新闻了，我老婆吵着说赶紧去退货，这时刚好收到你们的电话，就踏实多了。你们对我们这么负责任，都主动打电话说能退货，我觉得在这买得很放心，就先不退了。"

明白了顾客的心理后，我们松了一口气，最担心的退货潮并没有出现。后来，还是有顾客害怕S奶粉对孩子身体不好，陆陆续续前来退货，我们一一按照承诺无条件退换。最后统计，这次退货的奶粉一共价值二十多万元。

我们去找厂家协商。

"这个批次的奶粉质量没问题，出现退换货厂家概不负责。"没想到厂家态度坚决，拒不退换。

我们并没有放弃，而是继续说服厂家退货。

"奶粉没有质量问题，是你们自己愿意退的，凭什么要我退？"几轮协商拉锯后，厂家依然坚持最初的态度。

最后只能由婴贝儿承担全部损失，我们将这二十多万元的奶粉全部销毁，把奶粉盒当作废铁卖掉。

"你这么做值得吗？"身边不止有一个朋友问我这个问题。

"二十万元买顾客的信任，值！"我回答道。

虽然我们卖的奶粉没有问题，即使在法律上我们也不承担退货的责任，更何况，我们还在亏损期，但我从未后悔当初的决定。顾客喝的是S奶粉，为什么没有去别的地方买？因为她相信的是婴贝儿。顾客信任婴贝儿，我就要对得起这份信任。

图 2-1 2008 年婴贝儿一周年大合影 (左) 和 2009 年两周年大合影 (右)

当今社会，最大的奢侈品是什么？我觉得不是豪车名表、大牌包包，而是信任！我一直把信任当作经商的无价之宝。

记得1998年，我们决定创业做医药代理时，初期没有平台，找到之前的业务合作伙伴赵超求助。赵总曾经开两倍工资挖了我两年我都没离开，他说："你是我见过的业务员里唯一不说老板坏话还在背后维护的人。"却被我拒绝了。赵总一直很欣赏我，相信我的人品和能力。因此，向他求助时，他干脆地说："只要是你干，我就一定帮！"因为他的信任才给了我一个创业的机会。

平台的问题解决了，在打通营销渠道时，我又找到了之前合作过的大观园商场的苏乃胜经理。得知我创业后，他说："只要是你代理的商品就一定给卖好！"看似简单的一句话，背后是那份沉甸甸的信任。

早期的创业经历让我深深知道，这种被别人信任的感觉是无比幸福的，是让人获得能量的。因为信任，才有了别人帮我渡过难关。我刚创业，没资源，没经验，他们就这么信任我，我无比感动。对他们来说，这或许不值一提，但对我来说却是巨大的能量。如果没有别人对我的信任，不可能有今天的刘长燕。

山东卫视《青年力量》栏目曾经想在妇女节之际做一期女企业家专访，为此特意咨询了之前采访过的两名优秀男企业家，请他们推荐合适人选，结果这两人不约而同地推荐了同一个人——刘长燕。第一次见面时，主持人汗青笑着对我说："见您之前我就特别好奇，究竟是什么样的女企业家能让两名优秀的男企业家如此信任和力推？"

对我而言，最珍贵的奢侈品就是他人的信任。一个人最大的破产是信誉的破产，最大的财富是值得别人信任。所以我珍惜每一份顾客的信任，能获得她们的信任，婴贝儿才有无限的可能。赔掉二十万元，换来顾客在婴贝儿买得踏实，用得放心，为了彼此的这份信任，一切都值得！

"在奶粉上挣的不是钱，是话语权！"

"哎，这个月买的奶粉又没了！"我倒出奶粉袋里仅剩的最后一点奶粉，发愁地说。

"啊？怎么又没了？"正在看孩子的嫂子也开始发起了愁。

这段对话中的滋味，还要从1992年我家发生的两件大事说起。一件是大喜事，嫂子生下一对双胞胎男孩，全家欢天喜地；一件是大愁事，两个男孩能吃能喝，500克一袋的奶粉两天就喝得一干二净，有时一个月十五袋奶粉都挡不住！

奶粉钱对一个家庭意味着什么？恐怕没几个人比我更能体会这种辛酸。十七岁的时候，我从体工大队①退役在家，帮忙照顾两个小侄子。嫂子几乎没奶水，孩子只能靠奶粉喂养。照顾宝宝的时候，我们一家人常常边冲奶粉边焦虑：这袋奶粉喝完了，下袋从哪儿来？

当时，两个姐姐都出嫁了，剩下家里的妈妈、嫂子和我都没工作，只能靠爸爸和哥哥两个人的收入养活我们这一家七口人。两个孩子的奶粉对于我们来说真的是太贵了！

为了补贴生计，已经快60岁的妈妈找了一份工作，在九〇医院停车场看

———————

① 体工大队也称为"国家体育工作队"，是为国家培训体育人才的专业组织。

自行车，收入微薄，每个月110块钱。但就是为了这一百多块的奶粉钱，妈妈需要寒暑无阻地在外面看车，冬天无论大风刮得多冷，都要从早上看到晚上，后来妈妈的腿生病到变形，就是在这里冻下的病根。每天中午我去给妈妈送饭，看到她一个人在停车场端着饭盒吃饭的样子，心疼又无助。

有时常想，这段经历好像预示着我和母婴行业的缘分。因为亲身经历过用奶粉养育孩子的艰苦，知道有多不易，所以做了婴贝儿之后，我知道很多家庭都会遇到这种问题。让妈妈们买到低价的正品奶粉，成了我的一个情结。

当时，济南整个母婴行业奶粉价格居高不下。同样一桶奶粉，济南的妈妈买下来，可能要比北京的妈妈贵三四十块钱。明明济南的收入低，奶粉却比北京贵，这实在不合理。为什么济南的妈妈就要多花钱？

为了让更多的宝宝喝得起好奶粉，给更多的妈妈减少经济负担，我们掀起了低价风暴，把价格一降再降。没想到，我们的行为让妈妈们高兴了，却让有的人不高兴了。

一天，正在开会，突然时任店长李姣姣跑过来，凑到我耳根紧张地小声说："刘老师，不好了！出事了！"

"怎么了？"我马上问。

"咱们的会员收到了Z厂家的短信，说凡是在婴贝儿购买Z奶粉，厂家一律不保证质量，对其概不负责！"李姣姣着急地说。

短信的言外之意，我们卖的不是正品！这条短信，触及婴贝儿的生死线！

为什么厂家要发这样一条短信？因为我们的低价极大影响了商超的销量，商超向Z奶粉厂家投诉，施加压力，要求禁止婴贝儿低价卖奶粉。当时商超是奶粉的主销售渠道，在供货商面前自然有极大的话语权。

"你们必须把价格调上来！"在商超的强烈反对下，奶粉厂家向我们大力施压。

"哪有这规矩？凭什么商超搞活动你们不管，我们搞活动就不行？我们就想要一个公平竞争的机会不行吗？"我们拒绝了厂家的无理要求。

"那我们管不着。"厂家态度强势，毕竟和商超相比，我们只有几家门店，没有话语权，似乎只能逆来顺受。在很多人看来我们根本没有和厂家叫板的实力。但是俗话说，"佛为一炷香，人为一口气"，而我就要争这一口气！

正面交锋无果，厂家就在背后开枪，于是才有了这条短信风波。

我们连夜召开会议，商定马上给所有会员发短信，解释情况，让她们放心：

> 亲爱的会员朋友：感谢大家对婴贝儿的支持！婴贝儿对某品牌为逼迫奶粉涨价，不惜恐吓妈妈一事表示强烈愤慨。我们郑重承诺，凡在婴贝儿购买任何品牌奶粉，假一罚百！

商场如战场。Z奶粉厂家是行业龙头，与厂家叫板给我们的压力可想而知。要么被干死，要么放手一搏，为妈妈们挣一份说话的权利，为婴贝儿挣一个公平竞争的机会。我们拿出破釜沉舟的决心，打算硬磕到底！

厂家也不甘示弱，继短信之后，又派出几个业务员假扮顾客来店里扫货[①]，店门口不远处就是他们的大货车。扫货的伎俩被时任运营总监的玄小莎识破。

对方抱着奶粉到前台结账时，玄小莎说："不好意思，这个奶粉我们不卖了。"

"为什么不卖？"对方态度强硬。

"为什么不卖你还不知道吗？非要把话说那么明白吗？"玄小莎寸步不让。

---

① "扫货"指当天厂家准备买光婴贝儿门店的所有Z奶粉。

"信不信我扇你两巴掌？"对方是个身材微胖的中年妇女，看小莎是个瘦瘦的小姑娘，开始指着她的鼻子气势汹汹地说。

"你敢！"玄小莎头一扬，为了门店拿出拼命的架势。

这时对方情绪激动，几乎要对玄小莎动手。一直站在旁边观察的我，马上大步走上前，身高一米七三的我，如同一座大山一样挡在玄小莎面前，一把抓住对方的手腕，往下一按，一下子把这个中年妇女震慑住，我用冷峻的眼神盯着她说："你想干什么？有话好好说！"小莎把公司当作自己的家一样捍卫，我作为婴贝儿的大家长，就一定会保护好每一名婴贝儿的家人们！

对方一群人的士气马上弱了下去，悻悻离开。

我知道他们不会善罢甘休，于是赶紧通知其他门店，有Z奶粉的人来扫货！结果对方先后去了几家门店，要么是被告知"老师，您的卡被'通缉'了"，要么是被店长直接拦在门外堵回去。后来，为了防止厂家扫货，保证顾客买到低价奶粉，我们直接在奶粉盒上用记号笔写上"婴贝儿"三个大字。

虽然在几次交手中，我们并没有落败，但实际上这次价格战中，我们并不占据优势，一直处于厂家出招我们接招的尴尬境地。直到大众网、《齐鲁晚报》等媒体听闻这件事之后，力挺婴贝儿低价为妈妈的决心和勇气，婴贝儿和Z奶粉的大战才算出现了转机。

大众网首先报道了婴贝儿低价为顾客却被奶粉巨头打击的新闻，《齐鲁晚报》更是用了头版头条一整版的篇幅报道了婴贝儿遭遇的不平等对待，《Z奶粉PK婴贝儿》，醒目的大字标题在报纸上刊登出来之后引发了强烈反响。《齐鲁晚报》继而连续一周追踪报道这一事件。《齐鲁晚报》下如此大的力度报道这一事件着实令我们意外，更没想到的是，山东卫视紧接着也报道了Z奶粉对婴贝儿的挤压！

各家媒体纷纷支持婴贝儿低价销售让利顾客的理念。婴贝儿争取定价说话的权利，是为了消费者，为了让妈妈们买到更真正低价高质的奶粉！Z奶粉在舆论场上瞬间失去优势。济南妈妈们力挺婴贝儿，"低价"成为婴贝儿在顾客心中的鲜明标签。

Z奶粉一战后，我们抱着要么被灭逐出行业，要么从此逆袭翻身的决心，最终打了一个漂亮的胜仗，不仅打出了婴贝儿的气势，更打出了妈妈们对我们的尊重。此后几家国际一线品牌奶粉向我们伸出了橄榄枝，表示大力支持婴贝儿，并拿出实际行动加深与婴贝儿的合作关系。

2010年8月，周年庆晚会上，老贾在台上语重心长地说："我们在奶粉上，挣的不是钱，是话语权！"同样在这一晚，国际奶粉巨头雅培派出高管以高规格的姿态出席了婴贝儿周年庆典，几乎很少有母婴店能在三年内就得到国际奶粉巨头为之站台，而婴贝儿做到了！雅培相关负责人表示："婴贝儿未来一定是我们重要的合作伙伴，我们愿意坚决地和婴贝儿站在一起，创造我们更美好的明天！"台下的婴贝儿人斗志昂扬，不能打倒我们的，必将使我们更为强大！

婴贝儿 2020 年供应商年会

"自杀"式服务：首创母婴行业"三项权益"

"差价补偿，无障碍退换货，大家都是喊得多，但是真正做到的我还没见到一个。刘总，你能给我提供财务数据吗？"2013年，我在长沙接受母婴行业权威媒体《中童观察》记者的采访，他得知我们推出"三项权益"①后，态度颇为怀疑。

"仅2013年一年，婴贝儿差价赔偿了顾客近200万元，无障碍退换货近500万元。"我把明明白白的财务数据摆给记者看，这笔钱对刚成立六年的婴

---

① 指婴贝儿会员享有的无障碍退换货、差价补偿、积分兑换三项权益。

贝儿来说，是个不小的数字，也就难怪媒体将我们称为"自杀"式服务。

"这可是真金白银的七百万元，到了口袋又掏出去了，你怎么敢这么做？"记者的态度从质疑到惊讶。

其实，很多人都问过我这个问题。我是经营企业的人，同时也是消费者，深知购物中退货的体验不好让人有多糟心。记得有一次在济南著名的大商场里给老贾买鞋，拿回家后穿着不合适。第二天早上去退货，销售员态度冷冷地对我说："你不知道做销售的早晨退货不吉利吗？下午再来吧。"

当然，之所以敢推出"三项权益"，更是因为我也是两个孩子的妈妈，所以更能知道妈妈们需要什么。

图 2-2 婴贝儿在中国母婴行业中率先提出"差价补偿"和"无障碍退换货"

有些妈妈第一次怀孕，买东西没经验，左右为难，买了怕用不到浪费，不买又怕万一需要。孩子长得快，有时新买的衣服还没穿就小了，纸尿裤买回去发现号码不合适，种种情况怎么办？

妈妈们遇到的这些问题，都可以通过无障碍退换货解决。国家规定食品类商品退换货的期限是7天，为了更大程度地给妈妈们提供方便，我们把食品退换货的标准定为30天！

当然，无障碍退换货一定是有严格把关的。比如有些妈妈吸奶器用过一次就不用了，清洗之后，放进包装盒里拿到店里退换。门店的销售人员都经验丰富，商品打开使用过和没使用过一目了然，对使用过的商品一定严禁退换。严守退换关，才能让所有顾客更安心地退换，更放心地购物。

有些妈妈同样的商品，为了买到最便宜的，不惜货比三家，折腾下来很辛苦。为了解决妈妈们购物中对价格的顾虑，让她们永远买到当地最实惠的商品，我们推出了差价补偿措施。

不得不承认，2012年，推行"三项权益"之前，我们的心里也打鼓。别人都没这么搞过，我们这么做会不会赔钱？刚成立五六年的婴贝儿，能经受住无障碍退换货和差价补偿的考验吗？

我们刚提出"三项权益"的时候，不仅外人看不懂，连员工都看不懂。

"卖货就是为了业绩，结果好不容易卖出去了还要退。"不止一个店长向我抱怨。

"今天你们只有在婴贝儿是员工，在其他地方都是顾客，你们东西买贵了，或者买了没用上是什么心情？"我耐下心来，给大家做思想工作。

"不爽。"员工回答得干脆实在。

"那我们是不是应该站在会员的角度，将心比心，为她们排忧解难呢？"我继续说着。

"是！"员工渐渐理解了我的良苦用心。

"你希望别人怎么对你，你就应该怎么对别人。顾客购物时，我们要拿出100%的热情，顾客退货时，我们更要拿出200%的热情！就是要服务到顾客绝望为止！看似是退货，实际收获的是顾客的信任！"在我激情澎湃的号召下，公司上下都认同了"三项权益"的理念。

当时，大多数母婴店奉行的都是"商品一经售出，除非质量问题，其他本店概不负责"。婴贝儿的"三项权益"，绝不仅仅是一句口号，而是拿出具体方案来落地的承诺。

　　"三项权益"推出后，我们要求所有门店的员工都要向顾客发放"亲情卡"，上面有服务人员的基本信息，实名服务，实名监督。员工必须向顾客仔细介绍"三项权益"，保证所有会员都清楚自己拥有的权益。客服进行服务质量回访时，专门有一条就是要和顾客确认服务人员是否说明了"三项权益"，没说明的，服务质量考核直接不合格，进行加餐培训[①]。

　　后来，随着移动互联网时代的到来，我们进行了服务评价升级，将纸质版的"亲情卡"改为微信消费提醒的方式。每次消费完成，顾客都会收到线上服务评价问卷。我们要求员工对顾客服务结束后，主动提醒顾客进行服务评价。

　　人心都是肉长的，婴贝儿的真诚服务得到了顾客的认可。某权威调查机构在济南入户300个母婴家庭调查的数据显示，85%以上受调查家庭是婴贝儿的忠实会员，婴贝儿品牌价值为7.4。按照国际知名调查机构AC尼尔森的标准，中等较强品牌的门店价值介于2和3之间，强势品牌价值大于3。婴贝儿7.4的品牌价值意味着我们俨然成为超强势品牌。

　　曾经去山东人民广播电台做节目时，主持人张敏带我去她的办公室，对同事说："给大家介绍一下，这是婴贝儿的刘长燕董事长。"有人正趴在桌子上午休，听到这句话，蹭地起来："刘董我得认识一下，我可是你的忠实会员啊！"整个办公室哈哈大笑。还有一次，山东财经大学经济学院聘请我当客座教授，受聘会上，学院书记笑着说："刘董，我们的老师最希望认识您了！"我笑着回答道："因为都是我的会员吧！"

　　婴贝儿的号召力到底有多大？看看我们在舜耕国际会展中心举办的山东最大规模的母婴嘉年华就知道。近一万四千平方米的场地，集吃喝玩乐购于一体，每年都有上万个家庭参加。大家都说："在山东也只有婴贝儿才有如此

---

　　① 加餐培训是婴贝儿每个月针对服务质量不达标的员工进行的专场培训。

大的影响力！"

现在济南的员工在推广的时候都很苦恼，为什么？因为很多人一问都已经是婴贝儿的会员！以前朋友聚会，有人说是婴贝儿的会员，我会很惊讶。后来聚会，听说有人不是我的会员我才惊讶呢！

婴贝儿第十八届亲子
嘉年华

你为顾客行方便，顾客一定不会让你吃亏。"自杀式"服务，就是拿出最大的诚意，和顾客交换彼此最大的真心！

没有难缠的顾客, 只有对服务的考验

服务业常说的一句话"顾客是上帝"，道理不错，但不得不承认，有些"上帝"很难缠。

对于这些顾客，大多数人的本能反应都是躲得远远的，这些顾客不接待也罢！但婴贝儿却坚信：没有难缠的顾客，只有对服务的考验！别人看来越难缠的顾客，我们越要缠，因为这里面有大学问！

婴贝儿大区政委孙文鸣最初在门店做健康顾问时，第一个回头客就是由客诉而来，至今孙文鸣对这个顾客都印象深刻："那个顾客买了一个温湿度表，回家用过之后认为这个表不准，拿回店里一定要退货并说我们的商品有问题，实际上温度随着湿度的变化而变化是正常的。我把和温湿度计相关的权威资料给她看，解释了半天，但她还是一口咬定就是商品有问题，一定要退货。通过交流，我判断她可能有些产后抑郁，对这样的妈妈需要软着来，给她更多些耐心和理解，于是我就帮她把这个温湿度计退了。"

本以为这个顾客的事情到此就结束了，没想到更麻烦的还在后面。

又过了一段时间，她在店里买了一辆婴儿车，用了非说不合适，又来找孙

文鸣退换。

换了一次之后，回家用了一天还觉得不合适，接着又来店里换。商品本身没有任何质量问题，可顾客还是不满意，第三次又拉着老公来换车。她老公在店里不耐烦地说："你怎么这么没完没了，这次行了吧，别再换了！"最后，这个顾客愣是把同样牌子同样款式的婴儿车反反复复换了五次才算满意！

而这五次，孙文鸣每次都很耐心地给她退换。最后，就是这个很多销售人员避之不及的顾客，成了孙文鸣的第一个回头客，每次来店里买东西都指定找她。孙文鸣说："有一天这个顾客来买东西的时候和我说：'文鸣，我知道我买东西的时候其实挺膈应①人的，但遇到这么多销售员，我就记得你一个。'最后这个顾客竟然还成为婴贝儿的员工了！其实，我的很多顾客都是对别人来说特膈应的，但是把她们处好了，她们会成为你特别忠实的回头客，有的我调店了还一直找我。"对销售人员来说，"我就记得你一个"或许是顾客最大的认可和赞美了吧！

千万不要以为只有产后抑郁的妈妈们考验服务人员，有些男顾客比妈妈有过之而无不及。

一天晚上，一个男顾客来买东西，说话特别挑刺，一定要把商品说得很孬，好像我们卖的东西一文不值，接着更是直接怀疑商品是假货。最开始，销售人员还能笑脸相迎，一点点和他介绍商品，拿出各种资质证明绝对是正品。没想到这个男顾客并没有就此罢休，而是咄咄逼人，还威胁店员说："我之前干过记者，没人敢惹我！惹我的话明天就找一群记者来堵你店门！"

彪悍的男顾客步步紧逼，语气越说越恶劣，还夹着各种不文明用语。门店销售大多是小姑娘，受不了这种架势，不知道该怎么应对，这个男顾客越说越激动，差点动手打店员。这时已经当了店长的孙文鸣闻声赶过来，及时拦

---

① 北方方言，指让人讨厌，让人感到不舒服。

住顾客。她后来回忆说："我听到动静，赶紧过来拉住顾客，和他沟通。这种顾客就这样，凡事不吃亏，嘴上不饶人，对这种顾客就要给足他面子，哥长哥短地叫着，好言好语地劝他，能忍的不能忍的都忍了，问题就化解了，其实也没什么特别难的。后来，这个顾客不仅成了店里的回头客，还告诉我店里或者家里遇到什么事找他，他都给帮忙解决！"

孙文鸣从最基层的健康顾问到店长再到大区政委，职业成长的道路上，这种看似难缠的顾客功不可没。她在一次分享中提到，自己的成长就是来自处理各种客诉，越是难服务的顾客其实越长经验！

的确如此，换一种思维，我们会发现这些顾客有着独特价值。如果你可以服务好所有难缠的顾客，那么服务其他顾客的时候是不是更得心应手？**如果说其他顾客是一座座丘陵，那么这些顾客就是险峰，翻过险峰的人再去翻越丘陵，自然容易多了。珍惜难缠的顾客，和他们打一次交道往往让人增长十倍经验。**

实际销售中还有一些顾客让销售人员头疼，她们往往是全职妈妈，常常没事儿就带着孩子来店里逛逛，而且还要拉着店员陪她聊天，但就是不买东西，或者挑了好几天可能就买了个棒棒糖或者小湿巾，甚至有时连续来店里好几天，不仅一点东西没买，还总是和你要试用装！对这种费时费力却不出业绩的顾客怎么办？耐下心来，陪她们聊家常吧。

有些人肯定会有疑问："上班时间用来和这些低产出的妈妈们聊家常，耽误的卖货时间怎么办？"其实，这个问题人可不必担心。真心对顾客，顾客从来不会让我们吃亏，好的销售过程从来都是一件双赢甚至多赢的事情。陪来店里的妈妈们聊天，有些妈妈可能自己买不了太多东西，但是却可以带来强大的口碑效应，在小区里和周围朋友间到处宣传婴贝儿，带动她周围的一批妈妈来店里消费。

毕竟，顾客在所有的母婴店都可以买到奶粉，可并不是所有销售员都愿意陪她拉家常。在家长里短中和这种顾客成为朋友，只要周围有人需要母婴用品,这种顾客常常会告诉对方:"附近有个婴贝儿,我和里面的员工特别熟!你去她那里买,我给打个电话,让她好好服务你!"这种顾客虽然自己买得不多,但带货能力就是这么强!

没有难缠的顾客,只有对服务的考验!越是难缠的顾客,越能锻炼出大智慧,带来大价值!

反思精神:爱我就投诉我

"今天大家的作业是当神秘顾客,去婴贝儿门店挑毛病。"2012年,我在"企业智慧落地班"的培训课堂上,布置完作业后,全体企业家学员面面相觑。

"什么?刘老师,我没听错吧?你让我们去你门店挑毛病?"学员十分不解地问。

"对,不仅要挑毛病,还要仔细地挑,能拍照的就拍照。"我再次向他们肯定地说。

"刘老师,您胆儿可真大!别人来我的企业参观,我都赶快打扫收拾,能藏的就藏,能盖的就盖,就怕别人看出毛病,您可倒好,主动让我们去找毛病!"学员一再对我的作业表示惊奇。

"藏了就没毛病啦?盖了问题就解决啦?那不就是掩耳盗铃吗?作为企业家,我们就应该有敢于直面问题的勇气。我之所以敢让大家去挑毛病,是因为婴贝儿本来就有很多问题,**挑出毛病才意味着成长的开始**。"我的一番话,让台下很多学员陷入了沉思。

实际上,很多人不知道的是,在婴贝儿,专门有这样一群顾客,进店不是为了买东西,而是为了"挑毛病",并且每个人"挑毛病"后,还有劳务费。这些人就是我们的"神秘顾客"。

神秘顾客哪里来？我们常常在客诉中寻找神秘顾客。因为凡是打电话投诉的顾客，往往对服务要求比较高，到门店能发现更多问题。为什么要有神秘顾客？因为我知道在快速开店的过程中，一定有做不到的疏漏之处，神秘顾客就是用一批最专业、最认真的顾客，帮我们监督不足，改正错误。我们对他们还有个亲切的昵称，叫"啄木鸟"。

服务只有起点，满意没有终点。神秘顾客制度，就是要用一批"挑毛病"专业户，促使服务在被挑剔中走向极致，帮助服务人员在投诉中不断成长（服务投诉电话400-618-6277）。

不仅如此，很多人来到婴贝儿的会客大厅，都会发现墙上挂着一副"廉政小婴"的连环画。画中出现频率最高的字眼就是"风气"。因为我们知道在企业发展过程中，难免出现违规现象，为了最大程度地减少违规，营造一个风清气正的经营环境，我们搭建了"廉政小婴"举报监察系统（举报邮箱jiancha@yingbb.com）。

图 2-3 "廉政小婴"系列监察漫画

很多人对顾客的投诉都很大头，但就我而言，投诉是真正帮助一家企业成长的催化剂。希望我们好的顾客才投诉,因为她们还给我们一个改过的机会。

"刘老师,网上有个帖子说婴贝儿服务差,浏览量一直在涨!"2008年1月,刚刚半岁的婴贝儿遇到了一场声势浩大的公关危机。我刚生完女儿丫丫,在月子里就遇到这件棘手的事。

上网一查,果然热度很高,跟帖评论无数。我担心有人故意组织水军抹黑婴贝儿,所以第一反应是核查情况是否属实。结果发现帖子属实,原来,一名员工在顾客购物后,按照促销活动规定,应该返优惠券。但优惠券没有了,收银员让顾客第二天早上来拿,结果早上顾客来取券时,收银员忘拿保险柜钥匙了,优惠券在保险柜里,顾客又没有拿到,于是就在S网站上发帖曝光。

既然确实是服务有问题,我们毫不遮掩。婴贝儿一直倡导的是"你可以犯错,但不能不改"!在S网站批评帖的下面,老贾实名认错——

尊敬的各位宝宝妈宝宝爸:

我是婴贝儿的总经理贾俊勇,当我看到论坛上对婴贝儿服务质量的质疑和不满时,我立刻对那天发生的事情进行调查……首先代表公司,对在论坛上发帖的宝宝妈宝宝爸表示歉意。我一定会给您一个满意的结果!

……

各位家长在论坛上的帖子,给我敲响了警钟,虽然婴贝儿也只不过是几个月大,但它只有在大家的关心下才可能健康成长,所以我也衷心希望各位能当婴贝儿的监察员,及时向我告知婴贝儿出现的各式各样的问题,以便我及时处理与改正。对提出好建议并被采纳的,公司将给予一定奖励。

我的电话是×××××。

贾俊勇

致歉信才发到网上不久，发帖的顾客就回复了我们，说没想到为了他的帖子，婴贝儿的总经理专门写信道歉，现在拿到了优惠券，其他售后服务也很满意，并表示愿意修改帖子，向网友说明情况。

本以为事件到此为止，没想到，下午事态更严重了！关于优惠券的差评帖被S网站置顶成首页推荐，浏览量一百多万！我们马上联系顾客询问情况，顾客无奈地说："帖子早就改了，现在置顶的那条是网站自己放上去的！"我们赶紧联系S网站，对方竟然直接向我们要钱删帖！

不服软更不服气的我拒绝向S网站低头。于是，我紧急召开公司大会，向全体员工表明态度："苍蝇不叮无缝的蛋，这件事不怨天不怨地，就怨自己服务不好才让人家抓到小辫子。改变不了世界就改变自己！帖子上说咱服务差，那咱们就提升服务品质！"婴贝儿上下一心，开展优化服务的整顿工作，下大力气打磨服务质量。

功夫不负有心人。一天，一位顾客来门店里买东西，结账时对收银员王琳说："小姑娘，我看网上说你们服务差，我是你们的老会员，知道网上说的不是真的，你们服务真的很好！"王琳的眼泪唰地下来了。

"刘老师，那一刻我觉得咱们做的一切都没有白费！"王琳后来向我讲述这件事时又忍不住哭了。我懂她这份眼泪。S网站的帖子给我们带来了非常恶劣的影响，外界对婴贝儿质疑不断。那段时间我们每天顶着巨大压力，憋着一股劲，全力以赴提升服务质量。如今，千辛万苦得到顾客发自真心的理解，汗水泪水总算没白流！

不怕揭短，甚至公开揭短，成为很多人看不懂婴贝儿的地方。

曾经，婴贝儿有家门店，几千元现金放保险柜里，却没有拔钥匙，导致光天化日下营业款被盗。我把这个由盗窃案引发的现金保管问题拍成视频，组织全员观看，全员反思。不仅如此，我们还拍了婴贝儿大事件系列视频，如《一个博客引发的大事件》《一个客诉引发的大事件》《一次违规引发的大事件》等，以此反思公司出现的种种问题。把错误曝光出来，才能把问题解决。

有个九年的老员工，因为出现销售违规的情况而抱憾离开公司。针对这一事件，我们还举行了全员的反思大会。大会上，我以《守住婴贝儿人做人的道德底线》为题，进行了深刻的自我反省：

2015年1月4日，公司发布了一份违规处理通报。说句实在话，这份通报虽发在公司公告栏中，但更像是一把利剑，刺在我的心上。事情发生后，我的心情很复杂。我痛恨公司三令五申，严令禁止的违规操作居然还在发生！

更让我痛心的，是我失去了一位曾经和我共同奋战九年的战友。当事人是一位做事踏实、认真执着，并且性格豪爽、勇于接受挑战的人。四年在药品公司任劳任怨，而后不顾药店店长的极力挽留，义无反顾地跟我来到婴贝儿创业。在婴贝儿风雨同舟的五年里，她从一名普通的健康顾问，只用了十四个月的时间，就一步步靠实力拼到了一级店长。如今，她已经是中心店长。在我们的心中，她忠诚、能干，是公司不可多得的良才，被列为公司重点培养的核心干部。她的前途将是一片光明，不可限量！

可是，2014年11月28日发生的一件事，却将这一切美好的憧憬和未来彻底地改变了。这原本是一通电话就完全可以避免的错误，这原本是一个稍有思想警觉就可以逃过的灾难！当愧疚难耐的她，低头不敢面对我的时候；当懊恼痛恨的她，满脸泪水号啕大哭的时候；当纠结不舍的她，即将与婴贝儿亲人说声"再见"的时候，亲爱的家人们，你们谁能体谅、理解那一刻我的心境。

面对一位与我有着九年创业感情的家人，却只因为区区两千块钱的违规而离开。自责的不只是她，还有我；懊恼的不只是她，还有我；反思的不只是她，还有我呀！打造团队，从敬畏制度开始！因为对违规者的宽容就是对遵守者最大的不公平！如果违规者不受到惩罚，就会出现越来越多的违规问题侵蚀婴贝儿，这个许多人赖以生存的大家庭终将土崩瓦解！没有家长愿意看到孩子犯错，所以我衷心希望大家不要出现违规问题！

《三字经》说："养不教，父之过；教不严，师之惰。"作为公司的大家长，我要承担这份不可推卸的责任。虽然我每天都苦口婆心地教育大家，要修养自己的德行。虽然我不停地唠叨"做事先做人"，但还是出了问题，这说明我做得还远远不够！如果做得够好，那这位家人绝对不会因为这样没有含金量的小事，犯下如此低级的错误。作为管理者的我们，必须自察自省。平日里你是否因为下属一点点小小的违规而忽略不计较，你以为那是爱，其实那是彻头彻尾的害！在这件事情上，我们应该越发理解一句话：管理就是严肃的爱！

……

亲爱的家人们，请你们时刻记得，侥幸心理是一把悬在头顶的刀，侥幸的成功将是一种灾难。从新员工入职的那一刻，我就叮嘱大家，做事先做人，道德比能力更重要！前天晚上因为儿子违反了做人"诚信"的道德底线，我对他进行了一番绝对的"酷刑"，儿子被我突如其来的愤怒惊呆了，在他近十四年的成长历程中，我从来没有因为学习不好打过他。在冰冷戒尺的抽打中，在罚跪将近三个小时的煎熬中，儿子开始体会到"人无信而不立"的道理，更明白了我的一番良苦用心。

亲爱的家人们，无论今天的你是与婴贝儿风雨同舟的创业元老，还是刚刚入职的新家人，我们或许有职位和能力上的区别，但在做人的道德准则上，我们都是完全一样。大家都知道，我是个极重感情的人，但我的感情是有原则和底线的。对待违规，我的态度是零容忍。"千里之堤，毁于蚁穴"，2015年，我一定会更加高标准严要求地践行"管理是严肃的爱"，更加深入地组织学习《弟子规》。

今天的错误你可以引咎辞职，失去一份耕耘多年的事业和一个美好的前程，但如果我不严格要求你，明天你失去的可能就是你的人生和自由！"立身行道，扬名于后世，以显父母，孝之终也。"我不想成为自己的罪人，我也不想成为你父母的罪人。"勿以善小而不为，勿以恶小而为之"，这是千年的名言，也将成为所有婴贝儿人的行为准则！

只要是触碰红线的问题，我从来敢于曝光，全员反思。

因为优惠力度大，因此婴贝儿的周年庆不仅是妈妈们的盛宴，也是其他母婴店的盛宴。很多母婴店都会来婴贝儿扫货，疯狂采购，这是我们严令禁止的。但有些店长为了轻松完成业绩，还是会抱着侥幸心理做。遇到这种情况，我们发现一例处理一例！

"反正你是卖货，谁买不一样。你们又不吃亏。"身边不止一个朋友表示看不懂我的做法。

"这么做是为了保证让妈妈买到低价的商品，母婴店把商品都买走了，吃亏的是妈妈。更严重的是，这种行为容易让员工产生投机心理，大家都想着偷懒，还有谁愿意再花力气去服务顾客？这种不正之风是我们严抓严打的！"我向朋友解释着谜底。

所以，这种对顾客不利，对企业不利的事情，我们绝不姑息！2019年周年庆期间出现这种情况，我们不惜将违规门店跟着我多年的老店长直接开除！全公司自联席总裁开始，所有和这件事情相关的人员，一律批评处理，全员检讨！这就是我们给妈妈们的保障，也是婴贝儿能够良性发展的基础。

我们不仅敢于在内部揭短，还敢于把错误公开给外人。我是青庐会的庐友，在分享交流中，青庐会创始人马翠对婴贝儿敢于曝光的精神感受颇深，她说："婴贝儿是一家愿意分享的企业。从创始人到高管，他们都很愿意把自己的经验拿出来跟其他企业分享，更难得的是，包括走过的弯路也愿意曝光给大家，这是一种敢于面对的精神，是很多企业都缺少的。"只有老板能够坦坦荡荡地面对问题，曝光自己，一家企业才能够铸就反思精神的魂。

当我们有勇气直面真实而不完美的自己时，我们就拥有了自我超越的无限可能！爱我就来投诉我吧！只有不怕揭短，才能让自己无短可揭！

第三章

军队文化：保证完成任务，
　　　没有任何借口！

　　婴贝儿的企业文化秉持"军队+学校+家庭"的理念，如同力学上三角形最稳定，军队、学校、家庭组成了婴贝儿的文化三角形。

　　军队文化浇铸出婴贝儿大军的钢筋铁骨。战略目光决定着我们能看多远，而执行力决定着我们能走多远。如何铸就企业的超强执行力？给团队注入军魂是最好的方式。婴贝儿的军魂就是要么全力以赴要么走人的人生态度，是如果一定要我就一定能的必胜决心，是努力到无能为力拼搏到感动自己的执着信念，更是狭路相逢勇者胜明知不敌也敢战的亮剑精神！

最硬的战魂叫军魂！

很多人看不懂婴贝儿的一点是，服务行业给人的印象都是温柔细腻，母婴行业更是如此，为什么婴贝儿要践行军队文化？接待顾客的时候需要立正吗？需要向右看齐吗？不需要。那婴贝儿为什么还要有军队文化？我们到底向军队文化学的是什么呢？

答案藏在我给新员工培训的课堂上。

"你们希望所在的企业管理严一点还是松一点？"我问台下的新员工们。

"松一点！"如我所料，很多人笑嘻嘻地回答。

"在座的很多人都有孩子吧？为孩子选学校，你们希望学校管理松一点还是严一点？"我接着问。

"严一点。"回答完了，我还没说话，大家就好像发现什么似的哄堂大笑。

"你为什么希望学校管理得严一点呢？"我问。

"因为只有管得严，孩子才能学到真本事，以后才能成才。"台下大家的答案很一致。

"大家想一下，那企业又何尝不是这样呢？我们说人生有三个学校，一个是家庭，一个是学校，还有一个是社会，企业就是一所社会大学。我们宁肯挤破脑袋甚至交高昂的择校费,也要把孩子送进管理严格的学校,为什么到自己的时候,却要把自己送进一个管理松散毫无要求的社会大学呢?"我将疑问的目光对视着台下。

有的人若有所思,有的人掩面而笑。

我继续说:"电视剧《亮剑》里,有个场景,李云龙为了能够让大家练出真本事,要求训练时真刀实枪地练习拼刺刀。一天,有个战士急匆匆地跑来向他汇报,说有个战士训练的时候不小心被刺伤了,李云龙却眼睛一瞪,手一拍桌子,用意料之中的语气,大声地说:'刺得好!'知道为什么吗?"

"不知道。"员工都摸不着头脑,一脸茫然。

"李云龙继续说:'**训练的时候被刺伤总比到战场上被刺死得好!**'你是否觉得李云龙很无情?但你是否想过为什么训练的时候会被刺伤?为什么被刺伤的是你?这说明平时你对自己的要求不严格,功夫不到家!训练的时候受伤还可以包扎治疗,但如果上了战场,就只有死路一条!这看起来很无情,实际上最有情。"我给出谜底。

大家恍然大悟,原来如此!

我继续解释:"自古以来都是商场如战场。你可以把每个企业都看成一支部队,你觉得是平时训练要求严格的部队更容易打赢还是要求松的部队?"

"严格的!"

"对啦!**训练的时候对你高标准严要求,才是对你真正的负责!**因为只有这样才会让我们拥有活下来的资本和能力!"

台下员工纷纷点头。

"同时,大家要记住,在战场上,**没有完美的个人,只有完美的团队!获胜的团队里不会有失败的个人,失败的团队里也不会有优秀的个人!**所以来到一家企业,你应该首先看它的标准高不高,要求严不严,执行力强不强。如果答案是肯定的,那么恭喜你,进入了一个充满战斗力的团队,你打胜仗的把握会更大！婴贝儿创业的时候，我们都是一群没有零售经验的人，更没做过母婴行业，单独拿出哪个人可能都不会成大事，但当我们组成了一个拥有超强执行力的团队时，我们抱团活了下来，而且越活越好！"

每每讲到这里，大家都开始热血沸腾，整个课堂迅速升温。

这也就是为什么婴贝儿好像干什么事都要军训——新员工入职要军训，销售精英要军训，门店主管和店长培训也要军训！

军队是世界上执行力最强的团队。作战任务一经下达，接受命令的人一定是绝对服从，绝对忠诚，绝对勇猛！保证完成任务，没有任何借口！一家企业要想锻造团队作战的超强执行力，一定是带着军魂的！

军训，训的就是令行禁止，是团队意识，是全力以赴！婴贝儿这所社会大学，送给大家的最大礼物就是锻造每个人的超强执行力！专注投入每一次军训，保证完成任务，没有任何借口！我相信任何人来到这样一支团队才会有真正的安全感。

婴贝儿菏泽和谐店第二天就要开业了，将近一千平方米的店货却还没有上，卖场里一片混乱，很多人都觉得"这明天可怎么开业？"可是，在婴贝儿，没有不可能！总部一声令下，开业前一天早晨五点，五十多个店长在济南集合，八点半准时达到菏泽。车刚一停稳，店长们就穿着统一的工装直奔门店，雄赳赳气昂昂地跨进和谐店。看到这支刷刷的队伍，商场保安惊呆了："这是天降雄兵啊！"就这样，五十多人脚不着地、顾不上喝水地忙活一天，把一千平方米的门店需要的所有货品全部上完，商品整齐，店面洁净，达到开业标准。晚上，保安路过婴贝儿门店时再次惊呆了，说："惹谁都别惹婴贝儿人啊，他们太厉害了！"

2013年周年庆期间，大众广场店突然接到通知：门店要拆迁！店里所有人都懵了，这可是周年庆，是门店最热火朝天冲业绩的时候！耽误的每一分钟都是巨大损失！当时，各家门店的店长和店员都在冲周年庆，于是，总部果断决定：所有职能部门家人，马上支援大众广场店！

命令刚一下达，来自各个职能部门的一百五十多人马上紧急集合，迅速前往大众广场店支援。到了商场，没想到那天电梯维修不能用。于是，一百多人采用货物接龙的方式，从老店到新店所在位置华润万家，一百二十米的路上，长长的一队人传递着一箱箱奶粉、纸尿裤、奶瓶，每个人头上都大汗淋漓、胳膊酸疼，速度却一点都没有慢下来。没想到，更大的困难来了！突然下起了瓢泼大雨，豆大的雨点噼里啪啦打在每个人的身上，但是没有人抱怨，为了不让货物被雨淋，已经被淋成落汤鸡的大家忍着酸痛，在大雨中默默地又加快了速度！

图 3-1 为了搬店进行货物接龙

周年庆是门店来货量最大的时候，那天仅一个厂家就发来六百多箱洗衣液！可就是在任务如此重、又没电梯又下大雨的情况下，婴贝儿再次创造了一场速度与激情的传奇——从把老门店和仓库的货物全部搬到新店，到在新店摆好货品、贴好价格签，仅仅用了四个小时！早上八点开始搬店，十二点十分新店已经迎来第一个顾客！华润万家的弭总看到婴贝儿的搬店阵仗，用充满钦佩的语气说："如果不是今天亲眼看见，我怎么也不敢相信！别人搬店怎么也得一个星期，你们竟然四个小时就搬完，还能正常营业！"

军训基地里，很多企业负责人会和教官打招呼"稍微训训，差不多就行"，而婴贝儿却从不含糊。我们的军训对员工要求高，对教官的要求更高，"必须严格训练，绝不允许浑水摸鱼的情况出现"！对有些心慈手软的教官，我都会直接"炒"掉换人。

"现在企业招人这么难，你还要军训，还训得这么严格，你就不怕把人都训走了吗？"很多企业家都向我提出类似的疑问。

"我从来不怕，因为不能在训练场上听从指挥、全力以赴的人，注定不具备婴贝儿基因。婴贝儿人不是军人如同军人，需要全力以赴，坚决服从，彻底执行！通过军训，把不可能具备婴贝儿基因的人剔除出去，不浪费彼此的时间，未尝不是一件好事。"我的态度从未改变。

图 3-2 在军训基地进行拓展训练

世界上执行力最强的团队是军队，最硬的战魂是军魂！我们就是要把婴贝儿锻造成一支充满战斗力的团队。**没有经历过痛苦的团队不会有战斗力，没有经历过磨难的团队不会有凝聚力，没有浸润过泪水的团队不会有生命力！**领导者最大的能力不是埋头苦干，而是激发整个团队的原动力与无限潜能。因为只有这样，才能在竞争残酷的市场里给大家有所期待的未来！**欲戴王冠，必承其重；欲达高峰，必忍其痛；欲想成功，必有其梦！**

要么全力以赴，要么走人

"孩子，凡事不能偷懒，做运动员更不能偷懒，你的成绩是由你在训练场上的每一滴汗水、泪水和血水筑成的。"15岁，我初中毕业，成为济南市体工大队的一名三铁①职业运动员。曾经是山东首批皮划艇运动员的父亲，在我出发前往体工大队的前夜，语重心长地和我说下这段话。

"可是，爸爸，即使我全力以赴，也不一定能成功。"年少的我说出了心中的困惑。

"孩子，**全力以赴不一定会成功，但全力应付一定不会成功！**"爸爸的这句话从此深深烙印在我的心里。

2012年我做了一个决定：将自己的器官全部捐献给红十字会。当时《齐鲁晚报》的记者采访我时，见到我的第一面就问："刘总，您的生意还好吗？"

"很好。"我有点吃惊，头一次见记者上来就问这么直接的问题。

"既然生意很好，您为什么要捐献器官呢？"记者十分疑惑地问。

"我为什么现在就不能捐献器官呢？"我反问记者。

"因为您太年轻了，等老了以后再捐也不晚呀？"记者还是很疑惑。

---

① "三铁"指铅球、铁饼、标枪。

"姑娘，你怎么知道你会有机会变老呢？"我的反问让年轻的记者愣住了。

我继续说："**我不知道灾难和明天，哪一个会先来，我只想把生命中的每一天，都当成最后一天去活，全力以赴地活出每一分每一秒，让自己不后悔。当你抱着这样的态度去面对生活和工作时，就会迸发出生命中最强大的力量、最蓬勃的活力，你做的每件事的质量就会不同，你的人生自然就会不同。所以，我把全力以赴当成我的人生态度。**"

我的这种人生态度，也影响着身边越来越多的人。婴贝儿的所有企业视频几乎都是由山东鼎视星空影视文化传媒公司（以下简称"鼎视星空传媒"）制作，鼎视星空传媒创始人王华东曾经感慨地说："遇到刘老师之前，我觉得一件事做到八十分就可以给自己鼓掌了，而刘老师是一个追求极致的人，她做到一百分都不会满足，一定要做到一百零一分！别的客户做片子一般都是改一到两轮，而她不放过每一个细节，一个片子五分钟，一分钟六十秒，一秒二十四帧，一帧帧地改，最多的一次竟然改了十五遍！刘老师让我真正明白了什么叫作'全力以赴'。最初被刘老师'折磨'会觉得痛不欲生，坚持过后人生一下子发生了质变！过去我们四处找客户拉业务，自从被'折磨'后，都是客户主动找我们！大家都说一句话：'让被刘老师折磨过的人干活，放心！'"

如今，全力以赴已经成为婴贝儿独特的企业气质。新员工培训的讲台上，当我给大家播放婴贝儿六周年庆典上店长的士气展时，那一刻，所有人恍然大悟：自己工作了这么多年，为什么没有成果？为什么收入依旧不高？为什么还是没有发展空间？因为过去我们的做事态度是全力应付，婴贝儿人的那种态度才叫全力以赴！

没错，在婴贝儿，我们信奉的做事态度就是——要么全力以赴，要么走人！

生活中，并不是所有人都能全力以赴。有太多人抱着应付的态度，随便的状态去面对生活和工作，在不知不觉中把这种全力应付变成了自己的人生态度。一个应付的人生怎么可能会有一个好的结果呢？

而在婴贝儿，我们把每一天都当成生命中的最后一天，去认真对待生活，对待工作，这样度过的每一天都是意义非凡的量变，积累下来，未来一定会发生质的突破。所以我们愿意全力以赴地度过每一天！

我经常会让大家在半小时内，去体验一次全力以赴的状态，体验之前，大家都会认为那样很累，很苦，很不可思议，害怕自己做不到。但是，当真正全情投入的时候，所有人都被自己感动哭了。**大家发现当你全力以赴去做一件事情的时候，是很累，但很爽；是很苦，但很轻松。**那种轻松，那种快乐，那种超越，只有全力以赴过的人才会懂！因为外人看来很累的状态，对身在其中的人来说其实是一种享受！

很多来到我课堂的人，无论年龄大小、性别男女、学历职位高低，都会有所感动，在这里打开心灵，忘我投入。有人问我："你是怎么做到的？"我告诉他们："当你拿出全力以赴的状态投入到课堂时，你就会感受到他人心灵的温度和灵魂的渴求。**用生命去影响生命，用灵魂去唤醒灵魂。**这就是我讲课的魅力所在！"

彼此相处时，是人和人之间能量场的交换，而全力以赴就是一种最高频、最奇妙的能量。我们希望自己干得轻松，却希望别人全力以赴，**你怎么可能拿着对别人全力应付的态度去换取别人对你的全力以赴呢？**

"听刘老师的课太享受了！一气呵成六个小时，整堂课不困、不累、不走神，都忘记了时间和空间！"新员工感慨道，"你这么玩命讲课累不累？"看到我走下讲台，后背都被汗水浸湿，有人心疼地问。

"累，真的累。但是，真的爽！当看到大家在课堂上打开心灵，焕发新生时，我的精神无比富足！我体力上真的很累，但精神上真的很满足。**有一句话说得好：'不要假装你很努力，生活不会陪你演戏！'**反观那些全力应付人生的人，我觉得他们才是真的累。凡事都应付，结果没成长、没自信、没尊严、没荣誉,这累不累?**全力以赴,我累的是一时;全力应付,你累的是一生!**"

如今,每一个来到婴贝儿,镀上婴贝儿魂的人,都坚定树立了全力以赴的人生态度。正如电视剧《亮剑》中,李云龙在一次演讲中说:

> 任何一支部队都有自己的传统。传统是什么?传统是一种性格,一种气质,这种性格和气质是由这支部队组建时首任军事首长的性格和气质决定的,他给这支部队注入了灵魂。从此,不管岁月流逝,人员更迭,这支部队灵魂永在!

七天可以干什么?七天,对于装修而言可能只是把地板砸开开始铺地,对于有些人而言可能只是浑浑噩噩度过一周,然而对于婴贝儿人来说,七天是创造奇迹的过程,是一家近300平方米的门店从决定开店到开门纳客闪电速度的衡量器!

2011年9月28日,婴贝儿潍坊市妇幼店开始试营业。外人不知道的是,9月21日我们才签订租房合同。当时,我们租的场地归日企佳世客管理。一周后,日本总部要派人检查,要求所有门店必须能够正常营业。开一家新店,标准速度是25天,七天是很多人想都不敢想的事情。但婴贝儿敢想,更敢干,而且干得很漂亮!

21日当天,时任拓展中心开业支持部经理的玄小莎领下军令,带着李静静、李文聘等人从济南杀到潍坊,七天开店,誓必达成!

如果一天24小时全力以赴,那么七天等于二十一天。24小时,店里灯火通明,每一个装修环节都无缝衔接,不浪费每一分钟。这边地板刚要铺完,安装货架的人已经在门口等着。货架刚安装完,货和上货的员工已经在门口等着。你这边随时撤,我这边随时进。

全力以赴、血战到底的精神在每个人的身上迸发出巨大能量。困了铺上纸板在墙角睡一会，凌晨三点货一到马上起来上货；有的一大车的货，几个小姑娘带着小跑，半个小时全部搬完；有的负责墙上的手绘海报，一画就是一天一夜，手不离笔，终于画完，画画的人困得握着笔趴在纸箱子上睡着了……

眼看着就要大功告成，最惊险的挑战出现了——离开业还有最后一天，从杭州运送的价格条还没到！

当时，周围很多门店为了应付检查，都是临时摆些货架和商品做"面子工程"。婴贝儿和他们一样，不贴价格条也可以。但是全力以赴是婴贝儿人骨子里的态度，只要还有一分力气，我们就要战斗到底！

开业的头天晚上，所有人都在店里等，凌晨一点，价格条终于运送到店！这时，店里的家人们看到价格条就像看到亲人一样，纷纷跑上去认领，每个人都拿着厚厚一摞价格条，小跑着贴到对应的商品上。

十来个人一通折腾，终于大功告成！

几个小时后，天亮了。婴贝儿在潍坊的第一家店如期开业！

开业当天，佳世客负责人十分惊讶："真没想到你们是最后一个进场的，结果只用一个星期就把店开得这么漂亮！"最后，中国区负责人还单独带日本总部的人来参观，总部人员当场表示要把婴贝儿作为商场所有店面的样板！

累到极限的七天，事后回忆起来，玄小莎却格外兴奋："大家一块儿为了同一个目标不怕苦不怕累，每一个环节扣着每个时间，所有人都连轴转七天开出一个店。婴贝儿人的执行力真牛啊！七天打了个胜仗，就像攻下个山头一样，开了我们在潍坊的第一家店！"

我一直相信所有成功的人，或许性格千差万别，做事方式也各不相同，但他们对待人生全力以赴的态度一定是相同的。我是一个从最普通的家庭里走出来的再平凡不过的人，我就是通过这种全力以

八周年庆誓师大会

赴的态度，改变了我的人生轨迹，实现了我的人生梦想。所以，我也希望每一个来到婴贝儿的人，都能够认真活出每一天的精彩，希望能够对父母行孝时全力以赴，陪伴爱人和孩子时全力以赴，对待工作时全力以赴，这才是一种对自己负责任的态度！

如果一定要，我就一定能

我的第一份正式工作是做业务员，那一年二十岁。刚开始学习做业务就遇到了一件棘手的事——前任业务员把某商场的业务交到我手里，交接后我才知道，他之前把商场业务负责人王经理得罪了！

"我们不再和你们合作了！"我第一次去商场找王经理谈业务，满屋子都挤满了业务员。我刚报出身份，还没来得及说话，对方就脸色一变，众目睽睽之下用严厉的语气把我扫地出门。

一个人灰溜溜走出商场，当时心里那个委屈，眼泪不听使唤地啪嗒啪嗒往下掉，感觉太丢人了。我又没做错什么，为什么平白无故被赶出去！

不过委屈归委屈，工作还是得继续，我暗下决心：我就不信这个邪了！一定要啃下这块硬骨头！

一天，济南下起暴雨，我想王经理今天应该不忙，我的机会到了！于是，我穿上雨衣，骑上自行车，直奔商场。当我走进办公室，手拿着雨衣，浑身湿漉漉，雨水顺着头发往下滴答，满脸堆笑地出现在王经理面前时，他很是惊讶。

"下这么大雨你来干什么？"王经理诧异地问。

"平时您都太忙了，今天下雨我知道人肯定少，所以来看看您，也想向您请教些问题。"我低头哈腰满脸堆笑地说。

俗话说，伸手不打笑脸人。看到我这副惨兮兮的样子，王经理实在不忍心再把我请出去了。于是，我为之前业务员和他的不愉快真诚道歉，王经理被我打动，明显感觉到这次见面气氛融洽了很多，他还给我拿了条毛巾让我擦擦头发。

雨天的那次闲聊，我用看似无意的方式得知了王经理的生日，后来，在他生日那天，我特意买了一束花和蛋糕去看他。当时我一个月工资三百块，这些礼物花了我将近半个月的工资。

"王经理，生日快乐！"我抱着花，拎着蛋糕出现在他面前，他一脸诧异，整个人懵在那里。

"祝您生活的每一天都充满鲜花和阳光，生日快乐！"我把鲜花和蛋糕送到他的手中，甜甜地笑着送上祝福。

这时的王经理表情还是一脸懵，还没缓过神来。礼物送到了，祝福送完了，我转身就走。

"小刘！"没走几步，就听王经理叫我。我回头把长发一甩，陶醉在自己营造的电视剧情节中。

"谢谢你！"王经理特别真诚地向我表达了感谢。他平时说话嗓门特别大，可这次声音特别柔和。我感受到他语气里的感动，确定他此前一定没收到过这样的意外惊喜。

此后，这家商场成了我最大最给力的客户，销量最高，结账最快。每次到那里都像回自己家一样，再到王经理的办公室永远都是欢声笑语。他还把我树成榜样，经常和他的业务员说："都像小刘这样，还有什么做不成的业务！"

我至今一直觉得，**做不成事是因为你没有一定要做的决心。**那一次，我深刻明白了什么叫"如果我不能，我就一定要；如果一定要，我就一定能"！而后，婴贝儿创业的过程中，我一直践行着这句话。当别人都说我们干不成的时候，我偏要干给他们看看。**当一个人一心向着目标前进的时候，全世界都会为你让路！**

如今，"如果我不能，我就一定要；如果一定要，我就一定能"已经化为所有婴贝儿人的"魔咒"。婴贝儿有一群和我一样，深信这句"魔咒"的人，每天疯狂向前冲，直到一定能为止！

2017年，婴贝儿入驻菏泽，全新的市场急需得力干将去开疆拓土。

"文鸣，开新店难，去外地开新店更难。你有这个心理准备吗？"我们认为大区政委孙文鸣是去菏泽的不二人选。

"刘老师，我知道。"孙文鸣预想到了将要面临的困难。

"在济南，只要提婴贝儿，妈妈们都知道，但是到菏泽，提婴贝儿，没人知道。开发一片处女地，把婴贝儿植入到菏泽妈妈的心中，是一件难上加难的事情，你准备好了吗？"

"刘老师，你放心！**干不出成绩，我不回济南！**"孙文鸣语气坚定，态度坚决。

第二天，安顿好济南家里的老人和孩子，孙文鸣就前往菏泽，一待就是两年。

从到菏泽的第一天开始，孙文鸣手机就24小时待机，她说："只要到了菏泽，24小时都是工作状态，有事随时打电话，手机没电可能打不通的时候，我一定在店里，去店里肯定能找到我！"

在一片处女地开新店，困难接踵而至。要员工没员工，要顾客没顾客，要资源没资源。刚到菏泽，除了她和冯伟，其他都是新员工，就连店长也是新招聘的。孙文鸣一边装修一边招人，一边培训一边推广，一边线上加粉一边线下卖券。左手挑业务，右手挑团队。白天带头推广，晚上总结分享，一天工作下来常常已经是凌晨一两点。

现实惨烈，孙文鸣却一次次用行动证明，无论多难，"如果一定要，我就一定能"！她说：**"即使我累得跪着，也要一样干，誓死也要把婴贝儿魂带到菏泽！"**

为了让婴贝儿魂在菏泽落地扎根，孙文鸣永远冲在最前面。前期推广，她每天早上七点二十准时到达推广地点，带队举旗巡街喊口号，一天都不懈怠，一个细节都不含糊。她说："当时就一个目标，一定要把菏泽带出济南的标准。

推广的时候，站到什么标准，笑到什么标准，喊到什么标准，都要亲自带。"

夏天的晚上，她带队去广场推广。为了吸引人流，她找来木偶服，厚实的木偶装就像一件大羽绒服，她二话不说第一个穿上，拿着荧光棒跳舞，和小朋友互动，不一会浑身就湿透了。其他员工看她这样，轮流穿木偶服推广，湿透了，换人，再湿透，再换人，一晚上下来没一个人有怨言。

两年，孙文鸣把婴贝儿魂种在了菏泽，她说："最难的那段日子，真的是每天听着《坚持》过来的。"《坚持》，这首婴贝儿人再熟悉不过的歌，道出了我们全力以赴的精气神：

坚持 再坚持

多少年来多少次

为了理想在坚持

每一次觉得失望

告诉我还有希望

每一次感到心伤

叫自己还要向上

坚持 再坚持

坚持 再坚持

多少年来多少次

为了理想在坚持

多少年来多少次

直挂云帆看红日

如今，菏泽已经拥有七家门店，面积将近六千平方米，十余万会员。菏泽是山东经济相对落后的地区，却成了周年庆冠军！

如果一定要，我就一定能！这种精神在每一个婴贝儿人身上开花结果。不仅有像王红英、蔺春晖、张海丽等一批快人快语的豪爽女子在这里挥洒着激情热血，还有像宗芳、王莹、刘亚男、袁红梅等一批看上去柔柔弱弱的女子，骨子里却深深镀上了婴贝儿的魂，干起活儿来不见丝毫柔弱，在工作岗位上开足马力全力拼搏！

时任解放店主管范雪芳，在店长因为家庭原因频繁请假，当月业绩眼看达不成的情况下，挑起重任。她说："作为主管，那就必须把事情担起来，任务必须要完成！经过周密策划，在最后一天我们卖了三十万元！创了解放店的历史！"

婴贝儿第一家全业态旗舰店华信店开业前，公司定下5400张优惠券的任务，后来又调整到8000张。店长孙娜娜说："每天早上起来想到今天的任务，我就头大！但婴贝儿人没有完不成的，所有华信店的家人没一个抱怨，大家拧成一股绳，就是干！"

推广的员工里，王萌怀孕了，孙娜娜把她调到收银岗，让她不要出去推广了，结果，她说："大家都在为了门店拼命，我不能掉队！"后期孕吐反应厉害的时候，她吐完之后稍作休息，又去跟顾客介绍优惠券。

"怀孕的都能这么坚持下来，咱们还有啥不能坚持的？"没想到，推广任务已经很重的华信店竟然又主动加压！

"通过大家齐心合力的拼搏，卖八千张券应该没问题，大家的潜力很大，我们要不要冲一万？"一次午会上，孙娜娜征询着所有店员的意见。

"誓必达成！"华信店的家人们挥舞着拳头，齐声呐喊。

最终，华信店以172%的达成率超额完成任务！

婴贝儿的另一个名字叫"奇迹"，创造奇迹的，不是遥不可及的神，而是我身边一群对工作怀揣信念，最纯粹最努力最平凡也最伟大的婴贝儿人！

六周年庆店长士气展示

努力到无能为力，拼搏到感动自己

"再快点，不许停！"寒冬的早上，很多人还在被窝里懒洋洋地睡觉时，作为济南市体工大队运动员的我，已经在教练的督促下跑得大汗淋漓，大脑放空，所有心力和体力都用在呼吸和迈步之间。

那段艰苦岁月时常在我的脑海中浮现。运动员为了锻炼耐力，超强度的长跑是家常便饭，冬夏无阻，冬天穿着单薄的训练服，冻得腿直哆嗦，照练不误。虽然当时很辛苦，但是我至今感谢体工大队的陈立军教练，是他让我第一次对"努力到无能为力"这句话有了深切体会。陈老师每天骑着自行车在后面督促，让我即使累到极限也不敢停下脚步，因为稍微一慢教练的哨子声就像鞭子一样打在我身上。正是体工大队的这段经历，锻造了我再苦再累决不放弃、再疼再难绝不服输的拼搏精神，让我明白人才都是熬出来的，本事都是逼出来的！对自己狠一点，逼自己努力一点，才知道自己有多优秀，未来的自己终将感谢今天发狠的自己！

我很喜欢的一首歌是《最初的信仰》，或许是因为这首歌最能唱出这种精神：

跟着希望跟着光，

我是不落的太阳，

为了最初的信仰，

在我的战场，

向着胜利前进的方向，

就算子弹穿透了我的胸膛，

依然还有梦想，

在我的肩上点亮！

歌曲荡气回肠，每当旋律响起，我总能想到一群婴贝儿人奋斗的身影。

"经验丰富的老店长都没把桃园店带起来，她一个厂促怎么可能带起来？"

"就是，估计她待不到一个月就得走！"

"过阵子桃园店不会就关门歇业了吧？"

......

听说要来新店长，桃园店的店员开始七嘴八舌地议论起来，所有人都不看好她。

为什么店员们如此灰心？因为2009年，桃园店自开业以来持续亏损，连续六个月没有完成任务，前任老店长铩羽而归。

救店如救火！我把推广能力突出、责任心强的厂促乔祥敏破格提拔为店长，前去扭转战局。

乔祥敏的销售能力超强，强到什么程度？一天我去门店，发现三名顾客排队等着她接待！我对顾客说："您可以不排队，我们有其他管家接待您。""不，我们就要乔祥敏！"后来，通过店长了解到，乔祥敏不仅销售能力强，顾客经常点名找她买东西。她还主动承担原本不属于她的推广工作，每个月1500名新会员的业绩压力都由她来担。

接到任务后，即使是推广高手、销售大将，乔祥敏心里依然打鼓，因为她没当过店长，更没做过管理。她知道这一战很难。但是到了门店第一天，她就体会到没有最难，只有更难！困难远比想象中的大！

乔祥敏至今对当时的艰难记忆犹新："我是从厂促直接被提为店长，没有接受过主管培训和店长培训，很多店长需要的技能我都不会，到了门店感觉无从下手。更难的是，员工不服我，特别不配合工作，那段时间真是孤军奋战，度日如年！后来几个店员干脆集体闹辞职！我实在撑不住了，就哭着给刘老师打电话。刘老师马上到门店，帮我稳定军心，她和店员说：'我知道大家都不信任乔祥敏，但是你们想想门店亏的钱都是我的，公司有主管也有其他店长，为什么我偏偏要启用一个促销员呢？乔祥敏是公司第一个破格启用的店长，我都这么信任她，你们为什么不信？她之前的确只是厂促，但却能把阳光店的来客数升到门店第一，这原本不是属于她的任务，她的这种责任心，这种推广能力，其他人有吗？之前桃园店业绩不行，店长有责任，你们就没有责任？你们离职能保证找的工作就比现在好吗？所以，请大家拿出三个月，相信我，相信乔祥敏，给乔祥敏一个机会，也给自己、给门店一个机会。'"

店员集体辞职事件被我平息，但乔祥敏的日子依旧不好过。员工觉得她坚持不了多久，其他店长觉得她不可能把店带起来。但她并没有被困难吓倒，而是说："你们不服我，我就证明给所有人看！"

为了上班方便，她干脆住到门店附近，把孩子送给爷爷奶奶照顾。自己连续三个月早八点上班晚九点下班，没有休息过一天。每天白天去发传单拉会员，晚上在店门口做活动聚人气，一周七天为宝宝组织的互动游戏绝不重样，连续三个多月组织了将近上百场活动！

乔祥敏提着一口气，拼尽全力也要证明给所有人：我行！我可以！她每天早出晚归，实在没时间去看孩子，一天夜里十二点多，老公对她说："你去看看孩子吧！今天爷爷奶奶打电话，说孩子一个人搬个小板凳坐阳台抹眼泪，问她怎么了，她说想妈妈了！"

乔祥敏心疼得眼泪唰地流了下来，和老公两个人抱头痛哭，约好下次开完店长会一定抽出一个小时，回家看看孩子。当时店长会在八一店开，离乔祥敏家只有十几分钟的路程。没想到这么短的路程，店长会后乔祥敏还是没有去看孩子，因为当天门店里有大活动，她放心不下，开完会就火速赶回门店。

忙得顾不上见孩子，后来终于抽出时间去看女儿时，孩子开门看到她脱口而出："阿姨好！"乔祥敏心里格外不是滋味："她看见我像看见陌生人一样往后退，一个当妈的听见孩子叫自己阿姨，别提多伤心了！"

就这样，乔祥敏承受着所有人质疑的目光，一边忙工作，一边惦记着家里的孩子，一边冲业绩，一边争取店员的支持。努力到无能为力的她，一天睡前和老公说："太累了！真想一觉睡过去，再也不用醒过来。这样就彻底解脱了。"

累到想一睡不醒的乔祥敏，第二天醒来后，又不到八点就来到门店，"只要还有一口气，就要拼到底！"结果，门店当月就完成了目标任务！这是桃园店自开业以来第一次完成任务！

此后，桃园店不仅月月完成任务，员工更是由不配合到完全信服。店员对她说："之前你早上八点来晚上九点走，我们就想看看你到底能坚持多久，能有半个月就不错了！结果没想到你竟然坚持了三个月，把门店带得这么好！现在我们是真服你！"

在婴贝儿，有一群像乔祥敏一样的家人在门店努力到无能为力，再苦再难也要咬牙坚持。如果你真的觉得很难，你坚持不了，那你就放弃，但是放弃了就不要抱怨说："我为什么没有得到？"人生就是这样，要得到就要有付出，要付出你还要学会坚持！

至今清楚记得玄小莎刚担任运营总监的时候，刚上任经验还有些欠缺的她倍感压力。一天，她实在承受不了了，就跑到公司外面，坐在台阶上大哭一场，把所有的压力和委屈都化成了泪水。哭完之后，她擦干眼泪，自言自语地说："还得继续干！"接着又回到门店开始干活。店长培训中拓展项目"车轮滚滚①"对体能要求很大，我们会让身体不适的人出列不参加这个项目，王双就在其中。大家都以为她在一旁休息时，没想到在终点看到了刚完成项目、汗流浃背的王双！

"你的身体没问题吧？"大家走上前关切地问。

"没问题！"王双一边擦着额头上的汗水一边说。

"不是不让你参加了吗？"有人疑惑地问。

"当我出列时，看到大家离我越来越远，感觉特别孤独。我的团队在全力拼搏，而我却站在一旁成了拖后腿的那个人，真的特别对不起大家。我的身体还可以坚持就不能轻易放弃，该拼的时候就要拼一把！"王双坚定地说。看着满脸汗水和尘土的王双，现场很多店长默默流下感动的泪水。

_____

① 一种拓展训练的方式，需要团队齐心协力、紧密合作来完成任务。

除了门店一线，我们的职能部门同样有一群最可爱的人，在平凡的岗位上干出不凡，拿出所有力气，拼搏到感动自己！

孙文莹在2009年4月加入婴贝儿，后来从门店调到客服部。当时我们要求客服二十四小时在线。每天下班后，孙文莹都会把客服电话转接到小灵通上，有时甚至晚上十二点都有顾客投诉。睡前被投诉的顾客一顿骂，孙文莹的老公直呼："你这是干的什么工作呀！我都要崩溃了！"

周末参加同学聚会的公交车上，孙文莹忽然接到顾客投诉。"您好，这里是婴贝儿客服部。""先生，您先不要生气，麻烦您再详细给我说一下这件事情"……孙文莹的画风显得格格不入，引起一车人的"注目礼"。电话那头，顾客不依不饶地破口大骂，孙文莹依旧语气温和地向顾客解释，但那一刻，她的脸上，委屈的泪水悄悄滑落。

饭桌上，同学们正在把酒言欢，一个客诉电话又打过来，孙文莹又开始处理投诉问题。

"电话不接不行吗？"同学不理解地问。

"我不能不接，错过一个电话，我心里都不踏实，比接电话被骂还难受，因为这是我的工作职责！"孙文莹态度坚决地回答了同学的疑惑。

信息中心的刘存军，大家平时都亲切地称呼他为刘工。2018年，我们更换系统，新系统调试三四次都不成功，负责人突然辞职，在我们措手不及时，刘工临危受命，毅然承担起所有工作。为了保证周年庆能用上新系统，刘工带领柏丹等信息部年轻的家人，在几次试运行失败的情况下，咬着牙顶住压力，没日没夜地干。

"最近很辛苦吧？"一天下午，我在楼下遇到刘工，关心地问道。

"嗯。"刘工是个超级理性的理工男，平时话少，几乎和谁都说不到十句话，不善言辞，直来直去。

"怎么样？"我看到他满脸的疲惫，有些心疼。

"累，真的很累。"他挤出一句话，疲惫地看着我。他的眼圈红了。那一刻，我的眼睛也湿润了。

"我请你吃饭，犒劳犒劳你吧。"

"不行，还有很多活没干，还要回去干活。"刘工拒绝了我吃饭的提议。

我给了他一个大大的拥抱，那一分钟里，我们像肝胆相照的兄弟一样紧紧抱着，无须多言，一切心照不宣。

我感受到刘工冷酷的外表之下，对工作的那份赤诚之心。只要是他答应的事情，就像一颗钉子拧在那，只顾闷头干活，不完成任务不罢休！最后，他带领团队成功保障了周年庆信息系统正常运行。

商学院的魏静静负责所有学员的食宿后勤工作，为了保证学员在高强度的培训中能够有良好的休息，她在整理宿舍时不放过每一个细节，为大家精心准备被褥。有时前来培训的学员有上百人，入住前每一张床铺她都要认真检查，保证学员能有一个舒适的睡眠环境。她说："学员们休息好了才能学得更好，我的工作就是努力让她们回到宿舍就像回到家一样舒服！"很多学员都说："住在宿舍比在家里还温暖！这里不仅为我们准备了舒服的被褥，还有洗衣液、洗手液、洗发水等各种生活用品，方方面面都替我们考虑周全！"

图 3-3 婴贝儿"感动人物"颁奖仪式

设计部的王立荣刚生完孩子不久，就赶上公司的嘉年华活动。时间紧任务重，为了活动能顺利进行，她就把工作拿回家，喂完孩子后又彻夜赶工，她说："不能让工作耽误在我这里！"后来，王立荣被评为婴贝儿"十大感动人物"。我们每年都会评选"十大感动人物"，就是为了表彰像王立荣一样在平凡的岗位上拼搏到感动自己的家人们。

拓展工程部的家人为了能够找到更好的地理位置，用双脚丈量每条街的价值，就像找情侣一样认真挑选每一家店的地址。夏天的时候即使高温酷暑依然脚步不停。王健被晒得皮肤黝黑，忍着脱皮的疼痛还开玩笑地说："去非洲走了一圈。"左茂玉为了能让门店早点完成装修，常常在满是灰尘的装修现场一待就是一整天，他说："早开一天就省一天房租。"装修工作让他早上来的时候精神抖擞，晚上回家的时候灰头土脸，每次进门之前都要对自己进行彻底的大扫除，要不然孩子就会嫌弃地不让抱。

财务部的家人们每天兢兢业业、踏踏实实、如履薄冰地工作，不敢有任何疏忽，一边要保证所有内部核算无误，一边要完成和近五百个供货商的对账，一边还要和银行争取更多的促销活动……财务部曾经招聘了三名新员工，干了三天后都走了，他们说："这里一天的工作量顶正常公司一个月的工作量！"

有些人并不能理解为什么婴贝儿人如此拼命，因为有时即使努力到无能为力，拼搏到感动自己，目标也没有达成，所以何必那么拼呢？我想说人生一世，结果很重要，拼搏的过程更重要。当你拼尽全力去努力到无能为力的时候，即使目标没有达到，也足以感动自己。我们坦然接受不能改变的，奋力改变那些可以改变的。改变不了环境，就改变自己；改变不了事实，就改变态度；改变不了过去，就改变下现在。只要我们努力去改变去奋斗了，一切就都值得了。佛家教我们放下，很多人说这是消极，但在我看来其实是一

十二周年庆之婴贝儿
人在路上

种全力拼搏后的坦然。**不求无愧于人，但求无愧于心。只要拼搏到感动自己，无论结果如何，我都接受。因为无论终点怎样，全力拼搏过的人生已经不虚此行！**

PK，用亮剑精神为荣誉而战！

我人生最初对"赢"的体验，对荣誉的追逐，是在运动场上完成。小学时，区里800米、1500米的冠军都被我包揽。初中改练掷铁饼，我第一次比赛就轻松拿到了区冠军。运动场上，赢得痛快！领奖台上，冠军光荣！

运动员生涯练就了我不服输的品格，赢的快感让人回味无穷。2004年12月，我参加"学习型中国世纪论坛"，这次论坛几乎是一场培训师的春晚，台上名家如云，也正是这次经历激发了我对演讲的热情。

那次论坛上只有三位女讲师，我听完之后，心里暗想："我要是上台一定比她们讲得好！"于是，我就给同行的企业家朋友做了承诺："明年我一定要登上'学习型中国'的讲台，成为演讲嘉宾！"就这样，一场自己跟自己的PK赛在我的心里默默展开。

接下来，我仿佛走火入魔般每天练习。公公说："都不用看正脸，在路上看背影就知道那个比画着手势，边走边自言自语的肯定是长燕！"在路上讲，在家里讲，在办公室讲，甚至做梦的时候都在讲，讲到激情处还会在床上手舞足蹈！公公常拿我的案例分享给别人，感慨地说："你们只要有长燕这种跟自己较劲的劲头，万事皆成！"

2005年1月底，我报名参加了刘景澜老师的公众演说魅力表达研习营。因为研习营最后有一个演讲比赛，只要赢得冠军就能获得登上论坛的资格。

一进研习营，和同学们一聊天，我就懵了！我是才入演讲圈的新人，很多学员都已经是有着各种演讲经验的专业培训师！班里高手如云，我一只小白

PK一群老手，能有多少胜算？放弃吗？不！**我可以容忍悲壮地失败，却不能容忍体面地放弃！**

即使胜算不大，我也要放手一搏！三天的学习中，我不是最聪明的，但一定是最刻苦的。我不是最有经验的，但一定是最勤奋的。每天去得最早，走得最晚，不放过老师讲课的每一个细节，下课后，教室里、走廊里、大街上都能看到我刻苦练习的身影。

研习营的最后一天终于来了。我带着一颗必胜的决心登上讲台，对精心准备的演讲胸有成竹。最终，出乎所有人意料，我一个新手竟然过关斩将PK掉一轮轮对手，最终拿下冠军，只用三个月就如愿获得登台资格。

我赢了！

"老婆，我真佩服你。那么多的职业高手，你都敢上台和他们PK？"老贾用崇拜的语气对我说。

关于答案，电视剧《亮剑》中说出了我的心声。李云龙在一次演讲中说："古代剑客们在与对手狭路相逢时，无论对手有多么强大，就算对方是天下第一剑客，**明知不敌，也要亮出自己的宝剑，即使倒在对手的剑下，也虽败犹荣，这就是亮剑精神！**"

如今回想，我当年那股敢于PK自己、PK强手的劲头就是深扎在我心里的亮剑精神。干就要干困难的事，干自己没干过的事，那才叫挑战，才能让自己有突破！PK就是要给自己找个目标和榜样。对手强大，你有胆吗？你敢PK吗？当时一起参加论坛的那么多企业家，没人敢说自己要登台，我敢！研习营里那么多演讲高手，没人敢说自己奔着冠军而来，我敢！

如今这种狭路相逢勇者胜的亮剑精神在婴贝儿深深扎根。

"我要PK所有人！要玩就玩大的！输了的话，在誓师大会我就穿着泳装上台！"2009年，时任店长的李姣姣在门店PK赛中立下豪言壮语，挑战所有门店。

战书一下，所有门店都震惊了！"你疯了吗？""你可真敢PK呀！""你就不怕输吗？"其他店长纷纷向李姣姣表达着担心，因为当时她的业绩排在中下游，PK所有人，胜算实在太小。

面对众人的惊讶，她无所畏惧地说："在婴贝儿还有什么不敢的吗？"

接下来的一个月，李姣姣带领门店疯狂冲业绩，实时关注其他门店的业绩动态，不敢有一点松懈。PK进行到一半，有些门店表现实在太优秀，李姣姣带的店怎么看都不可能赢。因此有人劝她："PK输就输了吧，别再这么拼了，拼了也没用。"

"不到最后一刻，谁输谁赢还不一定呢！而且就算输，我也要输得轰轰烈烈！"李姣姣咬紧牙关继续向前冲。

最后，门店业绩出来了，李姣姣所在的店当月业绩创造了历史新高！

PK结果也出来了，李姣姣输了。虽然她的店业绩很好，但是抵不住有几家门店势头实在凶猛。最后，大家开始期待李姣姣兑现承诺，穿着泳装登上誓师大会的舞台。

"李姣姣会穿着泳装上台吗？"

"不会吧，可能就是当时一说，谁真敢穿泳装上台呀！"誓师大会当天，有店长在台下窃窃私语。身高一米六，体重一百四五十斤的李姣姣敢不敢愿赌服输，穿泳装上台？这成了当晚大家竞相猜测的话题。

"今晚的誓师大会和往日不同的是，今天咱们还有一个泳装秀环节，下面有请李姣姣闪亮登场！"主持人话一出，全场开始疯狂鼓掌尖叫！

在充满动感的旋律中，李姣姣穿着泳装大方地走上舞台，模仿着模特的台步，一步步走到舞台最前方，还优雅地摆了个造型：转圈转身，抬头，定型。

台下沸腾了！掌声一波大过一波，嗨声一片，呐喊声叫好声不断，澎湃涌动的声浪要把整个屋顶掀翻了！

她不是当月业绩最高的，却是当晚在舞台上获得掌声最多的！

"没想到你真敢上啊！PK的过程中有后悔过吗？"主持人好奇地问她。

"一点都不后悔！我敢作敢当，愿赌服输！输了不丢人！过去我们门店是三十几名，这次排第六，虽然输给前面五家店，但我业绩增长了20%，员工的收入大幅增加了，你们说我是输了还是赢了？！"李姣姣以一种胜利者的姿态反问所有人。

"赢了！"台下大家异口同声地回答。

"这样的PK，下次我还要！"李姣姣激情澎湃地说！

李姣姣好样的！在我看来，比业绩上的输赢更重要的是敢于PK的勇气。有了这种勇气，其实就已经赢了！白岩松曾经说过一段话，我深有同感："只有既得到过很多表扬，也经历过很多失败的人，才能去面对前程未卜、风险未知的人生旅途。"**失败并不可怕，畏惧失败才最可怕！PK不为超越对方，只为超越自己。PK无输家，只要敢PK就是赢家！即使输给了对手，你超越了自己，把失败转化成人生的有益养料，这难道不是赢吗？**

敢于PK，迎难而上的亮剑精神，如今渗透在婴贝儿的点点滴滴中。门店经常面临各种各样的PK战斗，两军对垒，为荣誉而战，为超越自我而战！

乔祥敏刚当上桃园店店长不到一个月，PK成了帮助她渡过难关的一把利器。回忆起这次经历，她说："那天所有人都选我当PK对象，因为此前桃园店一直倒数第一，PK我几乎稳赚不输。PK太刺激我了，我发誓一定要把这个店带起来。本来前期还没这种感觉，但是PK后我就憋着一股劲，别看我们现在业绩倒数，最后鹿死谁手还不一定呢！"

最终，这家一直倒数第一的门店在PK中成功逆袭！从三十多家门店里的倒数第一升到中游第十五名！完成了自开业以来首次业绩达成的历史性突破！此后桃园店士气倍增，一路高歌猛进，月月达成任务！

真正把自己当回事、把工作当回事的人一定会在PK中全力以赴，真正要强不服输的人一定会在PK中脱颖而出。PK，不仅是铸造团队战斗力的方式，还是发现人才的探测仪。一次次PK挽救了桃园店，更让所有人看到了乔祥敏的能力。此后她带领一家又一家门店实现了不少销售传奇，能够在婴贝儿惨烈的PK中获胜的人，一定很优秀！

在婴贝儿，PK的形式多种多样，PK的频率超乎想象。PK的内容多样，有陈列PK、培训PK、销售PK、士气展PK等。PK的范围广泛，有店里分成不同的小组进行PK，有店与店之间PK，还有区与区之间PK。PK的周期灵活，PK的时间有一天，也有一周，更有一个月的业绩PK，奖励的形式丰富，烧鸡、鸡腿、可乐、酸奶、现金，请获胜者家人吃饭……

一个鸡腿，几瓶可乐，几十块钱现金，能有多大能量？对于婴贝儿人来说，在PK中获胜，不在于奖品多少，更重要的是获得这份至高无上的荣誉！

周年庆期间，对于排名靠前的区域和门店我都会拎着大包小包的鸡腿去看望大家，买鸡腿、送鸡腿成为我的重要工作。鸡腿就是战利品！在周年庆冒着酷暑完成繁重工作后，获得第一的门店里，所有人围在一起啃鸡腿，啃得满嘴油，嘴上吃得开心，笑得更开心。这就是婴贝儿人的简单和可爱之处，也是婴贝儿人的伟大和独特之处！一个个鸡腿就是光荣的象征！

我们要的不仅仅是填饱肚子的满足感，更是一份发自内心的荣誉感！

图 3-4 周年庆PK中，我给大家送去鸡腿等战利品

PK就是要打破平静的日常生活,给所有人一片尽情折腾的天地。你会发现,生命最迷人的时刻就是你敢于折腾的时刻!敢想敢拼敢挑战才有干劲有勇气,一切有什么可怕的?不要害怕输,如果连挑战的勇气都没有才是真的输了,给自己一个尝试的机会,下一个怒放到最后的一定就是你!

不经历周年庆,不是真正的婴贝儿人

婴贝儿人最拼搏忘我的日子是什么?周年庆!

婴贝儿人最感动难忘的日子是什么?周年庆!

婴贝儿人最感到荣耀和期盼的日子是什么?周年庆!

婴贝儿人最能体现婴贝儿魂的日子是什么?还是周年庆!

山东的七八月经常连续高温,各个城市都像个大火炉,济南更是被称为中国四大火炉之一,气温轻而易举飙到40℃。天气如此炎热,却是零售行业的淡季,更是母婴行业的寒冬。偏偏当年婴贝儿在8月8日正式营业,此后我们的周年庆刚好横跨七、八月母婴行业最萧条的二十几天。老天爷给了我们淡季的洗礼,我们却偏要打出一个最火热最疯狂最巅峰的周年庆,靠着婴贝儿人的拼劲,愣是一次次把淡季变成旺季!无论是如桑拿房闷热潮湿的日子,还

图3-5 2007年8月8日,婴贝儿第一家门店历山店正式营业,
此后每年8月8日我们都会给历山店庆祝生日

是骄阳似火的晴天，你都能在川流不息的街头巷尾，看到高举牌子、挥汗如雨的推广家人。2013年的周年庆，21天的活动，17天我们是伴着风雨度过的。无论是如瀑布般狂泻的瓢泼大雨、电闪雷鸣的暴雨，还是淅淅沥沥的细雨，你都能在大街小巷看到顶风冒雨为顾客送货的婴贝儿人的身影。

在婴贝儿，有一句话——**"不经历周年庆不是真正的婴贝儿人"**，因为它是所有婴贝儿人脱胎换骨，镀上婴贝儿魂的神圣时刻。

"曾经有个母婴连锁，在连做了三场嘉年华活动后，一线员工走了1/3，原因是三场大型活动几乎要把他们累死了。你怎么看这件事？"2018年10月，《中童观察》杂志总编王晨采访我时，提出母婴店活动高频化的问题。

"这个团队的凝聚力和战斗力是有问题的。婴贝儿人越是大战越兴奋，越是大战越积极，越是大战越是展现我们英雄本色的时刻！"我觉得活动高频化导致员工离职，非战之罪，而是人之过。我们市场中心有位新员工于敏敏，曾经在分享中兴奋地说："刚参加周年庆启动大会的时候，看到大家站在椅子上又喊又叫，觉得这群人都疯了吗？但当我真正融入其中的时候，发现我很自豪，我很骄傲，能成为疯子中的一员！"

图 3-6 全员奋战周年庆

仅2018年，婴贝儿一年就举办了三千多场活动，绝对算是高密度。2019年仅十月份一个月，市场部先后在潍坊、泰安、菏泽举办了三场大型嘉年华活动，两万多个家庭参与其中，互动人数超过六万人。活动期间，张先虎等员工每天将近四万步的运动量，晚上结束工作时感觉腿都不是自己的。他还自己开玩笑地说："我这么瘦就是因为每天四万步疯狂减肥呀！"一个月下来大家的脸被风吹日晒一沾水就生疼，工作强度如此之大，市场部的员工们却说："看到活动完美呈现，我们累并快乐着！"

周年庆期间，每个员工都是轮流从早晨七点上岗，一直到晚上十一点，天天如此。而且是夏天，济南室外的温度最高达40度，他们站在最热的马路上推广，每个人都在拼！因为他们把这一刻都当成镀上婴贝儿魂的神圣仪式。小时候看动画片《鲤鱼跳龙门》，小鲤鱼争先恐后地跳龙门，就是希望生命能够发生质变，**周年庆就是所有婴贝儿人的龙门，跨过周年庆，我们就从一个个平凡得不能再平凡的员工变成了镀上婴贝儿魂的本色英雄！**从此，才有资格大声喊出那句誓言："我是婴贝儿人，我有婴贝儿魂！"

婴贝儿人到底有多拼？

婴贝儿泰安市政店周年庆期间，门店四人——店长和三名员工全部怀孕。四名孕妇，即使业绩落下也不会有人责怪她们。这一点在周年庆门店之间的PK赛上就可以看出来，所有门店没有一家选择市政店PK，理由很简单："都是孕妇，不忍心下手。"

没想到市政店的家人们却不这样想，店长李红不服气地说："你们也太小看我们了。虽然我们是四个孕妇，但我们是八个人和你们PK！"

李红几个人开始想尽各种办法进行推广，白天全力打电话回访邀约老顾客，同时还进行朋友圈推广，晚上气温下来了，再去广场发单页。最终市政店以四名孕妇的柔弱身躯，不仅完成了周年庆任务，而且还提前三天完成！

周年庆中婴贝儿人迎难而上、疯狂战斗、可歌可泣的场面比比皆是。

肥城的李莉所在门店周年庆期间，先后遇到停电三天，POS机又出现问题等情况，面对重重困难，李莉嗓子哑得已经说不出话来，她给时任区总钱峰发了一条微信："我的嗓子已经说不出话来了，没法打电话给您汇报工作，但是请领导放心，**我就是爬着也要完成任务！**"

师范店王娟，她一个人一天就搬了近200件货，在仓库里挥汗如雨地摆货，都收拾完往外走的时候，才发现自己不敢动了，原来是把腰扭伤了，晚上高烧39.5℃，可第二天仍又不顾劝阻坚持来上班。

店员刘继平晚上十点多在下班路上，不小心从电瓶车上摔了下来，胳膊、脸多处摔伤。结果，第二天依然准时到岗。店里所有人都看着心疼，不停地劝她回家休一天，她却说："咱们店不能因为我掉队！"

周年庆忙，有的员工顾不上照顾孩子，直接把孩子提前送到爷爷奶奶那里，周年庆之后再去接孩子。店长王玉霞，家里没有老人帮忙照看，为了不耽误推广，索性把孩子带到推广现场。她把孩子放在路边，然后自己在旁边举牌喊口号，看一眼孩子，再看一眼来往的人群。大家劝她："先去看孩子吧，推广的事交给我们！"王玉霞却坚持："没事！多个人多份力！"

2016年周年庆期间，距离活动结束还有四天，综合体的业绩离目标达成还有很大差距。这四天，决定了是用成功的汗水为自己庆功还是用懊悔的泪水为自己疗伤。21天的拼搏所有人已经身心俱疲，但大家心中还有一个誓死达成的目标！

时任中区区域经理的徐淑平在冲刺动员会上，哭着说："大家一定要全力以赴，能有多大劲使多大劲！这个月的工资我可以不要，但是大区一定要完成任务！"时任高新万达店店长的孙文鸣满脸泪水地说："干了这么多年店，我还没有这么窝囊过！周年庆是我们婴贝儿最重要的节日，就是累死我也要拿下周年庆！不到最后一刻坚决不能放弃！"说着，孙文鸣腾地站起来，把手中的矿泉水瓶猛地摔在桌子上，用近乎大吼的声音喊道："誓必达成！"最后，综合体区七名店长手紧紧握在一起，大家用撕心裂肺的声音喊出每个人的心声："周年庆，誓必达成！周年庆，誓必达成！"婴贝儿人敢拼敢战的精神就是在一次次周年庆中淬炼出来的!

　　周年庆不仅婴贝儿人疯狂,婴贝儿的家属也跟着一起疯狂。有的店员,老公下班就来店里帮忙,搬货卸货、打扫卫生,脏活累活一律承担,有的老公开着私家车去给顾客送货,有的婆婆帮儿媳妇一起去小区里发传单!

　　周年庆是一场系统战,各家门店能够安心奋战一线,还在于物流、行政、客服等所有部门全力以赴协同作战,每个岗位都火力全开,支持一线!职能部门人员为门店送弹送粮,送物质和精神上的双重帮助,解决一切后顾之忧。

　　周年庆期间,补货压力骤增,物流管理部(婴贝儿人习惯称之为"大仓")的配货量通常是门店业务的两倍。面对这份压力,大仓人员没有抱怨,而是像门店一样疯狂。物流管理部部长刘淑彬说:"周年庆期间晚上九点、十点回家是常事,有时将近凌晨两点才到家,洗个澡睡个觉,早上六点半再赶紧往仓库赶,一路上看到门店早早地在外面开始推广,更是阵阵心潮涌动,门店一线的家人们顶酷暑战高温地拼,大仓作为支持部门更要在关键时刻冲上去。那时候也感觉不到累,大家就是有一种责任感和热情在那,就是有一股誓必拿下的冲劲儿!"

　　正是大仓一名名勤勤恳恳任劳任怨的家人,共同造就了婴贝儿的"大仓速度"——四个人15分钟装满一辆货车,保证20分钟内准时发车。有一次,我们和国内零售业巨头H公司的配送中心合作,发现同样的车,他们的装车速度竟然是一个半小时一车!

　　所有婴贝儿人,到门店一线去!行政、采购、信息中心、商品中心等所有部门,周年庆期间全员出动,和门店员工并肩作战。有的推广,有的防损,有的上货,有的送货,有的送慰问品,见缝插针,能做什么就做什么。所有职能部门的支援人员晚上11点到家是常事。

　　周年庆期间,前方家人们如火如荼,热火朝天。我知道经常有员工无法照顾孩子,为了给前线的家人解决后顾之忧,我就在华恩启慧书院举办传统文化公益夏令营，所有"婴二代"①都可以自愿报名，免费参加。

七天的封闭式培训，孩子们在书院里首先要学习传统文化和礼仪，从小就学会孝亲尊师。客服部部长王云云五岁的女儿言言，之前在家里饭菜上桌都是第一个吃。从夏令营回家后，长辈不上桌，她从来不先吃。有一次，去姥姥家，一桌子菜上来了，姥姥还在厨房忙，姥爷说："咱们先吃吧！"言言奶声奶气地说："不行，要等姥姥过来才能吃！"

夏令营里，我们还会锻炼孩子独立生活。言言来到夏令营的第一天，把鸡蛋磕碰打到碗里这么简单的家务，愣是三个鸡蛋都没打到碗里，后来才知道言言在家从来都是衣来伸手饭来张口。结果，来到夏令营之后，言言不仅可以顺利地把鸡蛋打到碗里，还能自己叠被子打扫卫生了！后来回到家，看到妈妈打扫卫生，还会主动跑过来乖巧地说："妈妈，我帮你擦桌子！"

另外，夏令营还会安排孩子们去门店里体验生活，体验父母工作的辛苦，化身"小小营业员"，迎宾、搬货、验货……孩子在华恩启慧书院，不仅收获了知识，还学会了理解父母的辛劳。结业典礼上，高淑俊的女儿在现场哭着说："之前总是抱怨妈妈不陪我，来到门店我才知道妈妈为什么回去这么累。为了让我过上好生活，她才会拼尽全力为我挡风遮雨。这一刻，我就想对妈妈说：妈妈，我爱你！"此刻的妈妈和孩子都已经泪流满面，母女俩紧紧抱在一起享受此刻的幸福。

全体动员，协同作战，高强度高密度的促销活动，高指标高达成的销售目标，高质量高满意度的服务水准，这就是婴贝儿大军的风采！婴贝儿人协同作战的能力在周年庆晚会上可见一斑，济南圣都食品有限公司（以下简称"圣都食品"）董事长李志勇参观完我们的周年庆晚会后，好奇地问我："你们的节目真的都是员工自己演的吗？"我底气十足地说："那当然！"他深有

---

① 婴贝儿将员工的孩子亲切地称为"婴二代"。

感触地说:"我们要举办一场晚会,百分之九十的节目都是从外面请演员来演,我们员工表演的节目一旦超过十个人就没法配合了,怎么都协调不到一起,你们有的节目竟然是由三四十甚至七八十人一起表演,这种团队协同作战的能力太让人震撼了!"正是这种团队一心的凝聚力和执行力,才有了2019年周年庆期间胶东大区逆风而上的传奇:"利奇马"台风肆虐,胶东大区一共二十一家门店,因台风关闭了十二家。即使如此艰难,婴贝儿的家人们依然决不放弃,上下同心,攻坚克难,超额完成挑战目标!

不经历周年庆,不是真正的婴贝儿人!周年庆是一次集体的磨砺,一次集体的爆发。在高温酷暑、疾风骤雨中,每个婴贝儿人都像是一棵倔强的仙人掌,在艰难中蜕变、成长。这场婴贝儿人的大阅兵,比业绩达成更重要的,是婴贝儿人的精气神儿,是对婴贝儿魂的一次次锤炼。在这里,我们全力以赴,在这里,我们亮剑出鞘!

十一周年庆启动大会

婴贝儿十二周年庆晚会节目《献给妈妈的歌》

为荣誉而战的婴贝儿人

倔强的婴贝儿人

婴贝儿,人人争当英雄

在婴贝儿总部,你经常会看到来自不同地区、不同行业的企业家来参观,所以我们还配备了一支导游团,专门为大家讲解。参观的人都会很疑惑地问导游:"别的企业都是把老板的大幅照片挂墙上,为什么在婴贝儿最显眼的地方放的却是一张张员工照片?"

照片上的人，虽然她们都是来自不同岗位的普通员工，但在我心里，她们却是不折不扣的英雄。她们或许很平凡，很渺小，但是她们在婴贝儿不同的岗位上，奉献着一腔热血，绽放出夺目的光彩。她们干的事情或许并不惊天动地，但足以震撼你我的心灵。她们就是我们的榜样，值得所有人学习、致敬。

"丁零零，丁零零……"2017年12月一个平常的中午，腊山北路店电话响起，店员像往常一样接起电话。对方说了简短的几句话就挂了电话，店员一脸惊愕地愣在原地，过了一会缓过神来，急急忙忙跑到店长刘蒙蒙面前："物业说咱们这里要拆迁了！"

"拆迁？"刘蒙蒙听到这个突如其来的消息一脸懵。

店员们开始七嘴八舌地议论起来，"拆迁了之后顾客不是就找不到这家店了吗？""之前就说缩店，现在再一拆迁，公司会不会直接放弃这个店？"

2018年1月初，腊山北路店因为门店拆迁闭店歇业，店长连同店员十人被分配到周围的婴贝儿门店工作。十个人分别当天，有人在腊山北路店门口哭着问店长："咱们还能再回来吗？"

就在大家心里打鼓"公司是不是不要这个店了"的时候，得知时任区总于晓春正在寻找新址，筹划重新开业。腊山店十个人的心稍微放了下来。这时，恰好公司举办阶段目标任务争霸赛"王者荣耀"，店长刘蒙蒙找到区总于晓春，提出了一个不可思议的要求。

"于总，我们腊山北路店也要参加'王者荣耀'，给我们分任务吧！"

"什么？我没听错吧？"于晓春很惊讶地问。

"没听错。我来腊山北路店已经三年了，从健康顾问到主管到店长，是在腊山北路店一步步成长起来的，我要充分担起店长的职责！腊山北路店之前在区域里都是业绩最好的，我们不想把这份荣誉丢了！我们要分担区域的任务，为公司尽责！"刘蒙蒙态度坚决。

"你们没店没货怎么出业绩？"于晓春问。

"借货！然后送货上门！门店虽然不在了，但是我们人都在，**人在店就在，我们就是要捍卫腊山北路店的荣耀！**"刘蒙蒙依然坚持。

刘蒙蒙的想法也是腊山北路店所有人的想法。最终在腊山店的要求下，区域分给她们15天20万元的销售任务。

为了完成任务，她们开始一趟趟送货。没货就去周边的婴贝儿门店借，有时顾客买几箱奶粉，一家店借不全，就去周边三四家门店借，一番折腾借完货再送到顾客家。

一天晚上，顾客打电话说没奶粉了，孩子急需喝奶，刚洗完澡的安萌萌，顾不上吹干头发，二话不说赶紧送去，回到家发现头发都结冰了！吴淑慧晚上给顾客送货，孩子没人照顾，她索性带着孩子一起去送货。店长刘蒙蒙晚上送货时电动车撞到路边的墩子，连人带货摔到了地上，顾不上喊疼，赶紧起来把货装好接着送。

冬天非常冷，零下七八度，电动车耗电快，一天刘萍送了几趟货，车没电了。这时，一个老顾客发微信说要货，顾客住在黄河北，离刘萍家很远。

那天下午飘着小雪，北风呼呼地刮。刘萍先是去三四家门店借货，然后又倒了两趟车，折腾了三四个小时，七点多才到顾客附近的公交站。顾客来到公交站接刘萍时，看到她一个人又是奶粉又是纸尿裤又是湿巾，大包小包拎这么多东西，冒雪送了三个多小时货的刘萍没哭，顾客哭了！她说："你们太不容易了！"刘萍说："没事儿，这是我们应该做的，谁让咱们这么亲呢？"

后来，有人问刘萍为了送一趟货，这么辛苦，值吗？她说："在最困难的时候，顾客没有放弃我们，我们应该更好地为顾客服务！"

家住黄河北的顾客特意来信感谢刘萍："平时去买东西的时候，萍姐为孩子考虑得特别周到，帮我也很多。有时东西买多了拿不过来，她每次都帮我拎着一起送过来，婴贝儿有这么好的员工，一定会越做越好！"

15天的活动，原本没有分配任务，她们主动要求承担。原本给了20万元的任务，她们在没门面没货的情况，竟然完成30万元！她们遭遇了种种困难，但是始终背负着自己的使命。一路艰难险阻，一路跌跌撞撞，不抛弃，不放弃。最终，她们成就了自己，也感动了我们！

从此，婴贝儿流传着这样一个传说：

> 有一个店叫腊山北路店，有一种人叫婴贝儿人。
> 有种坚守，叫人在店就在！门店是我们共同战斗的阵地！
> 有种担当叫业绩我们一起扛！门店是我们创造价值的平台！
> 有种守信叫顾客第一！门店是我们服务会员的窗口！
> 有种奉献叫舍小家为大家！门店是我们奉献青春的职场！

腊山北路店的娘子军用行动活出英雄的模样！**什么是英雄? 在平凡的岗位上，活出魂来就是英雄！干出态度就是英雄！**

图 3-7 腊山北路店被评为"模范门店"

2019年周年庆期间，胶东大区急需政委坐镇，公司让政治工作中心总监李侠兼任政委前往门店支援。李侠7月3号刚接到任务，4号马上奔赴潍坊，带领门店投入战斗。

她有两个孩子，一个十二岁正叛逆，一个五岁正需要照顾，她说："当时虽然有很多困难，但那一刻我特别想出去，我们职能部门做的任何工作都基于一线，只有到一线去，才能更好地服务一线。贾总说李侠就像一匹野马，被我们已经圈了很多年了，今年周年庆把她给放出去。我觉得这句话特别好！我在一线打拼了四五年，特别喜欢和一线的战士们一起奋斗，苦过，累过，最后收获的时候特别幸福！所以说任命一下，我拎包就走。"

在潍坊支援的两个月，李侠一边要保证总部的人资工作正常运转，一边要带领门店奋战周年庆，还要操心家里的两个孩子，辛苦可想而知。

一天下午，李侠老公特别着急地给她打电话，说刚上初一的女儿又叛逆了，他实在弄不过来。

当天晚上八点多，李侠赶回济南，和孩子进行一番沟通后，无法立即解决孩子的问题，就把孩子带到潍坊。

九点半，母女俩从济南出发。

夜里十二点，两人到达潍坊。

急急忙忙的奔波，顾不上在家里过夜，一切都为了第二天早上继续带门店冲业绩！最终，功夫不负有心人，胶东大区超额完成周年庆任务，并取得了大区第三名的成绩。这给一个连续七个月完不成任务的大区重新注入了信心！

李侠是婴贝儿的英雄，大区政委杜菲菲同样是我们不折不扣的外埠英雄！她是去过最多的外区、调动最频繁的人，两年半的时间里，五次调动，滨州、东营、淄博各地都有她奋斗的足迹，"誓做婴贝儿一块砖，哪里需要哪里搬"，杜菲菲在外地用汗水和泪水，给这句话写下生动的注脚！

一个人去外地，最开始家人并不同意，杜菲菲却执意坚持，她说："我在婴贝儿这些年成长非常快，领导给了我很多帮助，'养兵千日用兵一时'，现在公司需要我了，我就必须上！"

刚到外地的时候，孩子才两岁，她回忆道："那个时候天天想家，和孩子视频，隔着屏幕叫妈妈，我当时泪崩！那个眼泪就开始流，之后我都不敢往家里打电话了，就怕看见孩子哭。"上天不会亏待英雄，杜菲菲在外埠的快速成长大家有目共睹，两年多的时间，从一个店的政委历练成大区政委，她说："如果你要想快速成长，就一定要到外地去，因为那里是全方位的成长，在济南有些事根本不用你操心，但是到了外地各种事你都要管，管理和沟通能力、培养人的能力、抗压能力得到全面提升！**在外地待一年顶在济南待三年！**"如今，婴贝儿有一批像杜菲菲一样在开拓外埠市场的过程中快速成长的员工，如李兆芹、孟玉珍、邢兰兰、袁红梅、路利、王晓鸣、于慧洁等人。

只要能在婴贝儿坚持下来的人都被称为"剩人"——剩下的人。因为她们大多不是最聪明的，但都是最有信念、最能坚持、最有韧性的人。大家常笑着说："在婴贝儿，真的是女人当男人用，男人当超人用啊！"我们这群并没有天赋异禀的人，愣是靠着信念的力量把复杂的事情简单做，成为专家；把简单的事情重复做，成为行家；把重复的事情用心做，成为赢家！

我梦想中的婴贝儿，遍地是英雄，每一个人在这里都可以告别平庸，光荣蜕变。英雄就在身边。我心中的英雄不是什么拯救世界的超人，而是每一个在岗位上坚守本职，流过汗流过泪，为了工作哭过笑过，失败过更成功过的婴贝儿人！

以店为家，腊山崛起

第四章

学校文化：培训是给员工最好的福利

一个员工到一家企业，实际上有两种收入，一种是有形的工资、提成、奖金，一种是无形的能力提升。一个好的企业一定也是一所好的社会大学，不仅能给你钱，更能赋予你赚钱的能力。所以古人说："授人以鱼不如授人以渔。"给员工培训，让她更有价值，实际上是给员工最好也是最大的福利！

专业是练出来的: 锻造母婴行业第一所商学院

"你们觉得现在挣钱难吗？竞争激烈吗？"新员工培训的课堂上，我问大家。

"太难了！太激烈了！"台下很多人感触颇深地回答。

"那么你今天的收入和三年前的收入相比，有没有特别大的提升呢？"我继续抛出问题。

"没有。"大家都很失望地摇摇头。

"在你的身边，有没有人和三年前相比，职位有提升，收入有提高呢？"我连续抛出第三轮提问。

"有！"台下，大家的语气十分肯定。

"大家会因为各种原因离职，每次都会抱怨外在环境。但你有没有想过，同样的环境下，有人收入比你高，前景比你好，这是为什么呢？"

台下陷入一片沉默。

"很多人都有孩子吧？将心比心，看看我们的孩子。在三年的时间里，她们发生了什么变化？有的从幼儿园升了小学，有的从小学升了初中。你会发现，三年里，孩子在不断地自我突破和成长，而我们每天按部就班地忙碌，却好像没有任何成长。"课堂的气氛渐渐发生变化，我的问题敲击着每个人的内心。

台下，有人用力点头，有人低头若有所思。

"大家常常把工作遇到的问题指向外界，但实际上却是我们自己造成的。有句话说得好，'只为成功找方法，不为失败找理由'，凡事都应该从自己身上找原因。我们坚持下来的事情很少，很多人唯一每天坚持做的就是给手机充电。实际上，我们又何尝不需要充电呢？正所谓'**今天不充电，将来靠边站，不怕水平低，就怕不学习**'。很多人工作三年，自己却从来没有学习过，没有提升过自己，怎么可能升职加薪呢？生活也是逆水行舟，不进则退呀！"我语重心长地启发着大家，一点点抵达每个人的内心深处。

台下越来越多的人使劲点头。

"一个人到一家企业，通常只在乎这家企业给多少工资。请大家注意，实际上一个人来到企业有两种收入，一种是金钱，一种是知识和能力的提升，而培训就是让你获得知识、提升能力的必经之路。当下给的工资数，就是你过去能力的变现价值。通过培训，不断增强能力，提升本领，才能让自己未来变得更有价值！"

课堂上，有人的目光从刚进门的黯淡无光变得越来越亮。

"大多数企业能给到的只有前者，能给予你能力提升的企业少之又少。所以，希望大家记住，你到任何一家企业，不仅要关注工资，更要关注能力的提升。因为当你有了能力的时候，还用担心自己的工资吗？还用担心没有升职空间吗？还用担心老板不重视你吗？"我铿锵有力地抛出三个反问。

"所以，我一直讲培训是给员工最好的福利，因为很多人都指望着通过省钱来攒钱，但是，请你记住，当你一个月的收入只有两三千的时候，即使一分钱不花，不也只能攒下两三千吗？与其拼命省钱，为什么不拿出时间去学习，让自己变得更值钱呢？"

每每讲到这里，我都会回忆起自己早年的创业经历。

"1998年我开始创立医药公司，那时公司没钱，招聘员工一个月工资只有三百，跟同行一个月五六百相比，实在少得可怜。所以我只能去那些最一般的职高去招员工，他们年轻、没经验、学历低，各方面的能力都有待提升。我唯一能做的就是给他们培训，每天下班后就开始系统地培训，拜访客户时怎么敲门、怎么问候、怎么开发票，事无巨细，我手把手地教，每天都到晚上九点才结束。"

台下大家对我当年的创业经历十分感兴趣，听得格外专注。

"当时我是给不了员工高收入，但是我可以给他们能力的提升。现在很多人都问为什么我的培训效果这么好，因为实际上我的培训生涯从1998年就开始了。那时候就已经在培训中将理论知识和实践教学双管齐下，所以我的员工一边工作一边学习，成长非常快！业绩也增长得很快！后来他们都成了很多同行高薪挖角的对象！"

台下大家热烈地鼓掌，课堂越来越"热"。

我继续回忆道："**要知道，我最开始没接受过系统培训，只是凭自己的悟性去学习去讲课。我清楚这不足以让我有更好的提升，于是我就开始报各种各样的学习班充电。现在很多人都在讨论一个话题，叫'寒门难出贵子'，但我想说的是，不是寒门难出贵子，而是不学习难出贵子！无论你在任何阶层，只要你有一颗不断渴望学习的心，超越自我的机会一直摆在你眼前！** 来到婴贝儿，你就来到了一所社会大学，你可以不会，但不可以不学！因为在这里会有商学院的老师耐心教导你，有政委暖心陪伴你，只要你不放弃自己，我们就绝对不会放弃你！"

台下大家的掌声更加热烈，我从越来越多的眼睛中看到了光！

"因为我的亲身经历，我才对培训有这么深刻的理解。所以婴贝儿刚一诞生，我就成立了中国母婴行业第一所商学院，我一直相信，只要有人的地方就一定要有学习！"学习是一种信仰！我在台上激情昂扬地把这份信仰分享给新家人们。

"很多企业里，商学院只是一个摆设，但在婴贝儿，商学院是个极其重要的存在！我相信每个新员工来的时候，都希望变得更优秀，那么企业能否赋予他们卓越的能力呢？在婴贝儿，**商学院就是每个人的发动机，为大家**

注入源源不断的能量！最初创业的时候，我们这群人没有零售行业的经验，更没从事过母婴行业，但我们愣是凭借一股不服输的精神和孜孜不倦的学习态度，从零开始，一直走到今天，相信还会走出更好的明天！"我声调渐高，越讲越激动。

台下鼓掌的声浪一波大过一波。

"培训费时费力费钱，关键还要持之以恒，所以很多老板都不愿给员工培训。他们更愿意选择'拿来主义'，把员工招来，能用就用，不能用了就再换一批。另外，通常他们还有一个很大的担心，员工好不容易培养出来了却离职了！这不是鸡飞蛋打了吗？更可怕的是，很多离职员工跳槽后都去了竞争对手那里。所以很多老板说这不是费力不讨好吗？因此很多企业家都问过我同一个问题，就是'你为什么舍得花那么多钱给员工培训'？"

台下再次陷入沉默。

"我常在新员工培训的第一堂课上，和大家说你们来就是'相亲'的。你和我之间不是找工作的关系，而是彼此相亲的过程。人这一辈子有两次改变命运的机会，一次是结婚，一次是事业，也就是工作。我们对待婚姻的态度很严谨，没人会随随便便结婚，更不会轻易离婚，但是我们对工作却很草率。"

台下很多人纷纷点头。

"找工作时，大家常抱着先试试、不行就换的心态，试想这样怎么可能把心思完全放在工作上，这也就是为什么很多企业员工流动性极大，因为彼此之间没有那种荣辱与共白头偕老的心。今天咱们之间应该抱着相亲的态度，**你要把我当成你一辈子事业的伴侣来看，请你不要轻易选择，更不要轻易放弃！**有人说'男人无所谓忠诚，忠诚是因为背叛的筹码太低；女人无所谓正派，正派是因为受到的引诱不够'，其实以这句话作为借口的人，一定是个定力不够、随波逐流的人。但凡能被利益引诱而不是理想驱动的人，终究难成大业，即便能成也很难赢得尊重。现在很多年轻人都被'人挪活树挪死'这句话深深误导，在工作上稍微不顺心就选择跳槽，有的一两年就换一个工作，有的甚至几个月就换一次。这其实才是一个人在职场很难有大发展的根本原因。一个人一生的能量是固定的，你把自己的能量分散到了不同的公司，你就很难在一个公司有大发展。有些人总是觉得自己在公司怀才不遇，于是频繁跳槽，其实仔细看看身边那些频繁跳槽的人，大都在职场碌碌无为。**选择一家公司，选择一个人追随，一直坚持下去，水滴都能穿石。就像有人用十年挖了一口井，有人用一年挖了十个坑。我衷心希望大家都能成为潜心挖井、有所成就的人！**"我真诚地说，目光深情地望向台下。

台下很多人用力地点头。

"当今我们说企业管理难，是因为老板和员工之间的关系极其微妙。很多老板对员工想的是'就你这点能力，还想多要工资？等你什么时候把事干好了，我再给你多加'，员工对老板想的是'就你给我这么一点工资，还想让我玩命干？门都没有！'就这样，双方都没有任何信任，都不愿意先去多付出。这时必须有一方先站出来，捧出真心表达爱意。所以我愿意做那个先站出来的人。这也就是为什么新员工来到公司，什么都不会根本无法为公司创造价值，但我愿意为你们付出时间、精力、金钱，来帮你们增长能力。即使你们转身离开，损失了成本，我也心甘情愿！"我分享着我的真心。

"我相信，当我捧出一颗真心的时候，大家能感受到这份赤诚。大多数新家人愿意嫁给我，嫁给婴贝儿，让她的能力得到提升，我们一起创造一份事业！"我激情澎湃地向大家展示着"结婚"后的幸福生活。

台下掌声雷动，久久不息，很多新家人都已经感动得泪流满面。

"所以，商学院不仅是给大家提升能力的地方，更是连接你我真心的一个桥梁。婴贝儿有一个特点，就是老员工多，离职员工的回归率高。为什么会这样呢？很重要的一点就是商学院很大程度上帮人提升了能力。很多人离职回归后，都说感觉自己像一块电池，刚开始婴贝儿的培训让人满格电，离开之后就是不停地放电，没有充电的机会，早晚有一天电会用完，整个人就成了一块废电池。那一刻，才知道婴贝儿给予自己最大的价值是什么。所以格外怀念在商学院学习的日子! 大家常说一句话, 在婴贝儿要么正在学习, 要么正走在学习的路上!"

"我相信在座的很多人一提到学习, 第一反应都是很反感, 觉得学习很累很辛苦, 所以就抵触学习, 不想学习, 对吗? " 我问。

"对! " 大家回答得斩钉截铁。

"我想问, 如果你家孩子不愿意上学, 你会怎么样? "

"打他! " 回答完之后, 大家心照不宣, 哄堂大笑!

"你们为什么一定要让孩子去学习呢? " 我继续问。

"因为不学习找不到好工作。"

"因为不学习就会被时代淘汰。"

......

台下大家给出了各自的答案。

"你们说的都很对! 为什么你们在孩子身上明白这个道理, 但是到了自己身上, 就完全不一样了呢? 难道你们不学习就能有未来吗? 你们不学习就不会被淘汰吗? **千万不要在该充电的时候放弃学习, 逃过学习一时的辛苦, 却会因此遇到各种生活的拦路虎, 这时你就会发现学习的苦有尽头, 而生活的苦没尽头! "**

这时大家才哑口无言, 恍然大悟!

" '活到老, 学到老' 永远是真谛。培训是我们给每一名婴贝儿家人注入无限活力的社会大学! 只有不断地学习、成长, 才能拥有未来发展的无限动力! 才能让自己拥有真正的安全感! 我们有名刚大学毕业的员工, 经过新员工培训后, 仅用三个月的时间, 就从对母婴知识一窍不通的应届毕业生成为可以为孕妈妈提供全方位解决方案的专业母婴管家, 月收入达到六千多! 很多学生在找实习工作时把管吃住放在第一位, 而山东女子学院的魏倩坚持要找一家能够让她快速成长的企业。听了我在她们学院的演讲后, 她马上决定来婴贝儿实习。接受了婴贝儿的培训后, 她再回到学校和同学交流时, 大家都惊讶于她的成长。一直在学生会担任她的直属部长的李明珠看到魏倩的变化，后悔不已地说：'一起毕业找实习单位时，只顾眼前利益，找管吃管住省钱省心的，现在才知道自己是丢了西瓜捡芝麻！找家能让自己快速成长的公司，能力提升了，收入自然会增加，可以吃得更好，住得更舒服！'于是李明珠毅然辞去了之前的工作，也成为婴贝儿的一员！现在同学聚会时，她们两个已经成为大家眼中的职场精英了！"

"我之所以说今天是一场相亲，就是因为我拿出对待伴侣一样的爱来对大家。所以我愿意为你投入，即使你可能转身离开，我也无怨无悔，因为我们毕竟相爱过。或许我现在给你的工资不是最多的，但是我一定是真正爱你的，真正让你通过学习拥有未来的人！"

……

就这样，新员工培训的课堂上，我用对待伴侣一样的真诚，让每个人了解了我和婴贝儿。

我的一番话，仿佛打通了大家关于学习的"任督"二脉，让她们深切意识到原来培训的价值意义非凡！

《中童观察》杂志总编王晨和中童研究院院长高冬梅曾经来现场完整听了一场我的培训。结束后，高院长疑惑地对王晨说："你看刘老师招来的员工状态都这么好，为什么咱们招不到这样的员工呢？"王晨笑着对他说："其实各家的员工招来时都一样，只是经过婴贝儿的培训后变得不一样了！"高院长说："尽管有着20年《销售与市场》的从业经历，让我和数以千计形形色色的咨询师、培训师打过交道，但刘老师的新员工入职第一课，还是深深震撼到了我，真的是精彩绝伦啊！她对市场营销的由衷热爱、对女性心理的精准把握、对零售市场的深刻解读，以及将市场小白快速带入角色的能力，无人能及！"

后来王晨感慨地对我说："为什么很多公司的培训没效果？因为心理的问题没解决，员工为什么而战的动力问题没解决，而你讲的内容直击人性最普遍的东西。你对员工的动员不是靠钱，而是摆正她们的"三观"，你讲的都是正道，都是特别朴实特别接地气的话，句句说在大家心坎上！"

凡学必考，学以致用

"学习之后，很多东西在工作中根本用不到怎么办？"不止一个员工有这种困惑。

"员工培训之后，都是三分钟热度，回去之后又打回了原形，所以培训花了很多钱，效果却不明显，怎么办？"不止一个老板有这种疑问。

上面两个问题的答案在哪里？藏在化学元素周期表和自行车里。

记得初中刚学化学的时候，化学老师要求我们每个人把元素周期表背得滚瓜烂熟，我做到了。可是几年后，再回想当初背了什么时，我的大脑一片空白，不会了！

同样是刚上初中，我学会了骑自行车，后来初中毕业，去了体工大队，一直没机会骑车。退役后回到家里，虽然很长时间没摸车，但还能骑上就走！

学周期表和学车，同样是学习，为什么一个忘得一干二净，一个用得如鱼得水？因为一场好的学习和一场差的学习，区别就在于是否学以致用了。**好的学习一定是一种能够运用到实际生活中的体验式教学**，正如骑车，我们每个人都会在生活中有这种切身经历。不好的学习一定是没有把知识运用到实际中的，正如元素周期表，我们没有机会把它运用到化学实验中，所以忘得彻彻底底。试想，如果我们是化学家，每天都要做实验，元素周期表一定会是我们生命当中最清晰的那张表。

所以，一场好的培训，一定是能够让人学以致用的培训，能够用学到的知识去创造价值的培训。**一个好的老师，关键不在于讲了多少，而在于让学员懂了多少，用了多少。**

有些人来培训之前，都觉得学习是很枯燥的，上课是要犯困的。但是，来到婴贝儿却发现上课一点都不困！不仅不困、不走神，甚至忘记了学习的时间和空间，因为心思都在学习的内容上！我们的培训之所以有如此神奇的效果，就是因为课上讲的内容都是学员当下工作需要用到的，今天学的知识明天就能带来实质的价值！这样，才能学起来格外带劲！

新员工培训第二天是专业系统的知识大轰炸，商品知识、孕婴知识、销售技巧、服务规范等课程轮番开讲，学习的紧张程度堪比高三学生。培训全员跟上，一个都不掉队。有些外地员工，孩子还在吃奶，为了两不耽误，索性把孩子和奶奶一起带来。白天妈妈培训，奶奶照顾孩子，中午休息和晚上课程结束时妈妈再给孩子喂奶。每当看到她们渴望通过学习改变人生，改变命运的时候，我的内心都充满感动。

培训从来不是目的，让员工把知识学到手才是目的。一场好的培训一定是一个系统工程，课程设置、上课形式、案例选择、课后考核，环环相扣。

婴贝儿的培训能够真正落到实处，离不开商学院老师的认真教导，还离不开门店里手把手带她落地实践的师傅。每次"拜师会"都会将培训再次推向高潮，很多员工感慨地说："当我为师傅奉上一杯茶时，师傅给了我一个拥抱。那一刻，我紧紧抱着师傅，忽然间一股温暖涌上心头，让我泪流满面，那一刻就像是流浪的孩子找到了父母、回到了家！"

图 4-1 拜师会

师傅既要当徒弟的技能讲师，又要当心灵导师，不仅要在门店实践中，帮她吸收培训中学到的知识，还要帮助疏解新工作中的困惑不适。刚入职的三个月是员工最艰难、波动性最大的时候，如果有个师傅领进门，很多问题都会迎刃而解。一位才毕业就来到婴贝儿的新员工说："我很感谢师傅，她不仅教了我很多销售知识，还给了我精神上的支持，刚出校门，对工作真的很不适应，我遇到什么困难都找师傅，她都会给我解决，就像一个姐姐一样。我要离开去别的门店时，她还买了一箱吃的给我，真的特别感动，我长了这么大，亲姐姐都没对我这么好过！"

如何避免培训变成难以落地的形式主义？要想学以致用，必须凡学必考，严把考试关。

在我们的培训里考试无处不在，其中就包括让很多人直呼变态的"进门考"和"出门考"。

早上正式上课前的"进门考"可谓一道奇观。八点正式上课，七点半所有学员和老师都已经在教室门口集合，学生一排，老师一排，开始考核每一个学生对昨天所学知识的掌握程度。凡是没回答上来的一律不准进门，直到答对为止。为了应对不讲一点情面的进门考，很多学员四五点就起床复习，比上学的时候还带劲！

一天的学习结束后，还有更严格的出门考。老师坐成一排，学员准备好随时过来考，考试内容就是今天讲的知识，通过后才能离开。如果没通过，那么不好意思，请回到座位上继续复习，直到考过为止。出门考的要求比入门考更高，我们希望每个人都能当天学习当天消化，因为回到门店后工作繁忙，回到家后更是杂事缠身，很难再有大段的时间让人复习。

新员工的结业考试分为试卷和实操两部分。试卷满分100，90分算及格。是的，你没听错，90分才是及格！这一刻你是不是很怀念上学时60分万岁的时光？之所以要求这么严格，是因为我们丢的每一分都可能给顾客带来不必要的麻烦甚至是伤害，所以我们不敢有丝毫懈怠。及格标准就是比优秀还要优秀得多！这就是婴贝儿的态度！

每次试卷考试都是一人一抽，不固定。有些人想要小聪明，从之前考过试的员工那里把试题弄出来。但一切小聪明其实都是自作聪明！我们的试卷分为A、B、C三套，有些人弄来了A套，结果考了B套，最后成绩惨不忍睹，只能补考！对此，我常常问她们："与其有时间去作弊，为什么不把时间花在背题上呢？这些都是能在工作当中给你实际创造价值的！你不要为了考试而考试，而是应该为了提升能力而考试！"

实操考核同样极具挑战性，考场不是教室，而是医院、大街、广场等任何可能有顾客的地方。因为我们教的东西就是为让她能够学以致用的。要让她们和真正的顾客去沟通，在碰壁当中去成长。所以对于婴贝儿而言，课堂无处不在，考场无处不在。

不要以为这是企业内部的考试，都是自己人，对一些不太合格的学员能网开一面。在婴贝儿，所有的培训和考核都不打一点折扣。每期新员工培训常会有人考不过需要补考，我接受多花一份师资和时间组织补考，绝不接受在考核中眼里揉沙子！

为了保证所学知识及时更新，满足门店工作的现实需要，我们还制定了年审制度。所有门店人员的结业证并不是获得一次就一劳永逸，每年年底都要组织一次考试重新审核，年审不合格，无论干了多少年的员工，都要补考。补考之后还不合格的，待遇降级为新员工，一切从零开始。

学习一天已经很累，有必要搞各种考试"折磨"人吗？**我信奉的理念是菩萨心肠，霹雳手段，慈不带兵**。管理者大致分为两类，一类是披着狼皮的羊，一类是披着羊皮的狼。"披着狼皮的羊"看似"凶猛"，处处要求严格，员工做错了还会严厉批评，刚开始会让人感觉不近人情，但是时间长了，员工能力提升了，收入增加了，这样的管理者其实是最善良的"羊"。而"披着羊皮的狼"看似善良，对员工要求松懈、纵容错误、处处包庇，结果跟着他的人能力得不到提升，收入得不到增加，最终被残酷的职场淘汰，这样的管理者其实是最可怕的"狼"。要想对一个人好，就要对她严，有时表面上的"仁慈"是一剂温柔的毒药。培训对她慈，考试对她慈，最终只会让她在门店实战中铩羽而归，作为一名销售人员，家里上有老下有小等着她照顾，每天没有销售业绩的时候该有多着急？我宁愿培训的时候严厉一点，考试的时候"残忍"一点，让她们学到真本事，回到门店就能轻松上手，这就是我认为的爱！商学院负责新员工培训的王洁老师，因为对学员的要求高、标准严，导致很多学员都怕她，培训时看到她都要绕着走。等培训结束，大家拿到含金量十足的结业证，在门店工作得心应手时，再见到王杰老师大家都争着拥抱她："要不是您当初对我要求这么严，我不可能刚来门店就马上进入状态！"

很多人都说现在"80后"、"90后"、"00后"很难带，但是对我而言，所有人只要来到婴贝儿接受一个月的新员工培训，她的人生态度就将发生翻天覆地的变化！因为我相信，每个人的心里都有向上的种子，只要你能帮她们看清人生的方向，让她们知道自己为何而学，知道拼搏的动力何在，一切改变都是水到渠成而已！

培训的课堂上，有人分享道："毕业之后，我已经至少十年没有再摸过书本，每天就是手机游戏、孩子家务，自从来到婴贝儿之后，我整个人仿佛又回到了上学的时代！回到家看书，上厕所也要背题，我老公笑着说：'老婆，你当初在学校的时候要有这用功的精神，清华北大任你选！'"

有人在讲台上哭得歇斯底里，说："来到婴贝儿，才知道过去三十年算是白活了！之前都是浑浑噩噩混日子，从今天开始我要拼尽全力，活出自我！"

还有一次，在新员工培训课堂的门口，我看到一位男士鬼鬼祟祟地趴在门上，往教室里看，于是我过去问："先生，你有什么事吗？"

"我老婆在里面呢。"

"您来这里有什么事吗？"我有些疑惑地问。

"我老婆之前是一个特别不求上进的人，她最近找了份新工作就跟换了个人一样，天天哼着歌，也爱打扮了，整个人都精神了！每天早出晚归，我担心老婆是不是有了外遇。所以今天早晨偷偷跟着她，看看她到底在干什么。"员工老公的回答让我哭笑不得。

上午的培训结束后，我在门口又碰见了这位男士，他对我竖起大拇指说："你们的培训太厉害了！我都已经被感染了！原来我老婆是这样改变的！这下我就放心啦！"

新员工张志祥在培训的时候感慨自己大学四年都没有背过书包好好学习，来了婴贝儿之后"洗心革面"又开始像高中一样玩命学习。别人问他原因的时候，小伙子的回答很实在："因为学习了才能更好地卖货赚钱！"

有个员工来婴贝儿之前每月工资两千五，培训中，她说："考完上岗资格证后，我一个月工资要破五千！"结果，上岗的第一个月她就拿到了五千多！"是婴贝儿的培训让我变得更值钱了！"发工资当天，她兴奋地发朋友圈和大家分享着升值的喜悦！

有些员工在婴贝儿有人免费给培训时，并没有意识到这份良苦用心，等到离开才明白培训的价值。曾经有个离职又回归的老员工说："离职到了新企业，一年的时间，感觉自己在婴贝儿学的知识用完了，在新企业里学不到东西，越来越迷茫，就开始怀念婴贝儿的培训，在的时候没发现，走了才知道培训是多大的福利！"

一个月的专业培训后，二十几门课程全部合格，员工才能获得工号，正式上岗。新员工中一半多都是婴贝儿的会员，她们很多人之所以加入婴贝儿，就是觉得这里的员工专业知识强，服务态度好，来了之后才明白这背后的奥妙。只有通过专业培训后，员工才具备成就自己的能力，才能为顾客提供专业的服务！这是我们对员工负责的决心，更是对顾客负责的态度！

培训是给员工最好的福利，发钱发物都是有限的，通过学习获得真本事却可以让她们去创造无限，改变命运！通过培训，员工更专业，顾客更受益，企业更持久！好的培训，从来都是多赢！

用培训体系搭建人才蓄水池

"说什么我都不敢相信，那个曾经在家当全职妈妈，每天看孩子做饭的我，今天能够成为婴贝儿的人资部总监！"李侠一边感慨一边笑着回忆她在婴贝儿的一路成长。

"孩子一岁的时候，我要出来工作。于是就找了个离家近的婴贝儿门店，没想别的，就想着离家近照顾孩子方便。"几乎没想过自己能在职场有一番大作为的李侠，后来凭借自己出色的销售能力，引起了我的注意。

一天，一份黄埔班的主管竞岗名单送到我面前。我仔细搜索，没发现李侠的名字。

婴贝儿针对不同层级的管理人才搭建了一整套培训体系，黄埔班、雏鹰班、雄鹰班和苍鹰班[①]，四位一体。以黄埔班为例，业绩排名在前50%以内的销售人员都可以报名，同时我们会有竞岗说明会，动员她们敢于做梦，勇敢报名，参加培训。竞岗说明会后，每个报名的人都要进行竞岗面试，阐述自己对主管一职的认识，面试通过后，才能接受黄埔班培训。

"你为什么没有报名主管竞岗？"我找到李侠，询问她没报名的原因。

"我担心自己能力不够，也没想过自己有一天能当上管理者。"李侠不自信地说。

"你没做过，怎么知道自己不行呢？勇敢地尝试一次，即使没成功，你也没任何损失呀！更何况万一成功了呢？"我耐心地鼓励着她。

最终，不自信的李侠还是放弃了那次机会。

半年后，又一份主管竞岗的名单送到我面前，我欣喜地发现一个名字：李侠！

---

① 黄埔班对表现优秀的店员进行储备主管培训，雏鹰班对表现优秀的主管进行储备店长培训，雄鹰班对正式店长进行培训，苍鹰班对政委和区总进行培训。

"这次是什么力量让你主动报名了？"看到李侠，我笑嘻嘻地问她。

"因为我发现以前带的徒弟都当上主管了，有的还当上了店长！我也不甘心了！我哪里比她们差？徒弟行，我应该也没问题。"虽然报名了，但李侠语气里还是有些不好意思和不自信。

这次竞岗，李侠能行吗？会不会半途而废？我的心里为她隐隐担忧。

多年之后，李侠回忆起当初的竞岗经历记忆犹新："就是从那次主管竞岗开始，我的人生从此与众不同。那次我竞岗成功，如愿进了黄埔班，后来顺利毕业，不久就当上了主管！我又开始报名店长竞岗，参加雏鹰班的培训，最后如愿当了店长。**公司的培训体系就像一架梯子，我沿着梯子一点点向人生制高点爬去，**从主管到店长到区总，后来又转到职能部门，先后担任商学院院长、政委等工作，如今成为人资总监。"

不断攀登人生制高点的李侠，从门店到职能部门，一点点扩展着人生的广度和高度，她深有感触地说："正如刘老师所说，她比我们更在乎我们。作为领导，她站得更高，作为旁观者，她看得更清，她不断为我们指明职业规划，同时还搭建一条系统的培训体系，让我们每个人都有一个学习的平台，可以无后顾之忧地成长！今天我负责整个集团的人资，我就更要将自己的经历，复制给更多当初像我一样的基层员工！"

实际上，在婴贝儿，像李侠这样经历的人比比皆是。婴贝儿90%的员工都是女性，她们绝大多数都缺少能力和信心，更缺少超越自我的梦想和勇气。但是因为有了一套将升职和学习相结合的培训体系，让一个个不自信的生命绚烂绽放！

婴贝儿现任区域政委孙淑波，曾经是公司的十大销售高手。很多销售高手都升为管理层了，她却从来不报名竞岗，她说："我卖货挣钱也挺多，这样就挺满足。"

出乎我意料的是，八年后，她的身影竟然也出现在主管竞岗会上！我赶紧过去"采访"她："你待了八年，怎么今天想起来竞岗？"

"一天孩子问我：'妈妈，你身边的那么多同事和徒弟都成了领导，为什么你还在一直卖奶粉呢？'孩子的问题让我无言以对。我也想在还可以拼搏的日子里，好好拼一次，成为孩子的榜样！"孙淑波坚定地说。

如今，她成功了！先后成为主管、店长、区总、政委的孙淑波，带领一方门店勇往直前，人生从此有了别样的精彩！

图 4-2 各种培训班

婴贝儿的90后店长韩丽丽，曾经是厂促，跟同新员工一起接受了培训后，刚结业就被厂家调到了超市，因为想念婴贝儿的培训，后来韩丽丽和厂家要求一定要把她调回婴贝儿。

如愿调回婴贝儿的韩丽丽，半年后就报名了黄埔班的培训，通过考核成为主管！她紧接着又报名了雏鹰班。2016年5月，加入婴贝儿刚满一年，通过雏鹰班考核成为储备店长的韩丽丽，凭借扎实的专业知识和出色的销售能力成为店长！

婴贝儿的培训体系还在促进人才本土化的过程中发挥了巨大作用。我们在济南外的其他城市开店时，最初往往由总部派人去开疆拓土，市场稳定后再交接给当地的本土人才经营。这时就出现了一个问题，当地的员工尤其是管理层的能力能否达到婴贝儿的标准？培训帮助我们圆满地解决了这个问题。针对外区员工，我们不断加大培训力度，成就了一批本土化人才，如泰安的阴智慧，菏泽的王琦，潍坊的王春燕、张传香等人。

公司内部的一整套培训除了可以提升员工能力，激发人才活力外，还有着一个重要功能——筛选人才。麦肯锡董事长鲍达民曾说："现在的人才比企业家还少！"一句话道出了目前企业管理中的人才窘境。**老板们与其忙到焦头烂额大事小情全部包揽，不如把时间花在甄选人才上，正所谓"花对的时间，做对的决策，选对的人"**。黄埔班和雏鹰班的培训让人有足够的时间来发现人才，看出谁在认真学习，谁在敷衍了事。如果一个人在培训中能一直坚持高质量地完成学习任务，那么恭喜你，人才不必踏破铁鞋去寻找，你想要的人才就在眼前！

从黄埔、雏鹰、雄鹰到苍鹰，一整套针对门店管理层的、与企业人才战略相结合的培训体系，可以让我们高效地培养人才、选拔人才。

投资脑袋最重要：全员技能提升

"天天搞培训，耽误了员工卖货时间，咱把培训时间省下来多卖卖货，不就是给公司多挣钱吗？"2012年，在南山宾馆，我们举行了一次"扒皮会"，这也是我人生经历最悲惨的一次吧！会议上矛头指向了我，而焦点竟然是我一直引以为傲的培训！

"扒皮会"是婴贝儿特有的一种奇葩会议。会上大家可以敞开心扉，坦诚相见，发现问题对事不对人，开诚布公提意见。

很多人可能觉得"敢当面讲老板的问题，你是不想干了吗"？我却从不这样想。唐太宗在评价一代名臣魏征时说道："以铜为镜，可以正衣冠；以史为镜，可以知兴替；以人为镜，可以明得失。"作为君王的唐太宗尚能"以人为镜"，作为老板更应该容得下批评。我至今感谢她们的勇敢直言，敢于批评老板的人一定是真正为这个企业好的人。

但可笑的是，同年，聚成邀请我进行一次针对老板的"企业智慧落地班"专场培训。上课时间，没定；具体地点，没定；两天课程学费每人

39800元。结果，老板们一听说我又要开讲了，纷纷蜂拥而至，两天就报满了！后来问那些老板为什么报我的课，他们说："因为您有实战经验，会讲更会干，而且还干得很精彩。您的课，值！""企业智慧落地班"上课期间，我借鉴坐禅悟道的形式，让所有学员坐在瑜伽垫上听课。有位企业家发烧将近40度，就躺在垫子上听，我看他满脸发红，说："你发烧太厉害了，快去医院吧！"谁知他说："没事的，刘老师，我听得懂！我一句话都不能落下，少听一句都感觉吃大亏了！"结果，第二期课程的学费就涨到了每人49800元！

一边是老板们都要抢着付钱才有机会听我的课，一边是婴贝儿我全部心血投进去，不收一分钱进行培训，还落了一身埋怨。"扒皮会"上，我委屈得当众落泪。

培训真的有错吗？南山会议引发了我对培训的诸多思考。很多企业都花大价钱请我去讲，我置之不理，一门心思在婴贝儿搞培训，搭建了针对新员工、销售人员、管理人员在内的一整套培训体系。当我把婴贝儿的培训展示给来参观的企业家时，他们都为之震撼，说："这绝对是婴贝儿的核心竞争力！你建了一所严密的企业大学啊！对不同岗位、不同层级的员工都有对应的系统培训，**这样招进来的员工不管有没有经验，只要愿意学习，婴贝儿都必定能为她赋能，让人变得值钱**。这样的培训体系太让人不可思议了！"

一切为了企业好，为了员工好，外人都说好，为什么在自家人这里反倒落了个满身不是？

我知道大家反对我培训也是为了企业好，希望能够多些销售额。但是，大家不理解的是，婴贝儿不仅仅是当下要多些销售额，更要有着百年企业的长远追求。

我们为什么不让孩子上完初中之后就去工作？而是希望他读高中、大学，甚至出国留学？因为想让孩子有更长远的发展。所以我们经常给孩子报补习班，交培训费。为什么放到企业上，就迷糊了呢？为什么对企业就觉得培训是浪费时间？我常说老板就是企业里最懂事的大家长，员工就像我们的孩子，不舍得给她花钱花时间培训，员工不学习，没未来，这样的企业又怎么会有未来呢？

你可以拒绝学习，但你的竞争对手不会。很多人更多地在意当下收益，而没有人在乎未来会是怎样。所以我擦干眼泪，痛定思痛，坚定培训没错！只是应该根据大家提出的一些建议进一步优化培训。

时间证明一切。如今，婴贝儿的员工专业知识越来越扎实，受到了顾客的广泛肯定。曾经同行在济南开业，我们主动和顾客说："您去看看吧，人家那里活动可能很优惠。"但是顾客转了几圈后空手而归，又回到了婴贝儿，感慨地说："哎呀，还是你们更专业，在这里买得更放心！"其实母婴是最需要专业知识的行业之一，因为妈妈和宝宝是最敏感、最脆弱的人群。如果没有专业知识，就不会有顾客的信任，也正是因为专业，婴贝儿才留住了顾客的心！

2017年婴贝儿十周年庆典答谢晚宴上，联席总裁玄小莎端着酒杯来到我面前，深情地说："刘老师，我一直欠您一个道歉，过去我对您做的很多事很不理解，今天当我走到这个岗位时，终于明白了您当初的良苦用心！"说完向我恭恭敬敬地鞠了一个九十度的躬。我眼中含着泪将她拥入怀抱，那一刻，我的心头涌起一股被理解的幸福暖流！

2019年10月的一天，《中童观察》总编王晨给我打来电话感慨地说："刘总，您太有眼光了！现在整个婴童行业的老板们都发现，必须要提升员工的基础素质，过去大家靠着行业红利，没有人在员工身上下功夫。但是现在发现，没有专业的员工就没有竞争力！您前两年真的是太有眼光了！"

我笑着回答："我在十二年前就有这个眼光了！"这也就是为什么婴贝儿刚诞生就成立了商学院。**培训是最贵的，同时也是免费的。**因为员工通过培训提升的业绩会远远超过你的培训费用。否则为什么世界五百强都愿意花大量的时间和精力放在培训上呢？华为如果没有任正非先生对技术人才的培养，又怎么会有今天的成功呢？

图 4-3 针对基层员工的各种培训班

培训看似在短期内占用员工的卖货时间，但是磨刀不误砍柴工，最终的效果显而易见。

店员陈丽，接受婴贝儿的销售培训后，在月均销售额33万元的情况下，定下每月42万元的销售目标，最终实现月销售额56万元的突破，一场培训带来70%的业绩增长！她说："之前感觉自己就是个搬运工的心态，顾客要啥给拿啥，我这个人属于那种火急火燎的性格，以前接顾客就是拿了就走，赶紧接下一个顾客。现在就是把心放平了，慢慢地陪客户随走随聊，把学到的销售知识用进去，卖得越来越好！"

店员薛芹不仅学会了挖掘顾客需求等销售技巧，更学会了如何用心服务，即使是对低产出的小单顾客。她说："一个妈妈来店里买五十多块的米粉，通过闲聊得知她平时老在朋友那里买奶粉，觉得便宜，后来我给她仔细一算，发现在婴贝儿买价钱差不多，还有赠品，不用欠人情，最后又买了8000块钱的奶粉和纸尿裤！培训之前的话我可能给拿完米粉就结束了，不可能有后面的大单！"

……

她们在培训中的快速成长是婴贝儿庞大培训体系的成功缩影。我们不仅有自己的讲师，还会参加精心挑选外部优秀讲师的课程，比如孔潇老师的"团队凝聚力"课程和钟承恩老师的"团队复制"课程，都是婴贝儿必选的课程。

孔潇老师来婴贝儿讲课后，说："这里的员工太不一样了！她们那种学习力，那种一定要的精神，是很多人没有的。她们特别渴望成长。上课从来都是坐凳子三分之二，身体往前倾，那种专注度是别人比不上的！"后来，孔潇老师每次来婴贝儿上课都特别紧张，为什么？他说："因为婴贝儿的学员专业啊！她们的标准高，对老师的要求更高，我一个字都不敢讲错，在别的企业用心讲，在这里得格外用心！"

钟承恩老师说："上课的时候发现婴贝儿的员工有强烈的夺冠欲望，愿意拼搏付出的精神，她们绝对是正能量的传播中心，他们是自燃型的人，到了一个组织就可以发光，照亮别人。"更有意思的是，之后钟老师在培训时，上课前常会问一句："有婴贝儿的员工吗？"他说："如果有婴贝儿人的话就放心了，因为他们上课的积极性和配合度最高！"

没有培训的企业不足以谈专业，没有学习力的员工不足以谈发展！ 无论社会如何变化，**人永远是企业的核心竞争力之一。** 在人才培养上舍得下功夫，才是企业能够走得长远的关键因素。

所有的培训都需要花钱，我就是那个愿意为婴贝儿全员技能提升买单的人。

2015年，婴贝儿推出育婴师培训，所有门店员工都可以报名参加，公司报销部分学费。如今，门店一线有越来越多持证上岗的专业育婴师。

图 4-4　员工进行育婴师技能考核

同样是在2015年，我们对职能部门人员也提出了更高的要求，于是引入专升本项目，所有员工自愿报名，想进行专升本培训的一律由公司报销学费80%，统一送到专业机构进行培训和专升本考试。几年下来，职能部门已经实现全员本科！

企业需要人才，与其一味把目光放在高薪空降人才，不如多拿出一些预算，花在跟着自己打拼多年的兄弟姐妹身上，让她们在学习中成长为企业需要的人才。如同一颗鸡蛋，需要足够的耐心去孵化，时间到了，一个新生命就会破壳而出！

第五章

家庭文化：企业家就是将企业经营得像家

一个企业如果没有感情，全是职业化的，那么这个企业就像一架冰冷的机器。人都是有感情的，尤其是婴贝儿90%的员工都是女性，情感更加细腻，还有一半多的员工都是外地人，一个人孤单在外，无依无靠，就特别渴望真情和温暖。婴贝儿家文化的核心是"你的事就是我的事"，大家在一起，以家人相称，彼此关心，有什么困难不用怕，大家一起解决！

给员工安全感

"咱们真的错了吗?"2008年年底的一天晚上,我和老贾在略带寒意的办公室里,疑惑地问着彼此相同的问题。

心中并没有答案。眼前白天发生的一幕幕不停敲打着我俩的心。

"就你们还号称过去经过商呢?你问问有几家企业给员工两班倒呀?一班人从早干到晚,省下的一班人的工资就是利润呀!"

"又有谁给员工上保险呀!上保险花出去的可都是纯利润!"

"其实大家的营业额都差不多,为什么我们赚钱你们不赚钱?问题就在这里!"

......

婴贝儿成立一年半还一直亏损,是我们的管理出了问题吗?是我们的品类策略有问题吗?还是我们的开店位置有问题?带着种种疑惑,我们去请教有着多年从业经验的一位同行前辈。没想到却被他一顿狂轰滥炸,嘲笑我们不会经商,而嘲笑的焦点就聚集在两班倒和上保险,因为这让他实在看不懂!

婴贝儿刚一创立的时候就坚持两班倒和给员工交保险。因为我一直以找伴侣的态度来招员工,你希望另一半每天从早干到晚,没时间照顾家人吗?你希望另一半辛苦工作却连保险的基本保障都没有吗?儒家倡导"己所不欲,勿施于人",我十分赞同。

老板都要求员工爱企如家,可反问一句:老板作为企业的大家长,有没有真正把员工当作家人对待呢?我希望我的家人能有一份保障,所以我对婴贝儿的家人们抱着同样的心。虽然创业很苦很难,但两班倒和交保险是我由心出发的选择。

因此,在被一顿批判后,我们虽然有短暂的困惑,但是很快就想通了:每个人做企业的价值观和追求不同,对有些人来说赚更多的钱才是正事,对我们来说,**和赚钱同样重要的,是让跟着我们一起打拼的人活得更有安全感。**少挣一点钱,给员工多一些保障,我们良心上更安宁,她们生活上更幸福,我们才能真正像伴侣一样彼此陪伴,走得更长久。

"你们这能准时发工资吗?"不少员工来应聘的时候,都会问这个问题。

我开始觉得很奇怪,这不是很正常吗?后来一问,才知道原来很多企业都会以各种理由拖欠工资。有些老板觉得"我不就是拖两天吗?又不是不发?"但实际上,看似拖两天,你不知道对有些员工来说这两天有多难,拖两天给员工的是一种极其没有安全感的体验。所以准时发工资是我创业以来一直坚持的原则。

1998年,我刚开始创业时,到了年底,出去的货很多,但都还没结账,实在没钱发工资了,员工对我说:"我们晚点发工资没事儿!"他们的话让我很是感动,但我和老贾绝不拖欠工资的规矩不能破。没钱我们就去借,想方设法地按时发了工资。准时发工资的规矩一直延续到婴贝儿。我们有一条军规一样的铁律,每月10号一定发工资,遇到法定节假日,法律规定可以顺延,但是我们要求一定提前发,绝不延后发!

唯有真心,才能获得别人对你由心而发的真情。

2017年9月21日,婴贝儿誓师大会的舞台上,我刚做完演讲准备退场,主持人说有神秘人物要登台,我在台上心里有些疑惑:"流程表上没有这个环节呀？"

主持人话声一落，就看到一个年轻女子搀扶着两个老人疾步走上台来，老人手中拿着写有"雪中送炭，温暖家人"八个大字的锦旗。两位老人看到我"扑通"就跪了下来："俺代表全家感谢您，感谢您的大恩大德，救命之恩！"眼前的一幕让我猝不及防，我赶紧也跪下扶起老人。

这个年轻女子是婴贝儿的员工柏宗云，两位老人分别是她的妈妈和婆婆。台上我们四个女人的动情一幕，都源于一个幼小的孩子。

一个18个月大的孩子，在车祸中下肢粉碎性骨折，为了保住双腿，此后五年七次手术，双腿全是植皮，可谓是"体无完肤"。这不是电视剧里的夸张剧情，而是门店员工柏宗云的真实处境。

可怜天下父母心，车祸之后，柏宗云一家省吃俭用，恨不得一块钱掰成八瓣花，就这样一块一块地攒着孩子的手术费。直到2017年，医生告诉她一个好消息：孩子再做最后一次手术就可以痊愈了！

这个好消息却刺痛着妈妈的心。孩子每走一步都伴随着疼痛，因为在他瘦弱的腿上，钉着二十多个冰冷的钢针！可是手术需要的两万块钱实在没处借了！此前七次手术，前前后后花了四十多万，对一个普通家庭来说，这几乎是倾家荡产、东借西凑的全部家当了。因为钱的问题，手术一直在往后拖，从6月拖到7月，7月拖到8月……柏宗云对此一筹莫展。

"抓紧带孩子去医院，不要再拖，一定把孩子的腿治好！"2017年9月12日，我得知情况后，马上拿着两万元现金来到柏宗云所在的门店。

我的到来让柏宗云一下子愣住了，终于缓过神来，她当场哽咽："我以为这一次又要因为钱不够往后拖，不知道什么时候才能做手术！"

费用的问题解决后，柏宗云一家马上带着孩子做了最后一次手术。术后孩子恢复得很好。后来柏宗云给我写了一封信：

　　　　从把我的事上报公司，到核实情况，您亲自把钱送到我手上，前后没超过24小时。真没想到您那么忙，还能抽出时间亲自把钱送过来！当您递给我厚厚的一沓钱时，我心里激动万千，"孩子终于可以动手术了！不用再等了"！……您的到来就是雪中送炭，就是及时雨，您温暖了我们全家人的心！

给员工安全感，不仅有物质上的帮扶，还有精神上的在一起。这是我和老贾愿意用拼命的速度践行的承诺。

"嘀嘀嘀……嘀嘀嘀"，车流中老贾神情严肃地用力地按着喇叭，声音急促刺耳，路人们忍不住投来诧异的目光，更有眼尖的人发现车门上残留着清晰的血迹。

老贾急速行驶在济南的英雄山路上，不顾一切地往省立医院的方向开去。车的后座上，一位年轻女子眼睛、嘴巴、鼻子全是血，半昏迷着，含糊不清地说着什么。

老贾眼神中透着焦急，疾速地转动着方向盘，但依然保持着冷静和镇定，一路"见缝插针"地超车，终于到医院了！用最快的时间将女子送入手术室，老贾告诉医生："不惜一切代价救人，钱都不是问题！"

这个女子是谁？究竟发生了什么？

手术室里的女子是从泰安刚入职一个月，正在济南八一店学习的实习员工张华。当天早上，店里装修用的脚手架突然倒塌，直接砸到了张华身上。她来不及喊一声，直接被砸晕，头上鲜血淋漓！老贾正在马路对面，看到眼前的一切马上跑过来，没时间等急救车，他抱起张华，开车就往医院赶。

伤势严重，手术室里，时间一分一秒地过去，所有人都在外面焦急地等着。

医生终于出来了，他说："幸亏送来得及时，再晚半小时就没了！"据店里的同事回忆，当时的救护车，是在出事后40分钟赶到的，如果当时没有老贾及时出现，后果不堪设想！

后来，张华在日记本中郑重写下这个让她永生难忘的日期：2009年6月27日（农历五月初五）早上7点40分，重生！

> 那时候，身体极度虚弱。我躺在病床上，就连别人说话的声音，都能震得头疼欲裂，不能有轻微的声音刺激，我一直以为自己挺不过来。但是我的家人和公司真的是对我不离不弃！
>
> 能再见到我的宝贝女儿，能再见到白发的父母，能再和小妹吵嘴，能再和老公抢电脑玩，能再次做一切一切自己想做的事的时候，觉得真的好幸福，就像一个朋友说的那样，突然觉得世界是那么美好，一切的人和事都好想珍惜，好好珍惜！

每天婴贝儿的家人们都会给张华送饭，陪她聊聊天。担任公司副总的孙悦怀更是像慈爱的妈妈一样，几乎每天定时来医院照顾张华，给她宽心。张华的爸爸对她说："孩子，你有福气呀！找到了这么一个负责任、有良心的公司！"

半年后，张华完全康复，又回到了婴贝儿。她说："这条命是婴贝儿给的，我一定要把青春献给这里！"

图 5-1 张华（右图右三身着蓝色礼服）在颁奖台上带上自己的"五年醇"白金戒指

在婴贝儿，除了士气展上的张扬激情，还有一份浓浓的温暖之情。这种情

"随风潜入夜，润物细无声"。如果你没有经历过，你永远不知道这份情的珍贵，你永远不知道这种幸福喜悦和安全感是什么样的! 这份情，不是亲情胜似亲情!

七周年庆晚会节目《婴贝儿，
我永远的家》

陪员工成长:调动你就是要培养你

孩子过生日，你会送什么样的生日礼物? 我送给儿子浩浩的生日礼物在很多人看来实在不像是亲妈:八岁跟我一同穿越可可西里无人区;十一岁到有"夏天的桑拿房，冬天的电冰箱"之称的仓库打工;十二岁，到山西太原滑雪场打工;十三岁去章丘进行身无分文的生存体验。

很多人都觉得像浩浩这样从小生活比较优越的孩子，怎么可能在那么小的年纪去做那么多辛苦的事情? 每次还都是不一样的苦! 因为我的教育理念是给孩子最呵护的照顾是小爱，给孩子最历练的体验才是大爱。我对儿子如此，对女儿同样如此，女儿丫丫三岁半就开始学习择菜、洗菜、切菜、炒菜。

所有的爱都是为了相聚，只有对孩子的爱是为了分离。希望孩子没有我们时，一样能过得很好。所以，爱他就要让他不断尝试新的东西，让他有更多的体验去丰富人生。这样才能把他锻造成强者，让他面对任何情况都可以游刃有余。

我常说老板就是企业里最懂事的大家长，应该拿出对待子女的心来对待员工。所以我们经常会有岗位调动，让员工不断去尝试去历练。

现任内控中心总监的徐莉，2012年3月加入婴贝儿，入职不到一年的时间里，财务出身的她先后三次岗位调动，从审计到总裁助理再到人力资源部，三个完全不同的岗位，对任何人的压力和挑战都是巨大的。很多人遇到这种情况都会满腹牢骚，觉得老板这不是折腾人吗？而徐莉每次都没有一句怨言，欣然接受公司安排，在每个岗位上尽职尽责，她说："遇到不会的可以学，哪怕是从头学起。婴贝儿的工作灵活性强，充满挑战，也充满机遇，婴贝儿成就了我很多，各种岗位都接触，全面提升了自己的能力。"在岗位调动中，能力得到全面提升的徐莉，进入公司一年后就成为集团股东！

不懂业务的财务不是好财务，周晓宁对这句话体会颇深。2008年，为了全方位锻炼她，我们把她从熟悉的财务岗调到了采购岗。

"我只会做财务，实在不会做采购。"接收到任命后，周晓宁心里十分没底。

"没关系，调动你就是为了培养你，你大胆去干就好了！出了问题有我们在！"我和老贾不断鼓励她。

从她上岗的第一天我们就知道，这意味着公司要时刻准备为她在采购岗上的不成熟买单，只不过让人没想到的是，这一单来得实在太快！应季品的销售向来不等人，在销售季错过的每一天都是损失。防蚊类的应季品一般三四月份就上架了，可周晓宁作为缺乏经验的采购新手，一直到五月还没订货！

发现这个大纰漏后，我们一分钟都不敢耽误，马上订货，用最快的速度上齐货品，尽量降低经济损失。救火工作结束后，老贾找周晓宁谈话，虽然造成的损失不小，但他并没有发泄式地责备，而是给她更多的方法指导和鼓励。

之后，在采购岗上交了不少学费的周晓宁终于在跌跌撞撞中成为一名好采购，刚适应新岗位的她不久又接到一纸调令：前往门店担任店长。

周晓宁懵了！

"我一直在职能部门，实在不懂门店的工作，去了又可能给公司惹麻烦，我还是留在采购岗吧！"周晓宁十分担心自己不能胜任店长一职。

"既懂采购，又懂运营的财务才是好财务，才是一个灵活的财务，不是只知道数字的'死'财务。你只有去了门店，才能进一步提升自己的能力。你放心地去，我给你兜底！"我们不断给她加油打气。

把员工从熟悉的岗位调到陌生的岗位，很可能因为经验欠缺带来各种直接和间接的损失。但婴贝儿一直信奉的理念是——如果真心想要培养一个人，就必须舍得付出代价去成就她。

在财务、采购、店长等众多岗位上锻炼过的周晓宁，不仅有着专业的财务知识，还深谙采购和门店管理之道，多重能力在身的她，如今在财务中心总监岗位上得心应手。

其实，岗位调动比升职加薪更值钱。有多值钱？用人力资源部总监李侠的话说，值"一口袋黄金"！

2012年底，公司调动李侠担任商学院院长，她几次推脱："当时不想去商学院，一方面是因为在门店我主管一方，很多事我能说了算，到了职能部门都是大领导，我就成了小兵；另一方面商学院天天在刘老师手底下干活，压力太大，刘老师的那种高标准是没人能比的。"后来，在我不给任何退路的要求下，她才硬着头皮来到了商学院。

"恭喜你！以最高票当选集团股东！"2013年底，我在办公室把这个好消息告诉刚担任商学院院长一年的李侠。

"这是真的吗？"她砰地从椅子上跳起来，幸福来得太突然！

"当然是真的！"我笑着说。

后来，在分享当选感想时，李侠诚恳地说："我最开始来商学院的时候，找了一百个借口拒绝，但刘老师却找了一百零一个理由说服我。现在我才知道，当时刘老师要把一袋金子放到我的口袋里，而我还拼命地拒绝！今后只要公司需要，无论把我调到哪里，无论压力多大，我都第一时间顶上去！"

的确，正如李侠最初拼命拒绝我给她的"黄金"一样，其实很多人都对岗位调动有抵触心理。克服抵触，重新审视调岗的价值，才是成长的开始。

有一次，八一店出现了问题，救店如救火，急需派一名有经验的老店长过去整顿局面，时任店长孙维维管理能力出众，经验丰富，成为最合适的人选。结果，她因为门店离家通勤距离太长，当时孩子还小，想多留出时间照顾孩子，所以拒绝了调动。

"你不觉得公司调动你，是因为看得起你，信任你吗？"一天晚上，孙维维的老公看到她这么固执地拒绝调动，一脸严肃地对她说，"你们公司现在有难你不去，你要是遇到这样的同事，以后还能信任她吗？"

那一夜，孙维维失眠了。

后来，她来到我办公室，惭愧地对我说："刘老师，我现在才意识到当初调我我不去，让您有多失望！我老公因此也批评了我。公司调我是信任我，**调动我就是为了培养我**！我却在这里斤斤计较。"说到一半，她已经泣不成声，"刘老师，我错了！从今以后公司调我去哪我就去哪，一切服从安排！"我为维维的这番话感到欣慰，给了她一个大大的拥抱，她终于迈出了成长的第一步！

之后，我成立英成三实商学院，需要一名得力的院长，孙维维身经百战，是公司有名的四大讲师之一，于是成为最合适的人选，她这次毫不犹豫地来和我并肩作战。当时她是区总，来商学院不仅意味着工资会有所下滑，还意味着每天都要被我的高标准"折磨"。

在商学院的日子，我看到了维维的快速成长。学员军训时，她总是全程陪同，在烈日下和学员一起暴晒，一次军训时忙到顾不上喝水，直接晕倒在训练场上。在她身上，我看到了一个既有专业能力，又有担当、肯付出的优秀院长的影子。如今，授课水平突飞猛进的她，成为在讲台上叱咤风云的孙院长！无论走到哪家门店，都会有店员认出她，热情恭敬地叫一声"孙老师"！"刘老师，现在我太有成就感了！感觉走到哪都跟明星似的！"一天，孙维维开心地对我说。

联席总裁玄小莎曾经被调动三十七次，可谓是婴贝儿的调岗之王，有一次调她到总裁办给老贾做助理，接到通知那天她竟然吓哭了："这可怎么办？

给贾总当助理不得天天挨批评呀！"虽然如此担心，但她还是听从公司安排来到了总裁办。就这样，在各种各样的调动中，最终成就了她的传奇故事。信息中心的刘存军曾经负责过门店运营，从此更加知道门店需要什么样的信息系统支持。一直负责采购的蔡素洁，现在被调到市场部，进而更明白了如何和厂家沟通更高效，更能争取厂家的配合与支持。物流管理部的李其峰是一个老物流人，在岗位调动后成为大区政委，迈入职业发展的新台阶。贾士玉曾经担任西市场店店长，业绩能力突出，因此当业绩低迷的西苑店急需新店长时，我们马上想到了她，我对她说："如果你能把西苑店带好，能力会迅速提升，之后当区总肯定没问题！"后来她果然不负众望，带领西苑店成功逆袭！不久后就收到了升为区总的调令。在婴贝儿，像这样在岗位调动中迅速成长的人比比皆是。总裁办的丁冲说："来婴贝儿之前，觉得调动我就是因为我做得不好，领导觉得我不行，才让我去别的岗位，所以心里很不舒服，有时还会因此辞职。来了婴贝儿之后才明白，原来调动我是为了帮我更快地成长，不是对我的惩罚而是给我的福利啊！"

调动你就是为了成就你，当你面临新岗位的挑战时，其实公司正在背后为你默默支付着一笔昂贵的学费，这一切就是为了缔造属于你的传奇！你不尝试新的岗位，怎么知道自己有多优秀呢？

山东电视台《辣妈驾到——对话婴贝儿董事长刘长燕》

拥抱离职员工：欢迎回家！

"我离开公司一年，大家会怎么看我？"蔡素洁离职回归婴贝儿的第一天，上班路上心里一直在打鼓，"同事们会不会嘲笑我？鄙视我？"

"哇！蔡姐回来啦！""欢迎蔡姐回家！"刚踏进办公室的那一刻，所有同事都张开双臂送上温暖的拥抱，她悬着的心终于落下了。

"小蔡来了吗？"蔡素洁刚坐下，老贾就推门进来。蔡素洁的座位刚好被柱子挡住，老贾一眼没看到她，就赶紧问其他人。

"我回来啦！"蔡素洁"砰"地从柱子后面站起来，回应老贾。

老贾大步走过去，满脸笑容给她一个个大大的拥抱，说："欢迎回家！"

蔡素洁至今对这个场面印象深刻，她说："之前不适应公司早会跳舞，觉得好奇怪，后来离职去了国企，格外怀念跳舞的日子，怀念所有曾经在婴贝儿的点点滴滴。和贾总拥抱的那一刻，我感到心安了，终于回家了！"

其实，很多人都看不懂，为什么婴贝儿如此敞开怀抱欢迎老员工回归？因为很多老板对员工的态度都是一旦离职永不再用！我却不这样想。在婴贝儿，只要不是犯了原则性错误被开除的员工，只要她愿意回来，我随时欢迎。婴贝儿有个惯例，员工离职时都会收到我写下的《致婴贝儿离职家人的一封信》——

> 亲爱的家人：
>
> 当你看到这封信的时候，可能正是你选择要离开婴贝儿的那一刻。我知道此时你的心情和我一样，都有那么多的依依不舍。因为在婴贝儿我们共同度过了无数美好时光。还记得新员工培训时"相亲会"的一幕吗？当时我们曾共同许下诺言，一起牵手并肩走。我想你现在一定是遇到了各种问题才选择离职，可能是因为照顾孩子和老人等各种家庭原因，可能是因为工作压力大想逃避挑战，也可能是因为和上级闹矛盾，使性子离职……
>
> 相信你当下做出的选择并不是真心所想，但无论出于何种原因，我都尊重，因为我知道这可能是你当下最合适的选择。但是无论你走到哪里，婴贝儿的故事始终会有你的一席之地：热火朝天的周年庆中有你奋战的

身影，庆典晚会上有你最美的模样，孝亲会上有你最温情的告白……在这里，我们共同经历了太多"第一次"，第一次军训、第一次PK、第一次跳舞、第一次拥抱、第一次穿晚礼服、第一次戴白金戒指……

无论你在这里工作了多长时间，婴贝儿的每一次跨越与发展，都凝聚着你的心血与汗水。感谢你曾经在这里付出的每一滴汗水、每一份辛劳，是你用并不宽大的肩膀撑起了婴贝儿的一片天，是你用坚实而有力的脚步丈量出婴贝儿每一步的成长足迹！

离开婴贝儿这个大家庭后，你就要开启一场全新的旅程。前面或许阳光明媚，或许狂风暴雨，当你走得累了、倦了、乏了，回头望去，你会发现婴贝儿的家里，深夜里总有一盏灯为你点亮，总有一扇门为你敞开。刘老师会在这里张开怀抱，等你回家！

真正把员工当家人，就一定不会因为离职而把她打入黑名单。企业里，我是最懂事的大家长，孩子难免会有青春期吵着要离家出走，哪个父母会因此就不让她进家门呢？我常对离职员工说的一句话是："我权当你们出去进修了，有一天走累了，想回家了，婴贝儿的大门随时为你敞开着！"

段立青曾经因为压力大选择逃避，决定离开婴贝儿回到农村老家，后来老贾的一通电话让她重回婴贝儿。她在婴贝儿内部的演讲比赛中分享了自己的经历：

本以为离开了婴贝儿我就会过得轻松，然而事情并没有按照预计的发展，没有了动力早餐和家人的拥抱我仿佛失去了能量，没有了军训和口号我好像丢了魂似的，天天我过着所谓没有压力的日子，但我并没有感到快乐。每天依然牵挂着店里，会不自觉地拨通那个已经烂在脑子里的电话，会因为她们高兴而高兴，难过而难过。

突然有一天朋友很严肃地对我说："立青！你还是再回婴贝儿

吧！"我瞪着眼睛惊讶地看着他说："为什么？""现在你只要跟我们在一起谈论的永远是婴贝儿，她已经融入到你的血液里了，你已经离不开她了！"

朋友的话像电击一样把我激醒了，自己又像找到了方向，一种希望瞬间点燃，突然这时电话响了！我又听到了那依旧亲切的声音："立青，回来参加公司周年庆典晚会吧！"我激动地握着话筒惭愧地说："贾总，当初我那么绝情地离开，您不怪我，公司还要我吗？"电话那头传来贾总呵呵的笑声："我从来没有放弃过你，婴贝儿永远是你的家！"那一刻我好像一个迷路的孩子找到了回家的路，幸福的泪水夺眶而出，那一晚我失眠了。

带着复杂的心情我参加了周年庆典，重新又回归了这个温暖的大家庭……

段立青回来之后的第一天，老贾看到她，给了她一个温暖的拥抱，说："欢迎回家！"这个场景让段立清至今记忆犹新："离职的时候贾总拼命留我，我死活都要走，回来后他什么都没多说，就这四个字，我当时真的好感动，觉得到家了！"

离职回归后，段立青全力以赴地扎进工作里。先是把她所在的华信店带成了全公司第一，接着又为公司开辟泰安市场，在她的带领下，婴贝儿在泰安有了从零到一的突破！

员工每一次离职前，在心里一定经过一番斗争，无论结果如何，仅仅这个过程对她来说就是一种成长，这种成长可能不利于企业的人才稳定性，但也绝对不是犯了什么大罪。而每一次离职之后的回归，更是对企业进一步的相信和认可。老员工马丽亚离职后听说婴贝儿要新设一个岗位并且正在招人，她二话不说就来应聘。但一直到入职培训，都不知道自己的工资待遇，她说："只要让我回来就行！"

2019年3月14日，早上7点56分，我的手机震动了一下，微信弹出一条信息：

> 刘老师，您好！我又回到了婴贝儿的怀抱了，感谢您的包容。现在就如同曾经迷失了方向，重新回家的感觉！

> 在外边转了一圈，满脑子还是婴贝儿，出去了才明白婴贝儿的不一样！才真正理解婴贝儿的魂是其他企业所不具备的。离职后去的那家企业把母婴当作生意去做，而婴贝儿是当作事业去做。所以我们是坚定的，我们不会轻言放弃，我们的艰苦奋斗、共创贡献在这个层面也有充分的体现。因此，在婴贝儿，员工会有安全感，有坚定跟着企业干事的信心和勇气。经历了一个新的环境，有了比较，我对企业、对您和贾总更加信任。

> 另一方面，两个企业对比，我们的企业文化里充满了爱。走的这段时间，以前的领导和同事一直在关心我。每当想起这些，我都会感受到家的温暖，这已经超越了同事关系。同时，更加感受到婴贝儿的感恩和孝道文化，企业培养了我，我不能背叛企业，要像感恩父母一样感恩企业，唯有全心付出才能对得起企业。我十七年的工作经历，在婴贝儿虽然只有不到两年时间，但是，这里最能让我感受到爱，家一样的爱。

> 去了新公司的这段时间，在和新同事交流当中，我总是讲婴贝儿，讲婴贝儿的团队凝聚力、战斗力，更多的是讲刘老师的传统文化培训带给团队的正能量……身边的人有时会提醒我：你这样讲，领导听见了不好。还有的人对我说，你无时无刻不在讲婴贝儿，你的心还在婴贝儿。后来，我思考了一下，我的心真的还在婴贝儿！

> 当我期盼回来，李侠政委主动和我沟通的时候，我担心您和贾总不同意。没想到，恰恰相反，贾总告诉李侠政委：我们的家人在外面过得不好，就可以回来。后来见到您，您和贾总用了同样的话语："欢迎回家！"我

是真正体会到了婴贝儿这种家的关爱！这种关爱让我联想到孩子叛逆，离家出走，在外面碰了钉子，遇到困难，回过头来祈求家长帮助的场景。

要说促使我回来的最主要原因，就是对家的留恋，对家人的思念，是时刻想着回家的期盼之情！

大早上收到这份对我、对婴贝儿的真情表白，我感动万分。中国有句俗话叫"好马不吃回头草"，当一个人决定吃"回头草"的时候，心里一定更纠结，得是有多热爱这家企业才能让人克服偏见，决心回来？**离职再回归的员工，一定是历经风波后，更懂婴贝儿，更热爱婴贝儿的人。所以，曾经离开没关系，只要愿意回来，我们依然是战友，是家人！**

店长李娜离职后在婴贝儿旁边开了一家游泳馆。对很多老板来说，员工离职并不可怕，可怕的是离职后马上成为竞争对手，更可怕的是还直接把竞争门店开在自家隔壁！但我和老贾并没有气恼，而是让其他同事经常过去看看她，能帮忙的帮忙。后来，员工新开的门店亏损严重，办不下去了，我和老贾就把这家店买下，把收购的钱全部换成股份让她成为门店股东，回到婴贝儿继续战斗。

如今担任婴贝儿联席总裁的尹卫花，曾经离职去河南的一家企业，三年间，工资高了，待遇好了，整个人的精神状态却差极了。她说："那段时间整天焦虑，夜夜失眠，整个人状态特别不好。后来实在受不了了，一定要回来！"回到济南，回到婴贝儿的尹卫花，不用吃安眠药，失眠马上好了！她说："回来的第一天就睡得特别香，我老公还问我是不是婴贝儿的工作给累的，我说不是，就是心里踏实了！"为什么回来就踏实了？因为这几年虽然尹卫花人离开婴贝儿了，心却还在这里，心到了家，睡觉自然香！

婴贝儿现在信息中心的负责人刘存军，曾经离职出去创业，后来再次回归婴贝儿，带领信息部一路攻坚克难，在前负责人突然离职，留下一堆没有解决的技术问题时，他顶着巨大压力把问题一一克服，为婴贝儿成功更换了信息系统。我们让他当集团股东，他委婉地拒绝了，说："我回来就是报恩的！我要把对婴贝儿的亏欠都干出来！"

每次离职员工回归，我们常常会有一个小小的欢迎仪式，仪式分享环节，说到回归的原因，听到最多的答案就是婴贝儿给人一种家的感觉，离开之后才知道这种家的感觉有多珍贵。

夜深人静之时，我时常在想：当我们婴贝儿的家人们都退休时，我们要一起住到婴贝儿养老院。因为，我现在能想到最浪漫的事，就是陪所有家人一起慢慢变老！

"你的事，就是我的事！"

医院献血处，奇特的一幕让来往的患者和医护人员投来好奇的目光：一群穿着婴贝儿工装的人排成一队，争着献血，每隔一会就又有几个婴贝儿人气喘吁吁地赶来排队，不一会队伍已经老长。

这是怎么了？

原来，不久前，门店的家人们收到了这样一条消息："有家人的妈妈因疾病正在住院治疗，现急需A型血！医院血量不够了，大家在附近的赶快去献血！"于是就有了献血处争先恐后的场景。

"目前的血够了，大家不用再往医院赶了。"同事再次通知婴贝儿的家人们。

"收到！需要时随时通知！"远在门店的家人们时刻关注着微信动态，只要需要，随时支援！

什么是家人？你的事，就是我的事，这就是家人！遇到问题碰到困难了，不怕，有我们在！

2012年底的一天，济南下起了鹅毛大雪，北风呼呼地刮，路上行人稀少，大家都躲在屋子里，避让着这湿冷的大雪和刺骨的寒风。

突然，一群穿着颜色显眼的婴贝儿工装的人闯入这片冰天雪地里，步履匆匆地走进医院。她们径直来到手术室。手术室门外长椅上，一名身材精瘦的男子无助地坐在那里，双手掩面，低声哭泣。这名男子，就是李侠的老公姜国庆。

就在不久前，李侠被查出乳腺纤维瘤，很可能癌变，急需手术。手术有风险，手术室的门关上的那一刻，可能要失去妻子的恐惧深深笼罩着姜国庆。手术进行到哪一步了？一切还顺利吗？李侠能不能挺过来？姜国庆越想越怕，眼泪一下子从眼眶里涌出来。这时，婴贝儿的家人们来了！

大家纷纷围绕在姜国庆身旁，柔声安慰他。

"放心，侠姐福大命大，肯定没事的！"

"就是，等侠姐好了，咱们还得一起吃火锅庆祝呢！"

……

在一群婴贝儿家人的陪伴下，姜国庆踏实了许多，外面大雪肆虐，心里阵阵暖流。

三个小时后，医生出来了，说："手术顺利，放心吧！"姜国庆和所有婴贝儿家人们一起松了口气，悬着的心终于落了下来。

手术后，李侠身体恢复得很好，很快就来到商学院担任院长。疾病曾经给她和老公带来的恐惧烟消云散，而手术室外婴贝儿家人温情陪伴的那一幕则印刻在姜国庆心里永生难忘。

2014年，婴贝儿七周年庆典晚会上，姜国庆作为家属代表上台发言，几度落泪：

> 李侠是六年前踏入婴贝儿大家庭的，自此开启了她在婴贝儿不平凡的六年之旅。她从最基层的健康顾问到主管、值班经理、店长、中心店长到现在商学院院长，这六年的变化和成长对她来说就像一个传奇，是婴贝

儿见证着她的一路成长。

更让我感动的是，我至今记得她2012年底的时候，李侠生病了，很多家人冒着大雪来到医院，陪我在手术室外等候，让我感到了这个大家庭的温暖！尤其是刘老师还亲自来病房看望李侠，我无比感动！那一刻，我特别深切地感受到，李侠在这里不仅实现了价值，更找到了一个大家庭！从那一刻开始，我更加坚定了对婴贝儿的信心。我觉得李侠一定要在婴贝儿做好，才能对得起这些家人！

现在，我经常和朋友说老婆是婴贝儿商学院的院长，是婴贝儿的股东，因为我骄傲、我自豪！

这就是家人，在你最苦最难最无助的时候总会陪在身旁，把最温暖的手放在你的肩膀上，柔声说："不怕，你还有我们！"

"刘老师，我要请几天假。"一天，时任华恩启慧书院院长李铭给我打来电话，语气哀伤，像是大哭之后有气无力的感觉。

"家里出什么事了吗？"我赶紧关切地问。

"我父亲去世了……"电话那头李铭沉重地说。

第二天，我开车赶到他家。一进门就听到一家人在伤心地抽泣，老爷子去世对这个家来说就是天塌了！

我来到李铭母亲的身旁，紧紧握住老人家的手说："您老放心，李铭是我的兄弟！他是您的儿子，我就是您的闺女。以后家里有什么事您尽管说！"老人感动得老泪纵横。

"虽然父亲去世了，但还有我们这群人陪伴着你！"临走前，我对李铭说。

话刚说完，这个四十岁的男人就像孩子一样用力抱着我，趴在我的肩膀上放声痛哭。我深深感受到他的脆弱和哀痛，知道失去至亲的感觉有多撕心裂肺。李铭的天塌了，我就要给他再撑起一片天！我也紧紧抱住他，希望能给他一个值得依靠的肩膀。

家人一定是在你有难时，愿意为你挺身而出的人。

"刘老师，我老公又打我了……"一天晚上，我突然接到一名员工打来的电话，哽咽地哭着向我痛诉老公家暴。原来，她的老公已经不止一次打她，这一次尤其严重，她吓得赶紧从家里跑了出来，不知所措的时候首先想到的就是给我打电话。

接到电话后，我马上安排她的店长和她所在大区的总经理连夜去她家里。店长和区总把她护在身后，跟他老公摆事实讲道理，让对方意识到自己的错误，最后她的老公诚恳地道歉，这场家暴风波就此化解。后来，这名员工感动不已地说："那天晚上我一个人跑出家的时候，感觉特别孤独无助。后来公司就像娘家人一样，有人替我出头讲理，那一刻心里特别温暖！这种有依靠的感觉真好！有公司给我撑腰，后来我老公再也不敢对我动手了！现在对我可好了！"

在婴贝儿这个大家庭，不仅有父母对孩子的关爱，每天还有兄弟姐妹们相亲相爱的温暖故事。

采购部蔡素洁生病做手术，消费者教育部的宋淑香住在医院附近，手术期间虽然宋淑香出差，自己不能出人出力，于是就让老公隔一天就给蔡素洁炖一锅鸽子汤送过去。为了让蔡素洁喝上最新鲜营养的汤，宋淑香的老公周末去鸽子市买几只鸽子回家养着，当天炖当天宰，自己拔毛清洗鸽子。住院十天，五锅鸽子汤每次都在上午十点半准时送达！

周年庆期间，商品中心的孙倩负责所有区域辅食的业绩，辅食主要靠新生儿，偏偏当年新生儿少，孙倩压力巨大。店长们知道后，纷纷开始帮她冲业绩，回忆起这段经历时，孙倩哭得稀里哗啦，她说："大家都帮我去冲业绩，王舍人店一个一百来平方米的三级门店给我打电话过来：'姐，我保证最低达成率120%。不为别的，就为以前我需要帮助的时候，只要找到你，你从来没有说过一个不字！就冲这份情，只要你需要，我就拼命干！'"

婴贝儿内部有个不成文的规定——领导和下属一起聚餐的话，一般都是领导买单。因为下属工资少一些，养家不容易。我们曾经有名员工离职几个月后又回归，他说："在婴贝儿都是领导请我们吃饭。到了新企业，看似给的工资高了，可领导时不时就提议下馆子，每次都是我买单，一个月下来光请客吃饭就花不少钱，实际赚的工资还不如婴贝儿呢！"

西方管理学信奉的价值标准是"法理情"，遇到问题先讲法律后讲道德最后讲人情。而东方管理哲学是"情理法"，即使在企业管理中，也是人与人之间的那份真情最重要。这也就是为什么婴贝儿有着自己的拥抱文化，员工见面常常用热情的拥抱打招呼。打开双臂，把温暖给出去，爱就会涌进来。这种融洽的人际关系可以减少很多企业管理中的内耗。其实，只要彼此之间有那一份情，企业中出现的很多问题都可以大事化小小事化了。我帮你多干一点，你帮我多担一些，这些问题也就不成问题了。

三倍工资挖不走的员工

"如果有竞争对手出两倍工资，挖你的核心员工，你觉得走的比例是多少？"企业家培训的课堂上，我抛出一个让很多老板一听就头大的问题。

"30%。"

"50%。"

"70%。"

台下的企业家给出各自的答案后，我开始讲婴贝儿的故事："2012年，两家全国性母婴企业入驻济南市场，正所谓'山雨欲来风满楼'，商战还没开始，抢人大战已经来势汹汹，两家企业做了一个最正确的决定——来婴贝儿重金挖人。前前后后联系了我们五十多家门店和店长及几乎所有职能部门负责人，总计七十多人都收到他们的盛情邀请，几乎给每个人都开出了两倍工资！供货商心惶惶，人要是都被挖走了，婴贝儿还行吗？"

台下有老板迫不及待地问："最后走了多少？"

我笑了笑，自豪地说："零！在职的没有一个被挖走！"

台下老板们无一例外地露出不可思议的表情，发出惊讶的语气。每每讲到这次抢人大战，我都十分骄傲，当年的情形一一浮现眼前。

"刘老师，有人挖的感觉真好！"一天下午，时任店长钱峰在楼梯口带着颇为得意的神情告诉我这个消息，接着伸出两个手指，说："两倍！给我开了两倍工资！"

钱峰来婴贝儿之前，换过好几次工作，几乎每次都干不过一年。因此，这轮抢人大战我们猜测谁最有可能被挖走时，大家一直认为是钱峰。于是，我用半开玩笑的语气对钱峰说："你打算什么时候走马上任呀？"

"您放心，我是绝对不会走的！"钱峰回答得干脆肯定。

"给你两倍工资，为什么还不走？"钱峰的选择实在出乎我的意料，在店长会上，我提出了疑问。

"我问自己如果我不在婴贝儿，对方还会挖我吗？答案是肯定不会！所以是婴贝儿让我值钱，我相信靠自己的努力，将来一样可以挣到这么多！再说了，我也不敢走呀，和谁为敌都不敢和婴贝儿为敌！"钱峰笑着说道，引得所有店长哄堂大笑。

"给我开的可是三倍工资！是专门管钱峰的岗位！"乔祥敏笑着分享她被挖的经历。大家都发出惊讶的语气，没想到原来三倍工资只是底薪，还有绩效奖励另算，其他条件可以再谈！

"对方给我打电话的时候，我就问他：'你会离开你的家吗？我在婴贝儿就像在家一样踏实，到别的地方肯定不会有这种感觉。我虽然在这里拿几千块钱，但是当我有不会的东西时，有人手把手地教我，给我试错的机会，即使犯错了也会包容我，这种无私的爱千金难求！"乔祥敏娓娓叙述着她的经历，一旁的我感动不已。

"后来对方又给我打电话，说：'你还是再想想吧，这可是三倍的工资！'我告诉他：'不用想，你现在挖我是因为我在这里学到的东西，等我把学到的都耗尽了之后，你还会给我高工资吗？我今天虽然在婴贝儿拿三千多，等我更优秀的时候，我照样会在婴贝儿拿到更多，我不会只看眼前，婴贝儿给我的是更长远的东西。'"

面对两家企业重金高位的轮番轰炸，婴贝儿七十多名在职中高层管理人员没有一个离开，这份深情我至今感念不已，这也成为我人生中最值得骄傲的一件事！更让人感动的是，我最得力的大将玄小莎竟然没有一家企业挖！为什么？因为坊间流传着这样一个"传说"：玄小莎已经"卖"给婴贝儿了，肯定挖不走，就别白费力气了！

很多人都看不懂，究竟是什么让我们的员工如此忠诚于企业？高薪挖不走的员工在婴贝儿不是少数。圣都食品董事长李志勇曾经对我说："刘老师，我开出两倍多的工资挖你的一名员工，挖了好几次，她都不动心，说'我不想离开婴贝儿，我在这里干得挺好的'，你究竟施了什么魔法让员工的忠诚度这么高？"

其实，我哪里有什么魔法。**高薪挖不走的，是婴贝儿家一样的温度！** 古人曾说："以利相交，利尽则散；以势相交，势去则倾；以权相交，权失则弃；以情相交，情逝人伤；唯以心相交，淡泊明志，友不失矣。"为钱而来到你身边的早晚会因为钱离开，只有以心相交，用对待家人一样的真心对待每一名员工，才会让大家愿意和我一起经风历雨。在这个大家庭里，感动的故事每天都有。

2012年，十一促销活动中，我对十二个区域的负责人许下承诺：谁成为十一活动的冠军，我就会宴请她及她的家人，一言既出，驷马难追！

十二天之后，乔祥敏成为冠军，我为她和家属准备了一场庆功盛宴。乔祥敏家有个四岁女儿，怕孩子一个人无聊，我将女儿丫丫也带去了现场。家长们谈天说地，小孩子们玩芭比娃娃。看到她家天真烂漫的孩子，我发自内心地说："她是乔祥敏的女儿，也是我的女儿！"于是当场掀起高潮，举行了认亲仪式，乔祥敏家的小娃娃伊娜正式认我为干妈。

此前我了解到乔祥敏由于工作忙，孩子都是交给爷爷奶奶照顾，老人有时实在不理解儿媳每天都在干什么，忙得顾不上孩子。于是，席间我向二老敬酒时说道："乔祥敏在公司表现十分优秀，她工作取得的成果离不开您二老的支持！我为您二老有乔祥敏这么优秀的儿媳感到骄傲，更为乔祥敏能有这么好的公婆感到幸运！服务业的性质决定了我们越是周末和假期越忙碌，在这点上带来的不便还请您能多多体谅！"

通过一番真诚的交流，乔祥敏的公公当即表态："刘老师这番话才让我们理解了乔祥敏的工作，以后家里一定多多支持她！"然后公公又对乔祥敏说："家是你最坚实的后盾，孩子我们保证照顾好，你放心在外面工作！"

这也是很多人看不懂婴贝儿的一点：员工为企业做贡献也就算了，员工的家属同样愿意为婴贝儿奉献光和热！店员陈丽，有个顾客买了四五次货都没有来过店里，更没有和陈丽见过面，因为每次送货都是陈丽老公去。陈丽老公不仅帮忙送货，还帮忙维护顾客！职能部门刘鹏的爸爸逢人就说女儿在婴

图 5-2 与"水饺婆婆"合影

贝儿工作，对婴贝儿的使命、愿景、价值观和推行传统文化等情况如数家珍，都能背下来，一次次不厌其烦地向外人介绍婴贝儿，说这是一家好企业。更让人感动的是，婴贝儿七周年庆典现场，由于忙着彩排，我根本没空吃饭，一位素不相识的员工婆婆一大早亲自包了两种口味的水饺，饺子刚出锅就让员工赶紧给我送来。原因很简单，是婴贝儿让她的儿媳妇更加懂得孝敬父母、关心家人、照顾家庭、完成了人生的蜕变。当吃着老人亲手包的热气腾腾的爱心水饺时，我感动得哭了，再多的语言也无法表达我对员工家属们的感激之情……

为什么大家对婴贝儿不仅献完青春献子孙，还要献完老公献家属？因为有情在！在这里有着我们无数难忘的记忆。我接触瑜伽后受益颇多，马上想到婴贝儿职能部门的家人们每天辛苦地伏案工作，劳动强度大，很少有空闲时间去运动，瑜伽可以帮助大家在柔和的动作中锻炼身体，于是我将瑜伽引入婴贝儿，让大家每周都可以免费又便捷地享受到专业瑜伽老师的指导。在一个又一个温暖的午后，我们一起坐在瑜伽垫上放松身体、舒展筋骨，享受着运动带来的舒适惬意。另外，在婴贝儿，无论大会小会，开始前家人们常常会热情问候彼此，给对方一个大大的拥抱，然后伴随着动感十足的音乐，来一顿high翻天的"动力早餐"或"动力晚餐"——跳舞。我和老贾领舞，所有人跟着一起跳，或许动作并不专业，但在激情四射的旋律中，大家一起活力满满、欢乐起舞的氛围已经足以感动彼此！

图 5-3 打雪仗的欢乐场景

　　玄小莎说："感觉刘老师和贾总既是领导，更是邻家哥哥和姐姐，会想方设法带着我们去疯，去释放压力。刘老师还组织我们打雪仗一起'欺负'贾总呢！我记得特别清楚，2013年年底的时候，最后一次店长会，头天下了一场雪。刘老师主持会议的时候，把贾总请上来，然后让他闭上眼睛，说有一份礼物给他。当贾总一闭上眼，我们就把藏着的雪球都扔他身上，毫无防备的贾总被雪球一顿乱打！后来他顺手抓起旁边的扫把，站成金鸡独立的姿势，大声喊着：'我挡，我挡，我挡挡挡！'大家简直玩疯了！对着贾总一顿狂轰滥炸！净顾着疯玩的我们，愣是把调音台打坏了都不知道！"

　　好奇纸尿裤全国销售总监庞洪亮曾经说："我在全国从北到南走了六七十个不同的孕婴系统，不仅听老板的声音，还要听员工的声音。在婴贝儿，我和十多家店的店长、店员沟通过，能够明显感觉到她们特别忠诚！婴贝儿的一线员工真的是以公司为荣的！我相信婴贝儿会成为中国婴童行业走得最长远的企业，因为你们根扎得深！"

图 5-4 周年庆晚会上精彩纷呈的节目（图片右上方为老贾担任合唱指挥）

　　山东开创集团董事长周伯虎曾经带领七十多名中高层管理者来婴贝儿参观学习企业文化，他对这里的家文化感触颇深："没有人不爱自己的家，没有人不希望自己的家过得好。在婴贝儿真的是每个人都能感受到家庭的温暖，所以员工愿意把公司当作家去为之奋斗！尤其是周年庆晚会上，员工表演节目时散发出来的自信和光芒，是一个人得到充分的尊重、信任和关爱后才能表现出来的无限活力。"

　　如果家足够温暖，谁愿意离开家呢？即使她有短暂的离开，早晚也会落叶归根的时候。很多企业都强调员工的忠诚，我认为忠诚不是单方面的，而是双方面的。**如果希望员工对企业忠诚，那么作为老板，请首先像爱亲人一样爱她们，像珍惜爱人一样去珍惜她们。如果员工要想让企业成为挡风遮雨的家，那么请你也把心留在家里。**

　　当然，总有一些人会因为种种原因离开后不再回来。我觉得人生就像一趟车，会有很多站，每一站都会有人上去，有人下来。我们跟每一个人的缘分都是有限的，不知道我们最终能陪伴彼此多久。我能够做到的就是坦然面对分别，珍惜每一个上过这趟车的人。即使她到站要下车了，她也曾经陪伴过我，给过我温暖和力量。我对每一个曾经在婴贝儿奋斗过、付出过、陪伴过的都心怀感恩！

"水饺婆婆"

五年醇，十年陈，二十年终生荣誉奖！

　　2012年8月8日晚上，梨园大剧院灯火辉煌，在激扬的旋律、炫彩的灯光中，一群人妆容精致，身着华丽礼服，踏在长长的红毯上，迈着优雅的步伐缓缓向舞台走来。台下掌声热烈，一片欢呼。不要以为这星光璀璨的舞台是影视明星红毯秀。这一晚，是婴贝儿首届"五年醇[①]"颁奖典礼，台上光彩夺目的是婴贝儿第一批"五年醇"员工。今天，是婴贝儿的明星之夜！

看着台上星光闪烁，我的思绪回到了2009年的那场员工大会。

"中国民营企业的平均寿命是2.4年，现在婴贝儿刚刚两年，还处于亏损状态。我一直在想，这么多兄弟姐妹跟我风雨同舟、荣辱与共，如果婴贝儿能熬过危险期，活到她五岁生日的那天，我想送给大家一份礼物，表达感恩之情。"2009年初，一天下午的员工大会上，我真诚地对大家说。

"送什么？"听到我要送礼物，大家齐声问到。

"我想到那个时候，为所有陪伴婴贝儿走过五年的家人，送上一枚世界上独一无二的、为你量身定制、刻着你名字的白金戒指！当天要让你穿着华丽的晚礼服，像走奥斯卡颁奖典礼的红毯一样，迎来人生最辉煌的时刻！"我用十分憧憬的语气向大家描绘着这副美好画面。

"哇！"所有员工的语气里都满含期待。

三年过去了，婴贝儿活下来了！很多人都把我当年的这个承诺忘记了，有些人还记得，不过并没有当真，以为"老板也就随口说说"。

直到2012年6月，我请人来量指圈。大家惊讶了："真给戒指啊！"于是，就有了开篇的一幕，每名"五年醇"都戴上了刻着"感恩×××，风雨同舟五年路"的白金戒指！

"这个戒指只有店长以上才有吧？""五年醇"颁奖典礼台下，有刚入职不久的外来管理者问我。

"人人都有，无论你是厂促还是保洁阿姨都有！在婴贝儿，没有岗位的高低，只有分工的不同。"我笑着回答道。

[①]　婴贝儿最初将工龄满五年的员工称为"五年陈"，满十年的员工称为"十年功勋人物"，后来将五年员工改称为"五年醇"，将十年员工称为"十年陈"，寓意五年的员工如美酒一样醇香，十年的员工如陈酿一样珍贵。

"太不可思议了！我之前在那家企业工作了九年，如果他们哪怕把易拉罐手环当戒指发给我，我可能都不会走。"外来高管对我们的"五年醇"戒指很有感触。

"我结婚都没这么隆重！"

"我结婚都没戒指！"

"我结婚有戒指都不戴，一定要戴婴贝儿的，这是一份荣誉！"

······

图 5-5 身着礼服的"五年醇"们

"五年醇"们走下舞台不停地感慨。走到我身边时，几个人停下用十分期待的语气问："刘老师，戒指戴上瘾了，十年您打算发什么呀？"

"钻石恒久远，一颗永流传。十周年时，我送大家每人一枚钻戒！"这一看似玩笑的对话我一直铭记在心。

2017年，婴贝儿十周年了。我在心里密谋已久的钻戒典礼盛大开场，我希望能够用一种最浪漫的方式，感谢所有陪我走过十年的婴贝儿家人。

2017年9月8日，山东大厦两千多人的礼堂座无虚席，在苏芮《牵手》的悠扬旋律中，所有在婴贝儿挥洒了十年青春的功勋们返璞归真，放下"五年醇"典礼时的华丽礼服，身佩大红绶带，穿上十年前的老版绿色工装走上舞台，在炫目的灯光中戴上独属她们的钻戒。戴上钻戒的那一刻，我和她们都哭了。

人生一世，有多少人能陪你走过十年？又有多少人愿意在十年之后继续陪你走下去？十年，她们从刚出校门的青涩学生变为企业经营的中坚力量，从单纯娇气的小姑娘变为成熟贤惠的妻子爱人。十年，她们陪着我一起熬过婴贝儿每天亏损一万多的艰难时期，陪着我一起迎来婴贝儿上百家门店欣欣向荣的欢喜局面，陪我走过婴贝儿的第一次创业，见证周年庆过亿的疯狂时刻，又陪我迎来二次创业。

十年耕耘，有辛苦有欢笑，她们每个人的身上都记录着婴贝儿一点一滴的成长，她们每个人的成长都是一段婴贝儿的创业史，是她们奋斗的汗水灌溉着婴贝儿的绽放。"十年了，只要你们愿意，我们一起相携到老！"看着台上的"十年陈"，我心里许下一个最美好的誓言。

"刘老师，二十年的时候您打算送给我们什么呀？""十年陈"们走下舞台，看到我时笑嘻嘻地问。

"用黄金为你们打造一枚终生荣誉勋章！"我语气坚定地许下承诺。

所有"十年陈"们都欢呼雀跃，"感觉更有盼头了"！

2019年，我们将"十年陈"颁奖典礼的环节做了调整，改为由我们将钻戒先颁发给家属，再由家属为对方带上钻戒。我刚提出这个想法时，所有人都为之愕然。为什么是由家属戴钻戒？因为我认为，零售行业十分辛苦，如果没有家属的理解和支持，一个人不可能在婴贝儿坚持十年。所以"钻石恒久远"，不仅代表公司对"十年陈"的爱，还代表着爱人和父母对她们的爱。

8月28日，周年庆典晚会上，一支庞大的"十年陈"团队在一片欢呼声中登上舞台。

"下面以热烈的掌声有请家属上台！"

主持人话声刚落，几十名家属就依次登上舞台，来到自己的亲人身旁。在动情的音乐声中，为另一半戴上铭刻着幸福与感恩的钻戒。那一刻，五十多岁的电工刘师傅和爱人紧紧拥抱在一起，在舞台上享受着这份终生难忘的浪漫仪式；袁红梅和爱人四目相对，目光深情地望着彼此，两人同时流下感动的泪水……

当家属们为"十年陈"戴上戒指的那一刻，把婴贝儿这个大家的亲情和每个人小家的亲情交融在一起，那一幕是如此温暖动人，还有什么能比这更能演绎出"家庭"这个词的真正魅力呢？

图 5-6 "十年陈"颁奖仪式

每年都会有很多企业家来观摩婴贝儿的周年庆晚会。"五年醇"颁奖环节结束后，有企业家朋友曾经对我说："刘老师，你们那么多五年老员工排队上台领戒指的场面太壮观了！我们常说看一家企业怎么样，看企业老板怎么样，最直观的就是看这个企业里有没有老员工、老员工多不多，因为留得住人的企业才能做得长久。从这个角度来看，婴贝儿成为百年企业绝对没问题！"当然，还有很多人问我："为什么要花费这么大的人力物力财力，表彰'五年醇'和'十年陈'？"

　　"之所以要为这些老员工举办如此隆重的颁奖仪式，是因为婴贝儿能够一路走来，离不开每一个为之奋斗的员工，或许在别人眼里她们只是小人物，但是能把看似简单的工作重复做好，不就是一种伟大吗？"每当我说到这里，企业家们都会默默点头，深以为然。"无论是白金戒指、钻戒还是黄金勋章，都是我向这些伟大人物致敬和感恩的一种方式！"这也就是为什么每次周年庆晚会入场前，都会有个独特的迎宾仪式——公司所有高管在铺着红毯的台阶上站成两排，穿着整齐的西装，向所有入场员工毕恭毕恭地鞠躬，说道："欢迎回家！"在烈日炎炎下，大家晒得汗流浃背，依然一次次鞠下九十度的躬。这一切已经不仅仅是迎宾，更是我们对每一名员工的无限敬意和感恩之情。

图 5-7　周年庆晚会入场

　　你会发现，每个婴贝儿人都清晰记得自己入职的时间，因为她们都在算着日子，等着戴上那枚象征荣誉的钻戒！不要以为你很微不足道，你的每一份付出每一份汗水都值得铭记史册，婴贝儿的戒指总有一枚为你而做，婴贝儿的名人殿堂总有一席为你而准备！

第一届"五年醇"　　"五年醇"颁奖典礼　　第一届"十年陈"　　第一届"十年陈"
量戒指仪式　　　　　　　　　　　　　　纪实　　　　　　颁奖典礼

中 篇
融合碰撞，文化升级

在外来高管和互联网文化的双重冲击下，婴贝儿一度陷入"文化休克"状态。庆幸的是，所有冲击都转化成文化升级的新鲜血液。正所谓"不破不立"，文化碰撞后的婴贝儿搭建了更加开放包容、立体多元的文化体系，为"二次创业"和"双百"梦想提供着强有力的精神支撑！

第六章

文化迷茫期：
立足长远，系统升级

　　自2012年婴贝儿从粗放经营向规范运营转型的过程中，曾经固若金汤的企业文化受到了外来高管带来的异质文化和互联网文化的双重冲击。一度极具文化自信的婴贝儿遭遇了前所未有的文化危机。庆幸的是，走出危机，我们探索出一条文化驱动的"二次创业"之路，不仅顺利实现了规范运营的转型，更吹响了向精细化运营转型的号角！

文化冲击下的婴贝儿

"为什么要欢迎离职员工回来？一旦离职就应该永不再用！"

"为什么领导要和员工打成一片？管理者和下属之间应该保持距离。"

"为什么一定要举办誓师大会？这一定能把业绩提上来吗？"

......

2012年前后，一批高管对婴贝儿的企业文化提出质疑，公司内部爆发了一轮前所未有的文化碰撞。当时，五岁的婴贝儿经过几年的快速发展已经拥有四五十家门店，随着规模越来越大，需要从粗放式经营转向规范化运营。创业时我们都是一群没从事过零售行业的门外汉，几年间完全凭借一腔热血才能在母婴行业闯出一片天地。此时，引进一批外来高管帮助我们搭建更加专业规范的管理架构成为当务之急。

此前就有外来高管加入婴贝儿，自2012年以来的几年间，我们更是加大了引入外来高管的强度和密度，先后有一批来自美的、国美、苏宁、大润发、家乐福等企业的管理层加入婴贝儿。他们将自己多年的行业经验变成肥沃的养料输送给婴贝儿，帮助我们从无到有、从有到好的建立起一系列规章制度，成为婴贝儿快速发展的助力器。

可是，就在外来高管大刀阔斧建章立制、规范管理的同时，婴贝儿也迎来了一场"文化地震"，也就有了前文提到的诸多质疑。一批外来高管有着各自不同的专业背景和任职经历，对企业文化的理解各有不同。当一群有着各自文化基因的管理者齐聚婴贝儿时，这种多元文化的碰撞日益外显，冲突尤其激烈。

我们一群母婴行业门外汉能够做得风生水起，离不开"军队+学校+家庭"三位一体的企业文化强有力的支持。我们一直以婴贝儿的企业文化为豪，很多企业都先后组织管理层来婴贝儿交流学习。华商书院曾经组织企业家观摩婴贝儿誓师大会，我们给二十个名额并且要求必须是董事长本人来才行，结果报了五十个人！我和他们再次强调只留了二十个座位，必须砍人数，结果砍完之后，人数变成了八十多个，反倒多了三十人！更没想到的是，活动当天，最终来了将近一百人！这些老板说："没座位没关系，站着就行，只要让看就行！"

雅培全国销售总监吴伟说："我参加过好几次婴贝儿的周年庆晚会，第一次看是被员工的激情震撼，在其他企业没见过这阵势，后来再看，看到激情背后的文化，觉得这些员工太棒了！这些员工背后的文化太牛了！能有这种文化的企业太值得敬佩了！文化是纽带，业绩是水到渠成，婴贝儿真是先有文化后又业绩。"

山东经济广播频道《品牌故事》栏目主持人林楠曾组织企业家来婴贝儿参观，她对企业家们说："采访过这么多龙头企业，我发现婴贝儿和其他企业最不同的是文化，一个企业要想把品牌树起来，首先是道的层面，不是术的层面。道的核心就是文化。婴贝儿的文化有自己非常鲜明的特点，这种文化是他们创造行业传奇，引领行业速度的重要推动力。"

我们没想到婴贝儿的企业文化得到业内外众多认可，却让新一批核心高管如此反对，这真是冰火两重天！反对的焦点集中在军队文化和家文化上，尤其是军队文化让一批高管很是不认可。于是，来自高层的文化碰撞给婴贝儿带来了众多变化：取消了军训，取消了早会，职能部门也不再要求统一穿工装，最后更是取消了充满婴贝儿特色的誓师大会。此前，我们每个月举办一次誓师大会，大会上不仅要进行精神抖擞的团队士气展，还要对当月销售第一的门店进行表彰，店长和店员上台领取奖金和象征着荣誉的锦旗，每一次誓师大会都是婴贝儿人一次热血沸腾的狂欢。

一天，时任堤口店店长的钱峰着急地给我打电话："刘老师，你快来吧！我们店不行了，大家卖货都提不起劲头！"

"怎么回事？"接到电话，我感到十分惊讶，堤口店是上个月的冠军门店，怎么这个月就不行了？

"我和员工一个个谈心，大家都说我们上个月拿了冠军，结果没开誓师大会，没劲儿干活！"

"誓师大会是没开，可是该发的奖金和荣誉都给送到店里了呀！"我继续追问。婴贝儿虽然取消了誓师大会，但是对每月的冠军门店奖励并没有变，依然有锦旗和奖金，只不过这次不用上誓师大会的舞台去领，而是直接给送到门店。

"那不一样，员工说：'我们这么玩命地干就是为了有一天能成为冠军，走上誓师大会的领奖台，看着所有人都为我们鼓掌，那一刻觉得特有面儿特光荣，那是一份什么都替代不了的荣誉！'"钱峰说。

放下电话，我陷入了沉思：面对文化冲击带来的重重变革，是我们之前的文化出了问题还是现在的人出了问题？为什么企业文化的碰撞在婴贝儿显得格外激烈？现在这些变革是正确的吗？面对核心团队的分歧，婴贝儿将何去何从？

真是一波未平一波又起，我心中的种种疑惑还没有找到答案，一股新的文化冲击再次席卷婴贝儿——2013年以来，互联网经济迅速崛起，母婴电商来势汹汹。几年间虽然电商并没有给婴贝儿的业绩带来直接影响，但是在所有人对实体店的一片唱衰中，婴贝儿人心惶惶：明天倒下的会不会是我们？

互联网经济的强势发展，让互联网文化成为很多企业竞相学习的对象，婴贝儿自然也不例外。可是，作为一家长期专注于线下实体店的母婴企业，我们究竟应该从何入手学习互联网文化?

就这样,婴贝儿几年间经历着来自外来高管和互联网的双重文化冲击。曾经的文化自信被侵蚀,取而代之的是在碰撞冲击下陷入的文化迷茫。旧的文化模式被打破,新的文化模式未形成,婴贝儿如同进入青春期的懵懂少年,童年时代的规则一去不返,成人世界的规则尚未建立。我知道企业从粗放经营向规范经营转型的过程中,文化也要根据现实情况进行转型升级,可是转型带来的阵痛让我触目惊心。

2016年,转型的探索中誓师大会不开了,当年周年庆晚会也没有举办,因为我想2017年是婴贝儿的十周年,不如在2016年把筹办周年庆晚会的人力物力投入到培训,让所有人的能力有所提升,这是我为十周年庆给所有人准备的一份大礼。

没想到这些企业文化仪式的取消,竟然引起了轩然大波,让很多人觉得公司不行了:"誓师大会都不开了,公司要解散了,周年庆晚会也不开了,五年醇的戒指也不发了,公司要完了!"送货的师傅在门店一边卸货一边嘟囔着公司不行了,消息一传十十传百,婴贝儿人心涣散。

为了打破内部的流言,我在《婴贝儿,该用什么为你庆生?》中写道:

> 如火如荼的婴贝儿九周年庆,好似就在昨天。
> 全力以赴拼搏的25个日夜,仿佛就在眼前。
> 2007年一群怀揣着梦想的年轻人,在风雨中艰难的探索前行。
> 没有零售行业的经验,没有从事过母婴行业的经历,朋友们都嘲笑她们是"疯子"!
>
> 亲爱的家人们:
> 你们能想象每天亏损一万多,一亏就是两年,那是一种怎样的压力吗?

你们能理解一个在黑暗中，无助摸索前行的人，那是怎样的痛苦迷茫吗？

"我们还能坚持下去吗？"2008年在刺骨的寒风中，有一个声音在问。

"如果现在放弃，所有的努力将前功尽弃，结果就是100%的失败！"

"只要我们坚持下去，至少还有50%的机会成功！"另一个声音坚定地回答道。

一个曾经不被人看好的行业，

一群曾经不被人瞧得起的人。

她们在充满荆棘的创业道路上，

开始用汗水、泪水，甚至血水书写着属于自己的青春创业史。

因为恶意的竞争，她们的门店玻璃被人砸，被人泼过污物；

因为三聚氰胺，她们为保全顾客利益无条件退货，二十几万元的损失都自己承担；

这一路上，经历过多少的磨难与挫折，只有她们自己清楚……

有多少人曾质疑，甚至打击过她们的梦想，

而这一切不但没有将她们击垮打倒，反而激发了她们更大的斗志！

一晃九年，如今的她们，

已经成为中国母婴行业最具潜力的企业；

已经成为山东母婴行业的领航者；

世界最具权威的调查公司入户调查：85%的母婴家庭都是她们的会员！

她们已经褪去了过往的青涩，显得越发自信与成熟；

她们已经经历千锤百炼，打造了一支令所有人都敬仰的团队！

她们是谁？

她们是你、是我、是她，她们都有一个共同的名字——婴贝儿！

婴贝儿，

包含了多少婴贝儿人的青春和梦想；

融入了多少婴贝儿人的汗水和泪水；

凝聚了多少婴贝儿人的拼搏和奋斗；

承载了多少婴贝儿人的幸福和希望！

每年的这个时候，都是最值得期待的时刻，

因为我们会载歌载舞，举行盛大的周年庆颁奖晚会来庆祝我们的生日。

而今年是第九个年头，我们也有太多的值得骄傲和庆贺的地方——

周年庆振奋人心的7500万，

婴贝儿第三代形象升级的完美呈现，

全员持有中级育婴师资格证上岗，

再创历史业绩新高"水世界"

……

在集团具有高瞻远瞩的战略规划的指导下，

婴贝儿正在编造着一个庞大的航母编队。

看看这一桩桩、一件件，哪一个都会令我们振奋人心，

我真的需要激情蓬勃地，站在周年庆的舞台上向大家宣告！

婴贝儿九岁了!

从仅凭一腔热血, 到今天用知识和专业不断武装自己。

从几十人的孤注一掷, 到今天一千多人如履薄冰的严谨。

我问自己, 该用什么来为你庆生?

面对变幻莫测、压力与困难重重的竞争白热化的商业市场,

我希望你能在"危机"中, 用智慧捕捉到危险中的机会。

面对互联网巨大冲击和"90后"新生代的消费者的崛起,

我希望你能快速提升自身的专业素质, 任何人都不被"淘汰"。

对!

把过去准备周年庆典的时间与金钱,

全部投入到提升家人专业技能和综合素质的培训中。

"学习和成长"就是我送给婴贝儿九周年的生日礼物。

因为我知道只有今年的卧薪尝胆,

才可能为明年婴贝儿10周年大庆, 积攒出一份惊天动地的大礼!

一定有家人很关切地问: 我们"五年醇"的白金戒指还有吗?

哈哈, 有! 一定有!

还有人问: 明年公司会不会举行周年庆典晚会?

呵呵, 举行! 必须举行!

明年是婴贝儿10周年, 不但要庆, 而且一定是大庆!

在此我也向所有家人发出征集令:

请把你手中那些过去十年中, 珍贵的照片、文字、视频等资料上报。

我将用一年的时间去准备, 迎接那个属于我们的幸福时刻……

亲爱的家人们，

你是否想过，是什么让我们能够坚持九年？

是顾客对婴贝儿的信任，是家人们对婴贝儿的信任，

是我们彼此对共同梦想的信任。

轰轰烈烈的"二次创业"已经拉开了序幕，

"人人都是创业家"将成为改变每一位婴贝儿人命运的号角。

过去的婴贝儿从来都没有一帆风顺过，

未来的婴贝儿也不会是一马平川的坦途，

但只要你我心中一直保留着那份最珍贵的——信任！

一切都将成为成功的垫脚石！

随着这篇文章在公司内部传开，婴贝儿要解散的流言渐渐平息。我却深知一篇文章只是治标不治本，文化才是稳定人心的根本。只有尽快建立起新的企业文化体系，才能重塑企业共识和凝聚力。可是，新形势下的文化升级究竟路在何方？

文化新生: 为"双百"梦 保驾护航!

婴贝儿如同经历了一场文化休克，经过迷茫、焦虑、不知所措后，我们渐渐从"休克"中恢复，再次摸准婴贝儿的文化脉搏。

如果把企业文化看作一家企业的性格，那么婴贝儿一定是性格特征格外鲜明的企业之一。先有文化后有企业的生长路径，让婴贝儿自诞生之初就保持着强烈的文化特色，在一定程度上，企业文化越鲜明，越容易让部分外来高管产生"水土不服"的现象。这种水土不服既不是文化的问题，也不是人的问题，而是企业到了新的发展阶段，需要将原有文化进行升级以适应新的

发展形势，这是企业文化发展的必经阶段。

由外来高管引发的文化碰撞，则为婴贝儿的企业文化升级注入了催化剂，促进了我们在多元文化的交融碰撞中，以一种更开放包容的姿态进行升级。与此同时，面对互联网文化的冲击，我们结合企业自身特点有针对性地引进互联网文化、学习互联网思维，其间有舍有得，交过高昂的学费，有过惨痛的教训，更有尝试后的经验和成长。

围绕文化碰撞中的焦点——军队文化，我们采取了"一体两翼"的升级策略，在保持原有军队文化精髓的同时，实行分层要求的两翼战术。军队文化的硬核依然是"保证完成任务，没有任何借口"这一主体，在这一核心精神的指引下，我们对军队文化在门店一线和职能部门的落实提出了更有针对性的具体要求：门店一线的军队文化体现为洋溢着热血激情的敢闯敢拼的亮剑精神，总部职能部门的军队文化体现为打造一支更加开放自主、沉稳有内涵的管理团队。这一升级的过程，是我们对军队文化的认识不断加深的过程，使我们对军队文化在企业实践中的运用更为立体饱满。

对于学校文化，我们采取了"内外兼修"的升级策略。此前婴贝儿主要由内部的商学院针对内部员工进行培训，如今一方面婴贝儿的培训开始走出去，将商学院独立为自主经营的英成三实商学院，不仅为婴贝儿培训，更面向外部进行培训；另一方面，婴贝儿的员工尤其是管理层，开始更多地走出去接受外部培训。

让人欣喜的是，当婴贝儿的培训走出去后，婴贝儿内部员工更加珍惜培训了！此前，婴贝儿进行培训时虽然有我的大力支持，但还是阻力重重。一方面，有些员工还是会抱着不同程度的消极态度；另一方面，公司部分高管并没有对培训给予足够的重视。如今，英成三实商学院的成立，让员工和高管对培训的态度有了明显改变。"原来我们公司的培训这么厉害！刘老师曾经将一份无价的培训摆在我面前，可惜我没有好好珍惜。如果上天再给我一次机会，我会大声说出：'刘老师，请再多给我们安排些培训吧！'"看到外面很多企业交完全款排队等着来英成三实商学院培训的情景，很多员工发出了这样的感慨。同时高管层也重新认识了培训的价值："原来刘老师在婴贝儿做的培训这么值钱！婴贝儿的这套培训体系是具有普世价值的，用到其他企业同样可以产生显著的实际效果！"

对于家庭文化，我们采取了"纵向延伸，服务到家"的升级策略，不仅在企业内部打造温暖友爱的家庭氛围，同时把对员工的关心延伸到其家庭中。此外，我们还以孝亲文化为抓手，将传统文化引入其中，促进婴贝儿家文化的底蕴更加丰富深厚。

在文化碰撞中，虽然最初有些高管对我们欢迎离职员工回归等各种形式和载体的家文化表示不理解，但是工作一段时间之后，越来越多外来高管被婴贝儿的人情味打动，认可并爱上了这里的家文化！现任内控中心总监的徐莉2012年从美的集团来到婴贝儿后，对自己的变化感慨颇深："刚来的时候大家都说我很冷，面无表情，总有种令人难以接近、拒人于千里之外的感觉。后来在婴贝儿这个大家庭里慢慢熏陶，明显感觉自己变得更柔软更温暖了，能够和大家一起开玩笑，亲和力也更强了，感觉整个人的幸福感都提升了！"很多从其他企业来的高管都欣喜地说："婴贝儿还有一个特别难得的地方，这里的人际关系真的是既简单又温暖。每天只要想怎么干好工作就行了，不用在复杂的人际关系上消耗精力，每天工作效率更高了，工作心情更好了！"

很多职业经理人过去的工作经历让他们认为工作就是工作，家庭就是家庭，二者不可能混为一谈，企业也不可能真正把家文化落实到位。因此对待工作虽然认真，也足够专业，但是缺少一丝温度，对周围的同事也缺少一点真心。其实，爱他人的过程就是暖自己的过程。职业不等于冷漠，人情味也不代表着不规范，婴贝儿的家文化将专业主义和人本主义有效结合，让专业更有温暖，让人情更有质感！

在对原有的"军队+学校+家庭"三位一体的企业文化进行升级的同时，我们受互联网文化的影响，结合婴贝儿的企业实践，将创新文化和共享文化引入婴贝儿。一方面，设立创新基金，鼓励全员创新，并且打破原来的用人模式，大胆启用一批年轻人为公司注入新生代的鲜活力量；另一方面，打造"共创、共享、共担"的合伙人文化，让更多员工享受到企业发展红利。此外，电商的冲击给婴贝儿的企业文化种下了危机意识的种子，正如联席总裁尹卫花所说："互联网的冲击虽然并没有让婴贝儿实体店的销售业绩下滑，但是让我们的危机意识更强了，知道如果今天不进取，明天很可能就会被淘汰。现在婴贝儿人的骨子里有一种永远战战兢兢、永远如履薄冰的危机意识。"当你对世界放下警惕的时候，就是你走向下坡路的时候，正如柳传志所说："你一打盹，对手的机会就来了。"一时的成功，并不意味着永远的辉煌，没有固若金汤的企业，只有与时俱进的企业！

如今的婴贝儿形成了更加开放包容的文化体系，一批来自苏宁、大润发、美的、国美等企业的高管融入其中，尽情描绘着自己的梦想蓝图。

来自乐购的于晓春2013年加入婴贝儿，如今已经成为一名老婴贝儿人，他说："婴贝儿鼓励员工不断探索、不断挑战，这种价值导向鼓舞着大家迎难而上，在一次次磨难中虽然有压力，但最终成就的是自己。我过去一直从事采购岗位，公司给了我很多挑战自己的机会，我先是担任区总，现任商品中心财务BP兼商品中心副总监，不断尝试新的岗位让我整个人的思维能力和做事能力都得到了极大提高。在这里你能感受到公司对你的重视和培养，我感觉自己的根已经深深扎在婴贝儿这片沃土了！"

此前曾在苏宁任职的贺伟自2017年加入婴贝儿后，十分满足地说："感觉婴贝儿是一家传统文化和家文化氛围特别浓厚的企业，孝亲文化带给人很多感动的故事。我来了之后很快融入其中，繁忙的工作之余，在这里会有一种来自内心的幸福感，越来越发现这里的文化十分适合我！"

来自银座的阎磊2017年加入婴贝儿，对公司的二次创业充满信心："提出'二次创业'以来，打造'共创、共享、共担'的企业文化，更好地将人心凝聚在一起，让大家真正'道相同'，从理念到行动上都更加一致了，这种文化进发的巨大力量带动企业高速发展!"

来自九阳的徐阴芝自2017年加入婴贝儿后,对公司推行的传统文化感慨颇深:"之前不理解为什么要脱产学习七天传统文化,以前生病请假都害怕耽误工作,但这里竟然让我们放下工作七天,带薪参加和业务毫无关系的传统文化培训。直到我接受了培训后,触动特别大,才明白了公司的良苦用心。传统文化帮助我用更好的心态和情绪去对待工作和家庭,能让整个人的幸福感都有所提升!之前是为生存而工作,现在是在工作中享受!"

来自苏宁,现任鲁南大区总经理的贾怀志2018年加入婴贝儿,2019年就带领鲁南大区拿下周年庆第一的桂冠,他激动地说:"周年庆之前,我的心里还是很没底的,后来我们在区域里组织了一场誓师大会,士气展示、领军令状等环节轮番上阵,现场真是激情昂扬,明显起到了振奋人心、鼓舞士气的效果,大会现场我就知道我赢定了!之后周年庆前三天就完成了目标任务的45%,能够取得周年庆第一的好成绩绝对离不开这场充满军魂的誓师大会!"

在更加坚实有力的文化支撑下,我们相信婴贝儿拥有一个值得期待的未来!企业文化是为企业的可持续发展服务的,婴贝儿的文化升级如同为企业注入一剂强心针。2012年以来的不断发展,让婴贝儿顺利实现了从粗放经营向规范经营的转型。2015年,婴贝儿掀起了轰轰烈烈的"二次创业",致力于打造顾客关系型运营模式,从规范经营向精细化运营转型。

图 6-1 2015年,八周年庆典上提出"二次创业"的转型之路

2017年9月8日，带着婴贝儿人1周年庆斩获1个亿的豪情壮志，以"创业梦 新征程"为主题的婴贝儿十周年庆典在山东会堂隆重开幕。典礼上我们发布了升级后的婴贝儿标识和全新的战略规划，关于"二次创业"的无限想象在每一个婴贝儿人心里激荡，成为百年企业、百亿企业的双百梦想在山东会堂里回荡不息！

十周年庆典上，老贾动情地说："追寻婴贝儿十年成长的足迹，我们明白所有的伟大，都源于一个勇敢的开始！十年之中，面对无资金、无零售经验、无专业人员的窘境时，我们有坚持有梦想；面对2008年的'三聚氰胺'事件，我们有责任有担当；面对电商冲击，舆论对传统零售一片唱衰时，我们有迷茫有彷徨。如今，迎来十岁生日的婴贝儿，熬过艰难的探索期，从2016年下半年至今进入了一个新的快速发展期，仅2017年一年我们开的门店面积数是过去10年开店面积的总和！"

我们凭着一股敢拼敢冲的亮剑精神走过第一个十年，我们拿出像老鹰一样痛苦重生的决心迎接未来！鹰在40岁左右会爪子老化，喙变得又弯又钝，羽毛也变得格外沉重。于是，鹰飞到山顶筑巢，忍着剧痛击落老喙，拔掉趾甲和羽毛，经过150多个日日夜夜的煎熬在悬崖上获得重生！正所谓"孤鹰不褪羽，哪能得高飞，蛟龙不脱皮，何以上青天"！

重生婴贝儿

走过迷茫期，我们从一片混沌中摸索出文化升级的具体路径。婴贝儿在文化大碰撞中迎来了活力无限的文化新生！我们拿出如鹰一般的决心，探索着一条以企业文化为重要驱动力的"二次创业"之路！

十周年庆晚会节目
《创业梦，新征程》

第七章

文化升级：
员工就是我的上帝

　　我们都希望员工像服务上帝一样服务我们的客户，但是，当员工不开心、不幸福时，她们会面带微笑真诚地服务客户吗？答案是否定的。那么又应该是谁来服务我们的员工呢？作为老板或者管理者，我们是不直接服务客户的，在我看来，我们的上帝应该是员工。因为只有把员工像上帝一样服务好，让她们有幸福感，她们才会自愿自发地带着温度去服务客户。

"政委体系"：心和员工在一起

婴贝儿十二周年庆典上，一百多名"五年醇"老员工，穿着华美的礼服，妆容精致地走上舞台，戴上白金戒指；接着又有几十名"十年陈"老员工，穿着十年前的绿色工装，由家属上台为她们戴上钻戒。公公坐在台下对此感动不已，对坐在他身旁的我的好友李克欣感慨地说："我见到刘长燕之前不相信有天才，见到她之后，我才觉得确实有天才一说，什么是天才？她就是天生具备这种才能！不是任何一所学校能教出来的，任何一所高校都培养不出刘长燕这样的学生！"克欣向我复述这番话时，反复强调："你是没看到台下老爷子看你满怀爱意、满是敬意的眼神！"

感谢父亲的认可！但天才实在愧不敢当。要说我在管理上有什么特别之处，我想不是天才使然，而是**我的心一直和员工在一起**。我出生在一个普通的家庭，和很多员工有着相似的经历，她们就像是曾经的我，所以我更能想她们所想，感她们所感。

在我的倡议和老贾的全力配合下，每年婴贝儿周年庆晚会上都有一道独特的风景——拿老贾开涮，对他各种调侃和"调戏"，老贾成了晚会上给我们带来最多欢乐的人。因此每年晚会的小品都是大家最期待的节目，也是收获掌声和尖叫声最多的节目。很多来现场观摩的企业家朋友都说："之前觉得老板就应该一本正经、正襟危坐，没想到还能这样和员工打成一片！"实际上，看似只是小品里的一个环节，其实背后有着我们的良苦用心——员工平时都是被领导管，周年庆上的小品就是给大家一次逆袭的机会，让她们好好"整一把"老板，既让员工得到释放，又在欢乐的气氛中拉近彼此的心，而这一切的幕后导演就是我。

人心是一颗一颗温暖的，幸福是一份一份经营的。过去，我一个人是所有人的政委，大事小情都能兼顾到。随着婴贝儿日益壮大，我越发感觉仅靠个人和员工产生心的连接，能量实在有限。于是，我们决定搭建"政委体系"，用一批专业的人来耕耘每一名员工的幸福。用体系化的制度促使整个管理层和每一名基层员工的心在一起。

"政委体系"源于我和老贾对员工的一份爱。一天，老贾发现婴贝儿的保洁员刘珂因为感冒嗓子已经疼得说不出话，于是他特意给刘珂带来一箱蜂蜜让她润润嗓子，刘珂感动地说："我就是一个最普通的员工，没想到领导还这么细心，给我送蜂蜜！"搭建"政委体系"就是要保证更多像刘珂一样的基层员工都能收到那份像蜂蜜一样的关爱。

这份爱有多深？或许真金白银最能证明：2016年以来我们不断增设政委岗位，集团有总政委，大区设立大区政委，小区设立小区政委，大店还设指导员。政委必须是在婴贝儿工作多年，被深深镀上婴贝儿魂、德才兼备的人。从零开始搭建"政委体系"，意味着要投入巨大的人力物力财力，但我们觉得值得！门店员工是每一名顾客的管家，**政委就是每一名员工的管家，是她们的心灵保姆，职责是给辛苦在一线的员工提供照顾与呵护，让她们在生活和工作中更有幸福感！**

阴阳平衡是企业文化最理想的状态。负责业绩达成的店长和区总是阳，负责人心教育的政委是阴，阴阳相济犹如慈母严父，一柔一刚，让婴贝儿这个大家庭处于幸福跃动的健康状态。这种严慈并济最直观的表现就是员工犯错时，例如，店长前脚刚把员工凶了一顿，政委后脚就跟着员工一起出门，安抚情绪，点明错误，给予方法指导。

政委对员工的服务，从新员工入职的那一刻就一直在线。

新员工入职培训，谁最牵挂？一定是家里的爸妈。婴贝儿很多门店一线的新员工都是二十出头的小姑娘，有的是刚从农村来到城里打工，有的是刚毕业走出校门，在这样青涩的年纪出来工作，家里一定不放心，尤其是对于有些第一次工作的小姑娘，家里肯定更担心。为了让她们能够安心培训，踏实工作，我们的政委会给所有新员工的家长打电话："孩子在这里一切都好，您就放心吧！"政委的几句话就是员工爸妈的定心丸。

我们要求员工为顾客送货到家，服务到家，那么为员工服务的政委，自然也要把对员工的关爱送到家。除了给父母报平安外，政委还会带着慰问品对员工进行家访。你只有看到一个人的家庭情况时，才会真正理解她在门店的种种表现，才会知道这些基层员工到底有多不容易！

政委孙文鸣春节期间去家访时，在员工家里被冻得瑟瑟发抖："那一年冬天特别冷，我们去张宇家家访，进门之后就感觉冰凉冰凉的，原来他家比较困难，没有暖气，也没开空调，但是张妈妈对我们特热情，一直在给我们端热水，说家里比较冷，快暖暖。当时心里很不是滋味，真是家家有本难念的经，只是他平时不告诉我们。"如果政委不走到员工家里去，又怎么会知道他家冬天只能靠热水取暖？不到家里，作为领导的我们或许永远不会知道，为了门店的这份工作，基层的家人们每天在上班路上有着多少艰辛，下班回到家里后又面临着多少困难！有的员工为了省房租，住在郊区的亲戚家，每天骑电动车往返三个多小时上下班，有的员工家里老少一大家子都靠他一个人在婴贝儿的工资养活。走到家里去，才能真的走到员工心里去，才能真的是心和员工在一起！

此外，政委还要给每一名员工建立档案，清楚了解自己负责的员工的各种情况，在员工需要帮助时政委应该是第一时间出现的人。当一个人真的用心用真情关心对方的时候，对方一定会感受到，尤其是像婴贝儿这样一个以女性居多的企业，在点滴之处上的关怀尤为重要。女性对细水长流、丝丝入扣的细节性关怀尤其入心，比如崴脚了有人陪你去医院，家里出问题了有政委去看望你，或是压力大的时候有人主动陪着你，有了心结的时候，能有人听你倾诉为你排忧。**这种用生命陪伴生命的状态最打动人心。**

心和员工在一起，还有着更大的格局——培养人，教育人。对一个人最大的关爱就是帮她成长，让她拥有更好的谋生本领。在婴贝儿的培训体系中，政委从不缺位，一方面组织大家积极参与育婴师、星级管家、专升本、管理晋升等培训项目，另一方面直接参与商学院培训的考核环节，监督学习效果。政委是选拔人、培养人和任用人三位一体结合起来的强力纽带！另外，"政委体系"还积极负责婴贝儿的党建工作，牵头建立了婴贝儿党支部。

婴贝儿六周年庆晚会
小品《新白蛇传》

我是专门熬制心灵鸡汤的人，"政委体系"就是专门制作心灵鸡汤的开放式厨房，工作不顺心、家庭有矛盾、事业有瓶颈，遇到各种问题欢迎来找我，欢迎来找政委，这里总有一碗鸡汤为你熬制！

婴贝儿十二周年庆晚会
小品《新后宫传》

传统文化：充满善意是最大的正能量

"弟子规，圣人训，首孝悌，次谨信。泛爱众，而亲仁……"琅琅书声从婴贝儿总部大楼传出，自推行传统文化以来，齐声诵读《弟子规》的场景时常在婴贝儿发生。

2009年，我和老贾一起成为华商书院学员，共同学习传统文化，为我们开启了一扇新的大门。我深度接触传统文化后，感受到传统文化给人精神上的滋养，润物无声，化人无形，从此成为中国几千年文化的虔诚信徒。

曾经有一段时间，面对员工离职，我的心态充满负面情绪——我对你这么好，为什么还要走？创业路上，每一次我都抱着真心，希望能够和大家一直走下去，但最后有些人还是各奔东西，甚至会辞职得很突然。我一度陷入难以自拔的执念中，每个人的离开都成为对我的一种伤害。

直到学习了传统文化，我的这种负面情绪才得以消解。离散分合是万事万物的规律，人间相遇皆缘分，有些人陪你走三年，有些人陪你走三个月，都是缘分注定。有些人在企业关键的时候过来帮你一下，离开就像火箭脱轨一样，脱落是为了更好地上升，只有他走了才能有别人来。我需要做的就是感恩曾经陪我风雨同舟的战友们，珍惜当下陪我继续前行的人。

传统文化真真切切地刷新了我的精神生态，让我更加平和释然，充满正能量。于是我开始认真思索一个问题——现在大多数人最缺乏的是什么？是精神上的正能量！每个人都散发着自己的能量场，你是负的，就会吸引各种负面事物扰乱你的人生。你是正的，吸引来的人和事就是正的，很多事情就会云开雾散。

最大的正能量就是充满善意去生活！与人为善，与己为善，才活得更舒心踏实！传统文化就是那剂激发正能量，唤醒我们心底善意的灵丹妙药。婴贝儿自2014年推行传统文化以来，印制了几十万册《弟子规》等传统经典学习资料免费发放给员工，还在门店向社会免费发放，并且从各地请来名师教授传统文化，帮助大家更好地修炼心性。

很多老板听说我给员工进行传统文化培训后都十分不解：企业出钱包吃包住，带薪培训，内容还和业绩无关，你图啥？我图的就是所有婴贝儿人都能从传统文化中受益！让她们懂得孝悌忠信、礼义廉耻，懂得如何才能更好地孝亲尊师，获得内心的丰盈满足。

在婴贝儿，所有员工都会分批进行为期七天的传统文化培训，戒骄戒躁，远离手机等电子商品，每日讲授传统文化，分享个人感悟。

在这七天的修行中，有一个特殊的环节：所有人在路边站成一排，向过往行人鞠躬问好。最开始，大家都不理解这种做法，硬着头皮站在路边，浑身拘谨，一个比一个不好意思，心里不断进行着思想斗争："别人怎么看我？会不会觉得我有病？"于是，脸上笑得真是不自然，嘴里喊得真是不自信。

后来，经过不断重复，越来越多的行人向她们投来赞赏的目光，有的路人还会停下来回礼鞠躬！那一刻，大家备受鼓舞，感到无比幸福，再鞠躬时笑得一个比一个灿烂，喊得一声高过一声！通过这个环节，我想让大家知道，平时很多人都抱怨这个社会的残酷和冷漠，渴求别人给我们温暖和善意。实际上，外界就像是一面镜子，你渴求什么就应该先成为什么。你希望他人怎样待你，你就应该怎样待他人。因为只有当你把温暖和真诚送出去时，别人的温暖和真诚才会传回来。

图 7-1 华恩启慧书院的学员向路人鞠躬，路人回礼

在婴贝儿总部的一层，有一间装修古朴的房间，名为"五观堂"。

"大家猜猜这个房间是做什么的？"我常常用神秘的语气问来婴贝儿参观的客人。

"禅房。"

"书房。"

"茶室。"

这些是最常见的答案。

"哈哈！迄今为止还没有一个参观者答对过，这其实是我们的员工餐厅。"我笑着揭晓了答案，所有人都十分惊讶："这是我们见到的最有文化味的员工餐厅！"

员工平时在"五观堂"①进食时，都会伴随着清雅的禅乐，茹素就餐，五观己心。所谓"五观"，用最通俗的话来解释就是珍惜粮食，不贪恋，不挑剔，反思自己所行功德是否配得上当下享用的食物。新员工培训的课堂上，青海长燕希望小学的视频里，每一个镜头都深深震撼着所有人：孩子们吃完饭，不仅一口饭菜都不会剩，还会很仔细地把盘子上的菜汤舔干净，学校的粗茶淡饭在他们看来，就是无比难得的人间美味！

古人曾说："一粥一饭，当思来之不易；半丝半缕，恒念物力维艰。"食物是大自然的馈赠，对食物最大的善意就是绝不浪费一粒米。推行传统文化之前，婴贝儿员工只需要出几块钱可以享受到从外卖预定的午餐盒饭，其余成本公司承担。我本是好意，却发现食物浪费触目惊心，很多人甚至吃了两口就倒掉。学习传统文化后，食物浪费之风得到巨大改善，如今吃多少拿多少，每餐光盘，已经成为婴贝儿人的共识。

要想让传统文化在企业落地生根，作为老板首先要身体力行。一次，我去五观堂吃饭，看到一个员工把馒头皮都剥下来，只吃里面的芯，我走过去从盘子里捡起馒头皮，放到自己的口中，笑着说："馒头皮怎么得罪你了？"

"对不起，刘老师，我错了！"员工红着脸羞愧地说。

此后再进五观堂，大家不仅饭菜光盘，有的甚至吃完还会用馒头把盘子上的菜汤抹得干干净净一起吃掉！

---

① 所谓"五观"，指在进餐时应做五种观法：一、计功多少，量彼来处；二、忖己德行，全缺应供；三、防心离过，贪等为宗；四、正事良药，为疗形枯；五、为成道业，故受此食。

另外，五观堂还有一道独特的风景——除了一位做饭师傅是专职外，婴贝儿员工轮流在五观堂做义工，负责给大家盛饭盛菜，打扫食堂卫生。五观堂成了修行的道场，义工的经历让每个人体会到食堂工作人员的辛苦不易，因此彼此之间少了一分埋怨不解，多了一分奉献付出的精神。

天长日久，传统文化渐渐在每个人的身上发生充满正能量的化学反应。

联席总裁玄小莎说："平时开完会，大家都是在门口挤着就出去了，学完《弟子规》后，有一句'或饮食，或坐走，长者先，幼者后'。一次开完会，我们年轻的同事和年长的同事说'长者先，您先走'。自从学了传统文化，我们公司都充满文化味了！"

行政部部长王萌说："学习传统文化后，感觉自己上了一个台阶，整个心被洗礼了一遍似的。一次出差，我看到一位老人拿着盲棍，因为盲道全被汽车占了，所以走得特别困难，于是我主动把她送回家。学传统文化之前我一定不会这样做。"

同样变化巨大的，还有采购部的李姣姣。一次被领导蔡素洁批评后，她忽然鞠了个九十度的躬，真诚地说："对不起，又惹您生气了！我下次一定改！"这一举动让蔡素洁瞬间怒火全消。李姣姣说："之前被领导批评，心里时常打个小鼓，觉得事儿怎么这么多，领导就是看我不顺眼，有必要这么大动干戈吗？通过学习传统文化，我终于明白了，原来所有的批评都有一种恨铁不成钢的爱！"放弃一个人最好的办法就是不管她，对一个人好，最负责的方式就是严格要求她！就像每位父母都不会放任自己孩子犯错一样，敢于批评你的人才是真正爱你的人。在婴贝儿，像李姣姣一样在心性上越发成熟的人不在少数，比如王蓁，这个曾经遇事爱埋怨的"怨妇"如今也变得充满正能量。

学完传统文化后，员工中有要离婚的不离了，夫妻两个人又破镜重圆；十七年不和婆婆说话的儿媳妇知道孝顺婆婆了；更有员工因为父亲从小把他送给他人寄养，因此心中充满对生父的怨恨，知道生父得癌症后不仅不去医院看望，还诅咒父亲，学完传统文化后，在一场撕心裂肺的痛哭中，他打开二十几年的心结，原谅了父亲。

更让人欣喜的是，我在公司内部推行的传统文化不仅滋养了婴贝儿人，还让婴贝儿外部的人也因此受益。大数据部的柏丹说："刘老师有时候会发一些和传统文化相关的文章，我感触深的都会转给朋友，有个朋友读了觉得好，说特别受益，还转发给她嫂子，形成了爱的传递！"

有一次，公司邀请会员来企业参观，中午在五观堂吃饭前，我们就向大家介绍了婴贝儿的餐前感恩文化，提醒大家珍惜粮食，不要浪费。

午餐快结束的时候，和我同在一桌的两名会员一个剩了一口菜，一个剩了一口饭，看样子是吃不下了。

"你们二位吃饱了吗？"我笑着问。

"吃饱了。"她们笑着点点头。

于是，我没有再说什么，而是把她们各自的菜饭都倒在了我的盘子里。

"刘总，您怎么能吃我们的剩饭呢？"两名会员看到我出乎意料的举动，十分愕然地问。

"饭菜都是干净的呀！你们吃饱了，再把这口吃了会撑到，对身体不好，不吃又会浪费粮食。刚好我还差一口，吃了正好饱。这样，你们没有撑到，我也吃饱了，又不浪费粮食，一举三得！"我笑着解释道。

"刘总，您今天真是给我上了一课。我们也知道应该节约粮食，但要做到真的太不容易了！"会员站起来，向我深深鞠了一躬。

至今还清晰记得，在课上和中国老龄事业发展基金会孝文化传播委员会副主任、中华炎黄文化研究会文明传播工作委员会理事长吕明晰老师的一番对话，他说："所有企业里，我来婴贝儿讲课的次数最多。"

"邀请您讲课的企业很多，为什么偏偏青睐婴贝儿？"我十分好奇地问道。

"企业推传统文化，最关键的是灵魂人物一定对传统文化深信不疑，这样才能在企业开花结果。我特别希望能有一个推行传统文化的样板企业，找了很多年，最终发现了婴贝儿！你是真的想在企业里推行传统文化，所以我愿意尽自己的一份力帮助婴贝儿,在山东乃至全国树立一面旗帜!"吕老师用充满肯定的语气说。

很多人关注员工跑得快不快的时候,我更关心他们跑的方向对不对,跑得幸不幸福。**每个人心里都有向上向善的种子,把这种正能量激发出来,让每个员工跑的方向准确,无比幸福,对我来说这才是最大的成就!**

百善孝为先,行孝当及时

2014年11月15日零点二十五分,母亲永远离开了我。她曾经生活过的屋子,如今显得空空荡荡,那一刻,我才知道子欲养而亲不待的彻骨之痛。和母亲有关的回忆一幕幕涌上心头——冬天凌晨四五点,为补贴家用,母亲已经在漆黑中迎着寒风清扫马路;在饭店打零工时,母亲常把剩水饺打包带回家给我们,她却一口都不舍得吃;困倦之中,在后厨她不小心将一根手指绞到绞肉机里,此后,她所有的劳作都靠九根手指……

人生最大的痛苦不是在深夜里痛哭,而是深夜醒来却发现至亲永远不在!我们每天都起早贪黑,努力打拼追求所谓的"幸福",而究竟什么才是幸福呢?**幸福就是当你回家后推开门叫一声"妈",有人回应!** 当失去母亲的那一刻,我想告诉所有人——请趁着父母健在的时候好好爱他们!竭尽全力报答他们吧!

我一生最大的遗憾就是母亲去世太早,没能好好尽孝,我多想抱着她再喊一声"妈"!这种遗憾成为扎在我心里的一根刺,永远难以拔除。所以,我格外珍惜还陪在我身边的至亲,及时行孝。妈妈走后,我们兄弟姐妹拿出更多时间陪伴父亲,无论再忙都要定期回家,爸爸每次都高兴地合不拢嘴。在父亲隆重的八十大寿上,看着儿孙满堂,老爷子激动地说:"这一辈子活在这个家里值了!"那一刻,看着父亲喜悦满足的神情,我感到莫大的幸福。

2000年，组建自己的小家庭后，公婆成为我亲爸亲妈一样的人。每次给婆婆洗脚，婆婆慈爱地摸着我的头发，我都感觉妈妈的爱又重新回到我身边。公公七十大寿，我放下一切工作，全情投入到七十寿宴的策划中。我特意回到老家寻找父亲过去的记忆，还来到他曾经读书的学校，找到他当年的学生档案，将这一切记忆拍摄成影像资料。此外，我还在亲戚家寻到了爷爷生前留下的唯一的一副毛笔字，由于时间太长，纸张都已破损。我小心翼翼地取下这副字，请来专业人员进行修补。在寿宴当天，作为寿礼献给父亲。当父亲看到这幅字后，立刻从椅子上站起来，眼泪夺眶而出，对着卷轴恭恭敬敬地鞠了一个九十度的躬，然后双手颤抖地捧起卷轴，老泪纵横地感受着爷爷曾经的温度："这才真的是无价之宝呀！"父亲激动地说。当时我的眼泪也止不住地流，我知道字里藏着的都是父亲对爷爷的无限思念！

虽然筹备寿宴的过程耗尽了我的体力和精力，但看着父亲满足的模样，我的内心无比幸福！为了父母，一切辛苦都值得！

2018年，我们一家被评为"济南十大幸福家庭"。聚光灯下，我们一家六口三世同堂，手牵着手共享这美好一刻。颁奖台上，我眼含泪花回忆着一幕幕幸福的家庭时光：

我出生在一个普通的工人家庭，母亲为了照顾四个孩子，一辈子都没有工作，一家六口人全指望父亲三十六块五的工资生活。那时候的日子过得很清贫，但是充满了欢声笑语。在兄友弟恭的氛围中，我享受着精神上的富足。那时的时光很平淡，但我总能在父亲勤劳的背影里和母亲善良的笑容中，感受到浓浓的爱与安全感。

"孩子，进了人家的家门，百善孝为先！"这是当我踏进婚姻殿堂时母亲的嘱咐。如今，我与公婆共同居住在一起18年，没有红过一次脸，吵过一次架，我常挂在口头的一句话是"婆婆也是妈"。我的婆婆是十里八乡出了名的好儿媳，在她身上你永远感受到的都是慈爱的关怀，她让我学会了包容与无条件地付出。我的公公曾是一名保家卫国20多年的军人，在他身上你能感受到铮铮傲骨，他时刻提醒我们"国家兴亡，匹夫有责"！

曾经我们家还有过一段四世同堂的珍贵时光，回到家我就左手搂着奶奶，右手抱着姥姥，左边亲一口奶奶，右边亲一口姥姥，让两位老人家开心得合不拢嘴。奶奶常欣慰地说："我这孙媳妇从不嫌奶奶脏！"我笑着说："奶奶最香！"去看望姥姥时，她常说："我外孙子不来可以，我外孙媳妇不来不行！"

现在有些年轻人因为害怕生活习惯不同，都选择与父母分开居住。但是当你能够抱着"家有一老，如有一宝"的心态去相处时，就会发现在老人身上，有那种只有经历过风霜洗礼才会拥有的豁达与智慧！

我感谢没有文化的母亲，因为她教会我善良；

我感谢勤劳本分的父亲，因为他教会我踏实；

我感谢温暖慈爱的婆婆，因为她教会我宽容；

我感谢正直威严的公公，因为他教会我担当！

多少年过去了，我越发感觉母亲当年的嘱咐让我一生受益无穷，一个幸福的家庭才是我们源源不断的力量源泉，一个"孝"字全家安，百善孝为先！

图7-2 "济南十大幸福家庭"颁奖典礼

我希望天下的父母都能够安度晚年，享受到儿女的温情和孝顺。或许我的能力还不足以影响所有人，但我希望尽我所能，从身边的一点一滴做起。我十八岁在夜市摆地摊时，专门给妈妈开了一个存折，每个月从卖头饰赚的钱里拿出一百，给她存起来作为养老钱。这个习惯延续到婴贝儿，公司每个月会给员工父母打一笔"孝亲款"。每年除了正常假期之外，还专门给员工带薪孝亲假，期间带父母出去玩还会给出行补助。

此外，每年春节我都会给员工父母写一封信：

> 儿女在城里东奔西走，父母却在故乡渐渐变老。儿女不经意的1%，换来的却是父母全心全意的100%。世界上什么都可以等，唯有尽孝不能等。作为婴贝儿的大家长，我深知不少家人背井离乡，不能对父母做到"冬则温，夏则清"。因此，全力以赴做好本职工作，为您老创造更好的物质条件就是孩子们当下最大的孝。在过去的一年里，全体家人自觉践行"在岗一分钟，行孝六十秒"的孝亲承诺，将对您老的孝心化为实际行动，取得了一个又一个佳绩。
>
> 借助2015年春节回家的机会，公司向所有家人发出庄严倡议：过年回家时，为父母梳一次头、洗一次脚、准备一份新春礼物。所以，当孩子在做这三件事时，您老一定无须推辞，也无须难为情，因为给您老做这些事的时候，孩子才真正长大了……

在婴贝儿，大家不比吃，不比穿，就比谁能孝父母！为了保证"孝"真正落实到家里，我们要求孝亲假、洗脚、梳头必须有照片为证，买的礼物价格、品牌都要报备公司详细登记。有人曾经问我，照片可能只是摆个姿势应付公司，你怎么能保证不做假？我们一名员工的经历或许是最好的回答。他曾经在一次分享会上和我们再现了回家后的一幕——

"妈，我给您洗洗脚！"员工回到家，笑着对妈妈说。

"我还没老到要你给我洗脚的地步呢！"妈妈听到儿子洗脚的请求，先是一惊，然后明确地拒绝了他。

"不行，这是公司要求的，还得拍照呢！完不成任务公司就不让我上班了。"员工笑着给妈妈解释道。

"啊？不洗还会丢工作？那咱们就摆个姿势拍张照，应付一下领导就行。"妈妈笑着提议。

员工接受了妈妈的提议，打来热水，本是母子之间为了应付公司的一场戏，没想到，这一场假戏牵动出无限真情，员工回忆起这一场景时，依然泪流不止："我开始想着虽然只是一场秀，也得做得真一点，手得进到水里真的摸到妈妈的脚。结果，当我的手摸到妈妈脚的那一刻，眼泪唰地下来了，原来她的脚已经这么粗糙，干燥得有很多裂纹！我忽然想起妈妈小时候总抱着我到村头玩的情景。妈妈真的老了，这些年为了我和这个家受了那么多的苦！而我却从来没为她做过什么。那一刻，我的心像被电击一样，都是自责懊悔！"

图 7-3 孝亲会上，女儿看着白发苍苍的母亲泪流满面

每到年底，婴贝儿都会举办一场隆重的孝亲会。一幕幕催泪的感人场景在这里发生：和妈妈生气，两年没回家的李兆芹哭着说："对不起，妈妈！我错了！"李兆芹的妈妈泪流满面，把李兆芹一把拥到怀里。李侠面带愧疚地对公公说："我不是一个善于表达的人，但是我知道您给了我们很多关爱，谢谢

您这么多年为这个家默默付出！"公公听到儿媳的话，感动不已，哭着说："孩子，我们都爱你！"看着她和满头白发的父母相拥哭泣，一旁的我也哭到不能自已。如果此刻妈妈在我身边，我一定紧紧地抱住她，大声告诉她："妈妈！我爱你！"

帮助更多的子女行孝，是我对母亲最好的缅怀。《孝经》有言，"立身行道，扬名于后世，以显父母，孝之终也"，**孝的最高境界是你能够有所成就从而让父母得到彰显**。这是我为母亲、为婴贝儿人努力的方向。

钱峰和爸爸的关系一度剑拔弩张，每次往家里打电话听到爸爸的声音，都会要求只和妈妈对话。原来，钱爸爸军人出身，对孩子要求严格，一直对儿子恨铁不成钢。我得知后，举办孝亲会时特别要求要请钱爸爸来。钱峰的第一反应是拒绝。"无论如何，必须来！"在我的强硬要求下，钱峰请来了爸爸。

孝亲会当天，我大步上前，握住钱爸爸的手："感谢您老啊！为我们培养了钱峰这么优秀的员工！"钱爸爸当场激动地说："谢谢领导！这是第一次听到有人夸我儿子！"

我之所以举办孝亲会，就是想为婴贝儿人尽一份大孝，我要以老板的身份告诉父母他们的孩子有多优秀！试想当农村的父母被高管夹道欢迎，被老板亲自感谢时，心里该是何等自豪荣耀！这一刻老人脸上有光，眼中有泪，很多父母第一次意识到原来他们的孩子这么出众！

就这样，曾经僵持不下的父子关系在一场孝亲会中冰消雪融，现在钱峰爷俩经常一起喝喝小酒，聊聊工作。春节期间，我去钱峰家家访时，刚一进门就发现客厅电视机上方最显眼的位置摆着孝亲会上我和钱爸爸的合照，钱爸爸笑着说："每次亲戚朋友来家里，我都要给他们介绍这张照片的来历，别提多自豪了！另外，这张照片还是我们家的'尚方宝剑'啊！每次钱峰不听话，我就指着照片对他说：'我要给你们领导打电话！'孩子一下子就老实了。"说完我和钱爸爸哈哈大笑，这时钱妈妈跑到卧室拿出一张存折，兴奋地对我说："刘老师，您看，这是我特意为孝亲款准备的存折，每个月我都要去银行，听着嗞嗞啦啦的声音看着上面打出'孝亲款'三个字，高兴！工作人员好奇地问我这是什么钱，我说是儿子单位给我发的孝亲款，人家都说您儿子的单位真好！您老人家好福气！"

图 7-4 钱峰（左一）和父母

为所有婴贝儿人服务，让每一个家庭都能父母慈爱，子女孝顺，欢声笑语，我愿为此努力终生！

2015年初，一向性格温和的王长亮和父亲的关系突然陷入冷战。原来，年岁渐长，王长亮却迟迟没有成家。远在北京打拼的父亲觉得，大学毕业的儿子一直是家里的希望，可三十来岁事业、家庭一事无成，再对比下北京的有为青年，老人家开始心理失衡。那段时间，父亲曾经连续两天晚上11点打电话，语气里都是对儿子的不满。父子之间的矛盾堵上了他的心门，爱情更加无门可入。想早点抱孙子的父亲并不明白其中缘由，只是因此对他更不满意。这一切成为扎在王长亮心里的痛。有多痛？我请了专业的心理咨询师帮他辅导，他从头到尾痛彻心扉地哭了快三个小时。

"长亮，回去见父亲吧！"在2016年元旦假期之际，我提议让他回家缓和父子关系。有冲突的时候，做子女的都应该先退一步，这是我们的一份孝顺，和对错无关。

"我不敢回去，无法面对。"长亮犹豫不决。

"必须回去！现在立刻放下一切工作，买票！回家！"我态度坚决地说。

三天后，王长亮回来了，神态轻松。五个月后，他闪电般满怀喜悦步入婚姻殿堂。如今他也有了孩子，他的父亲终于了却了心头一件大事。心门一旦打开，幸福自然流淌。

后来，王长亮在我的办公室回忆了"难忘的三天之行"：在回家的高铁上，我收到您发的短信：'看到父亲后就跪在他面前，把心里所有的怨恨都说出来，祈求父亲的原谅。'看完之后哭了一路。"长亮接受了我的建议："到家的前两天一直没勇气下跪。临走最后一个晚上，我鼓起勇气给父亲跪下，哭着说：'爸！我知道这几年你对我很不满意！我恨过你，怨过你，但我更希望从你那里得到宽容和鼓励……'"王长亮哭到哽咽，把这么多年所有的委屈一股脑都说了出来，这一说，就到了凌晨三点，这是父子两人第一次彻夜长谈，向来刚强的父亲在这一晚泪流满面。

离家去车站的路上，长亮回忆的一幕让人潸然泪下："我爸开着摩的送我去车站。分别的时候，父子之间有了30多年来的第一个拥抱，我趴在他厚实而疲惫的肩上低声说：'爸，我爱你！'我爸眼角挂着泪，轻声说：'孩子，回去好好工作！压力别那么大，好好吃饭长胖点！'"

如果这个世界上，无论多晚，万家灯火总有一盏灯为你而燃，无论多难，总有人愿意在身后等你，这个人一定是爸妈！

在岗一分钟 行孝六十秒　　　2016年孝亲会　　　父亲七十寿诞

为婴贝儿人的老公们服务

婴贝儿有个让很多人看不懂的传统：帮助员工求婚。比如帮邹春瀛、段立青的男朋友在婴贝儿周年庆晚会上高调求婚，又比如整个行政部帮同事左茂玉策划一场浪漫的求婚仪式……

为什么要费尽心思为员工筹备求婚仪式？因为一个人幸福的起点和终点都在家庭，而家庭最核心的关系就是夫妻关系，一场动人的求婚，可以给夫妻关系的起点增加回味一生的甜蜜。每每感慨夫妻关系对人生幸福的重要，往事都会浮现眼前——

1999年1月18日是老贾的生日，同样在这一天，我做出了一个重大决定——把我留作嫁妆钱的所有积蓄，作为给老贾的生日礼物。两万元钱，对当时的我来说是一笔巨款，那是我两年多摆地摊一毛一毛辛苦攒下的血汗钱。

为什么要送这样的生日礼物？1999年的冬天，我和老贾共同创业的医药公司因为亏损濒临绝境，连每月800块的房租都付不起。我们把办公地点搬到一个只有七平方米的小仓库，朋友借的，不收房租。一天下班后，在创业亏损的崩溃情绪里，老贾一嗓子把所有人赶走，把自己一个人关在办公室里，他忽然感到格外孤独寒冷，那一刻就很想回家。谁知他刚走出办公室，就听到楼梯口哭泣的声音，一看是我，先是一惊，然后心疼地扶起我。我哽咽着说："对不起，是我没有做好。"

看到满脸泪水的我，老贾也忍不住流下眼泪，我俩回到办公室抱头痛哭。"看到她坐在台阶上哭泣的时候，我才发现在这一年多的风风雨雨里，她一直无怨无悔地陪着我。那一刻，我感觉特别对不起长燕。"多年之后，老贾几杯白酒下肚，才吐露了当年的心声。当然，这都是后话。当时哭完之后，我心里默默下了一个决定，在1月18日这天，把珍藏已久的嫁妆钱全部拿出来送给他一个惊喜。

生日当天，老贾下班走后，我和三名员工马上开始布置现场，一切准备妥当，我以货物出现问题为由把他"骗"回公司。"祝你生日快乐，祝你生日快乐……"他刚一开门，我就手捧着写有"风雨同舟"的蛋糕，唱着生日歌出现在他面前。虽然仓库寒冷，但在烛光里和他对视的那一刻，我感受到的都是温暖。晚上，回家的路上，我们并排骑着自行车，唱着歌，刚好空中飘起了雪花，寒风瑟瑟还能苦中作乐，这种浪漫让人永生难忘。

两万元嫁妆钱支撑我们度过了严冬。三个月后，春天来了，虽然经营还很困难，但希望就在眼前，我们销量一天比一天高。第二年10月6日，业务蒸蒸日上的同时，我们在感情不断升温中步入婚姻的殿堂，组建了自己的小家庭。到现在，二十年来相濡以沫，近三个七年之痒的时间得到的是越过越融洽的夫妻关系。

我的亲身经历让我深深体会到，要想让一个成年人更幸福，良好的夫妻关系才是关键所在！这也就是为什么婴贝儿经常组织相亲会，帮助员工早日找到另一半。事关员工的幸福大事，就是我全力以赴提供服务的方向！

一天，我给财务打电话，让她从我的卡里给李兆芹转十万块钱，并且告诉她"这是刘老师借的，让你给老公买车的钱"。身边的朋友听到这个电话感到十分困惑："你一个老板，为啥要关心员工老公买车的事？"

原来，现任鲁中大区总经理李兆芹新婚不久，临近春节，我去家访时，她提到最近和老公在买车上发生了分歧。老公想马上买车，李兆芹却觉得结婚刚买了房子，房贷压得人喘不过气，不如等半年再买，李兆芹老公听从了老婆的建议。我虽是李兆芹的娘家人，却并不赞同她的做法。结婚后，李兆芹老公拿出多年积蓄为这个家买房、装修，对老婆更是舍得花钱。作为工程经理，李兆芹老公经常开车出差，旧车开了很多年，想换辆新车合情合理。而且，他俩的收入都不错，还房贷和车贷不是问题。

男人对车的渴望，很多时候是女人不能想象的，对此，我深有体会。有一次我陪老贾买车，刚交完钱他就要提，店说还没上保险，出了问题没法理赔，但老贾根本不管三七二十一，一定要当天开走！男人对车的疯狂可见一斑。

因此，我给李兆芹的建议是："现在和半年后都是买，但给老公的感觉不一样。夫妻为彼此做的事不在多，而在于做到点上。你现在给他买车，买的是你们下半辈子的幸福。"因为李兆芹结婚时，双方年纪都不小了，年龄越大，婚姻上越难产生信任感，越需要用心经营，才能让辛苦组建的家庭长久稳定。我像"幸福策划师"一样，接着给李兆芹出了方案："把车悄悄买好后，带着老公再到4S店，他肯定还会在那辆车前转悠，这时销售小姐过来：'先生，这是您的车，钥匙请收好！'"本着服务到底的精神，第二天我就给财务打了电话。

最后，剧情按我的策划缓缓展开。在4S店，李兆芹老公收到钥匙后，这个山东大汉感动地哭了："老婆，你对我真好！"春节回到老家，亲戚朋友看见新车，李兆芹老公总会自豪地说："媳妇给买的！"大家都羡慕地说："你真有福气！娶了这么好的媳妇！"婆婆更是对儿子说："你之后一定要好好对人家！"

夫妻关系中可能出现的问题很多，需要见招拆招的智慧，还需要发现问题迅速解决的执行力，这一点老贾深有体会。一天早上八点多，老贾突然接到电话说时任店长李侠要辞职！"昨天大家还一块团建爬山，今天怎么就不干了？"老贾满头雾水，后来得知，原来头一天团建，李侠回家晚了，老公积累已久的不满借此爆发："天天这么晚回来，顾不上家顾不上孩子！把工作辞了别干了！"李侠生气又委屈，拗不过老公，于是第二天只能辞职。

老贾八点多接到电话，十点多已经出现在李侠老公单位门口。干吗去的？请客送礼！老贾请李侠老公吃了午饭，借机说道："非常感谢您对婴贝儿的支持！没有家属的支持我们不可能走到今天。李侠平时工作很累，一个女人不容易，家里的活没人干，咱可以找家政。省出来的时间一家人可以出去玩一玩，过个温馨的周末。"说着，从包里拿出一张家政卡送给李侠老公。

李侠老公回家后，把午饭期间发生的事告诉了还在冷战中的媳妇，说："老婆，你真有福气！遇上这么一个好老板！我还能说什么呀？那你就好好干吧！"一场家庭危机就这样被老贾化解。事后回忆起这件事，李侠说："当时已经开了几十家门店，我就是个普通店长，没想到老板会这么上心，帮我把家里的矛盾解决了。这要是别的单位，你一个员工不干了就不干了，老板怎么可能管你？那个时候就觉得老板真的是把员工的幸福放到心上了！"然而，故事并没有就此结束，从那以后，李侠老公不仅全力支持她工作，有时周末店里有活动，还会主动去门店帮忙搬货！

员工为顾客提供一站式到家服务，而我和老贾就是那个给员工提供一站式到家服务的人，**企业最大的成就是让每个员工都幸福，让我们在幸福中相互陶醉吧！**

"以家庭和谐为荣，以家庭不睦为耻"

婴贝儿有自己的"六荣六耻"——

以永争第一为荣，以不求上进为耻；

以坚决服从为荣，以推诿借口为耻；

以阳光快乐为荣，以负面抱怨为耻；

以家庭和谐为荣，以家庭不睦为耻；

以高标准严要求为荣，以得过且过为耻；

以为家人创造价值为荣，以拖累家人发展为耻！

其中第四条让很多前来企业参观交流的人倍感兴趣：以家庭和谐为荣，以家庭不睦为耻。为什么要把员工的家庭问题上升到企业荣辱观？

当今社会每个家庭都面对着比以往更大的压力，房子、车子、孩子、老人，方方面面都需要花钱，单纯像传统社会一样男主外女主内，靠男人在外面劳作撑起一个家的可能性越来越小。所以为了这个家，女人也需要出来工作。

但是，从女人决定工作的那一刻起，就意味着她将遇到很多男人不需要考虑的问题和压力。找工作的时候，会有各种歧视，没生过孩子的，老板担心你刚适应新工作不久就要生孩子，影响手头工作；有了孩子的，老板担心孩子和家庭会牵扯你太多精力，无法全心工作。

终于越过种种对女性的有色眼镜，找到一份工作，自然格外珍惜。但是，女性做家务、教育孩子和照顾老人的任务并没有因此减轻。有调查数据显示，在职女性的家庭中，62%的家庭由女性承担绝大部分家务，由老公承担绝大部分家务的只有不到10%！同样要在社会上工作，男人有了事业可以理所应当把家甩给妻子照顾，女人有了事业却不能把家甩给老公打理。一边要在岗位上兢兢业业，一边要在家里任劳任怨，也难怪有人说从全世界范围内来看，中国女人简直是女人中的战斗机！

母婴行业向来女性员工多，婴贝儿90%的员工都是女性。服务业平时本就十分辛苦，到了周末、节假日更是忙得脚不着地，常常不能给家庭足够的照顾，遇到孩子上学、老人生病，需要有个人投入更多精力照顾家里的时候，在绝大部分家庭里，这个责任十分自然地落在女性肩上，这时女性的事业和家庭就会出现强烈冲突。"我是回家照顾孩子还是继续忙事业？""回家之后，再想工作我还能回来吗？"很多女性内心都经历着一番痛苦而艰难的抉择。

我作为婴贝儿的大家长，在她们最摇摆纠结的时候，通常会劝解道："事业随时可以重新再来，但是失去家庭得不偿失。我们拼事业就是为了让家庭能够过上更好的生活，家才是一切的根本。作为子女，我们要尽到对父母的孝道；作为父母，我们要尽到对子女的责任。这也就是为什么公司一直倡导'以家庭和谐为荣，以家庭不睦为耻'。不用害怕离职后再想回来没通道，婴贝儿随时欢迎你回家！"

作为女人，我深知最影响家庭和谐的关系就是婆媳关系。幸运的是，我是一个很幸福的儿媳，有一个视我为亲生女儿的婆婆。我之所以事业有成，离不开婆婆对我无微不至的照顾和全心全意的支持。让我每次疲惫回家时，总会有可口的饭菜，遇到困难时总会给我鼓励和关心，帮我分担家里大大小小的事情，让我没有任何后顾之忧。很多时候，我觉得如果不把事业做好，都对不起婆婆！和婆婆相处的点点滴滴，让我深切体会到"家有一老如有一宝"！

婆媳关系和谐了，既能对老人更好地尽孝，同时又能解决照顾孩子的问题，还能让老公避免受夹板气，一大家子其乐融融，实在是一件一举多得的美事。但是，我深知勺子还会有碰锅沿的时候，更何况不同背景、不同年龄的婆媳二人呢？

员工郝楠，曾经在家里与婆婆的关系一直不融洽，老公夹在中间很难做人，在婴贝儿参加完培训后，郝楠对婆婆的态度发生了一百八十度大转弯，她说："我是个不大做家务的人，之前觉得我生孩子是为你家传宗接代，婆婆看孩子都是应该的。培训之后，才发现自己怎么那么不懂感恩！回家后我就给婆婆一个大大的拥抱，向她道歉，感谢老人对我们的付出，然后抱着她哭得稀里哗啦。那一刻，感觉这么多年堵在彼此心里的不痛快瞬间被化解了。"

郝楠的老公涂克青至今依然感动不已，他说："这件事我真的是发自内心感谢婴贝儿。电话里她跟我说培训回来后抱着我妈哭，我妈也抱着她哭。我就觉得很奇怪，说你俩不互相撕我就谢天谢地了！这么多年我想尽一切办法调和她们娘俩的关系都无济于事，没想到竟然是婴贝儿帮我把这个问题解决了！"

两个女人的战争结束了，老公和公公这两个男人才幸福。故事并没有到此画上句号。"对婴贝儿充满了好奇，到底是一家什么样的公司才能把我们家油盐不进的郝楠变成了一个懂得孝亲感恩的儿媳？"涂克青看着老婆的巨大变化，怀着强烈的好奇心，深入了解了婴贝儿，由此被婴贝儿的文化深深吸引，后来干脆辞去工作也成为了婴贝儿人！

婆媳关系矛盾重重，对老公对孩子都会带来不好的影响，影响着三代人的幸福。婆婆和儿媳，原本生活在两个环境中的两代人本身就会有矛盾。但是俗话说"不是一家人，不进一家门"，能够成为家人是彼此多年修的缘分。我们需要做的，就是努力去修复这份修来的缘分。如何修复亲情？鸿雁传书是个好方法。

很多话我们不好意思当面讲，文字可以帮助我们解决这个问题。每年我们都会创造各种机会，让员工给最感谢的人写一封信，有人写给老公，有人写给妈妈，有人写给婆婆。写信前，我们一定会做好各种铺垫工作，帮助大家打开心扉，让她们意识到自己的问题，更加懂得感恩。在温情的感恩氛围下，充满温度的真情文字在纸间缓缓流淌。最后，这些信在愈合家庭矛盾的过程中产生神奇疗效。有些婆婆之前对儿媳冷眼相待，收到信后，员工下班回家，刚推开家门，婆婆就热情关切地说："你回来啦！上班辛苦了！我给你做了一桌你爱吃的菜，快来吃吧！"有的婆婆甚至直接把信裱在相框里挂起来，常常美滋滋地站在客厅看这封信，家里亲戚朋友来了总会满足地给大家展示儿媳的信！有个员工十七年不和婆婆说话，培训后，当场痛哭流涕地给婆婆打电话忏悔："妈，对不起，我今天才意识到自己的错误！这十七年我太对不起您了！我回去就要给您磕头认错！"

2008年就加入婴贝儿的李侠对这一封家信感触颇深："之前我和婆婆关系比较僵，我属于一点都不服软的人，觉得我有工作，没有依附谁生活，从来不会给老人说个软话感谢一下。后来参加黄埔班培训的时候，公司要求给最感谢的人写信，我想着婆婆其实也不容易，不如借这次机会给她写一封信表达谢意，因为平白无故写信会觉得太肉麻，当面又说不出口。反正你看是公司非让写封信给你，当时就是这个心理。婆婆收到信之后特别感动，一直到现在都把信留着，时不时就让孙女儿给她念念，每次听了都感动得不行。现在我婆婆每天早上起来给我们做饭，这在之前都是不能想象的！之前老人觉得哪有儿媳睡觉婆婆做饭的道理，现在婆婆越来越理解我工作的辛苦，帮我分担更多家里的事情。婆婆没有女儿，现在真的是把我当成亲生女儿一样疼爱！"

我的工作就是想尽各种办法帮助每一位家人实现家庭和睦。一次孝亲会后，一位员工的婆婆激动地拉着我的手，操着纯正的济南话说："领导，我跟你说，我这个儿媳妇刚结婚就跟我商量，说刚当上店长，想好好干点事儿，能不能晚一年要孩子？我说不行，结婚不就是为了抱孙子吗？得赶紧要孩子，生了我给你照顾。为此我俩一直有矛盾，俩人心里都不痛快。但是今天我知道儿媳在个好单位，又遇上了好领导，这太难得了！我现在同意她晚一年要孩子了。"原本婆媳之间的冲突消解于无形。

职能部门的张美华，最初结婚的时候婆婆嫌弃她不是济南人，学历又不高，这成了她的心结。因此产生的芥蒂一直横亘在两人之间。所以结婚这么多年过去了，张美华一直不管婆婆叫"妈"，而是喊"阿姨"。直到有一次，在公司培训完之后，张美华意识到自己的问题，下班回家推开门，看到婆婆马上叫了一声清脆的"妈"！婆婆听到后，先是一愣，然后抱着她泪流不止："为了这声'妈'，我等了这么多年！"

"你是我见过的企业家里面，最关心员工家庭的！"有朋友曾经笑着对我说，紧接着就特别疑惑地问："很多人都说工作归工作，家庭归家庭，为什么你偏要管员工家里的事情？"

"如果今天你在家和婆婆吵架了，还能开心地站在门口迎接顾客吗？"我笑着问她。

"不能。"朋友回答得很干脆。

"如果你昨晚和老公吵架都要去离婚了，今天还能积极工作吗？"

"不能。"朋友这次回答得更干脆。

"这就对了！家庭不幸福怎么可能快乐地工作？自己不幸福怎么可能在工作中传递幸福？"我用一种解密的语气笑着对朋友说。

我一直认为婆媳关系、家庭和谐，这些看似与工作无关，实际有大关系! 万事皆有源头，家庭是社会的细胞，也是我们每个人的源头。我希望能够为婴贝儿的家人们解决最根本的问题，让她们从源头上幸福生活，才能开心工作! 所以我才会在培训中讲很多看似与工作无关的内容：如何教育孩子、如何与婆婆相处、如何协调夫妻关系……这一切都是为了从源头上给大家注入幸福的能量!

事业要成功，但家庭更要圆满。女人永远都应该追求独立，但是永远都不能忽略对家人的关爱。我的多年好友，济南电视台主持人陈滨曾经主持创业节目十年，采访过众多企业家。有一次采访我时，她好奇地问："很多企业都是夫妻一起创业，但并不是都能成功，还有些企业成功了，但是把家弄得分崩离析。你是怎么把企业和家同时经营得这么好呢？"

"一个人无论在外面的事业如何风生水起，回到家中都要学会将一切归零，用最柔软的心对待家人，回到家里你的身份就是儿媳、妻子、妈妈，带着真情和温暖去哄公婆开心、体贴老公、教育孩子，全心经营一个家庭的幸福。"我笑着回答。

"你表面看上去好像很猛，是个女强人，其实深入了解就发现你是既有激情又有柔情，既有理性但更感性的人，把人生修炼得很完满。你在社会上能够叱咤风云，回到家里却一点都不强，是个好儿媳、好老婆、好妈妈，难怪连小姑子都嫉妒，说爸妈对你比对亲闺女还亲!"陈滨感慨道。

我作为婴贝儿的大家长，真心把所有人当作家人一样对待，所以我愿意在力所能及的范围内帮助所有家人多做一点，让她们的家庭更和谐一点。这也就是为什么婴贝儿不仅有带薪的孝亲假，还有家长会假。很多企业的员工，尤其是女员工，常常因为工作忙没时间给孩子开家长会，想和领导请假又怕被批评，怎么办？不用担心，婴贝儿鼓励员工去开家长会，不仅准假还带薪! 此外，我们还会组织各种孝亲感恩活动，如母亲节当天为母亲包一束鲜花，重阳节亲手为母亲做一张贺卡，中秋节亲手为家人做一份月饼等，种种活动都是为了拉近员工和家人的感情，表达自己的感恩之意。

图 7-5 母亲节当天，员工亲自动手给母亲包鲜花

我希望所有婴贝儿人不仅能在公司收获到成功的事业，还能因为这份事业让家庭更幸福。事业有成，家庭美满，内心真正幸福丰盈，是我对所有婴贝儿人最真诚的祝福，也是我愿意为之不断努力的方向！

齐鲁网《齐鲁会客厅——幸福女人刘长燕：请别叫我女强人》

帮助所有婴贝儿人实现梦想！

我天生平脚板，不适合跑步，但是运动场上，我跑得比谁都卖命！冬天教室生炉子，烟熏火燎没人愿意干，但我每次都积极主动去生火！小学时期，这样看似反常的事不止一次发生在我身上，而这一切，只为了我的小梦想能够得偿所愿。

我从小家庭贫困，学习一般，和同班的军区孩子一比，心里格外自卑，可人就是这样，越自卑，越渴求认可。我为什么当运动员？因为只有在运动场上拿到成绩，我才有机会登上领奖台出人头地！为了上一次领奖台的小梦想，我愿意吃别人吃不了的苦！即使平脚板，我也要跑！

一年级的时候，每个班的劳动明星都能在周一的全校大会上领一朵大红花，佩戴在胸前。我也想要大红花！于是，我每天在班里积极干活，生炉子的时候，虽然眼睛被烟呛出眼泪，手被烫出水泡，但我终于能够上台戴上那朵心中向往已久的大红花了，那一刻，即使水泡还在隐隐作痛，可我觉得一切都值！

切身经历让我深知实现梦想的艰难，同时也更能体会心愿得偿的喜悦。一次专访中，山东卫视《青年力量》节目主持人汗青问我："如今你的梦想是什么？"我说："**我的梦想就是帮助所有婴贝儿人实现她们的梦想！**"

在婴贝儿，有一群高学历的"天之骄子"，从高校毕业后就把梦想托付在这里。山东大学才女王润涵毕业后第一份正式工作就是婴贝儿的行政专员。

2009年，创业艰难期，我们缩减了办公场地，王润涵所在的行政部就在一进门口的走道里，夏天没空调，冬天没暖气，开门时一阵穿堂风冻得牙直哆嗦。当时政府办事大厅所在的高新区地方偏僻，公交系统还不健全，王润涵为公司办理各种证件，只能迎着寒风，骑一个半小时的电动车才到那里，办理过程更是种种艰辛委屈，初出茅庐的她为此一个人坐在台阶上哭泣⋯⋯这一切，我都看在眼里。在寒意肆虐的楼道给她送上一份关心，在工作不顺哭泣时抚平情绪，授予方法，在小有所成、步伐急躁时适时提醒调整状态。刚走出象牙塔的孩子，格外需要鼓励和帮助。

2013年，王润涵被提升为副部长，成为婴贝儿最年轻的部级干部。得知喜讯后，她跑到我身边给了我一个紧紧的拥抱，兴奋地说："刘老师，我升部长了！"后来，她在感想中写道：

"婴贝儿四年——1641天！我成为这里年龄最小的'部级干部'。梦想在一步步临近，我把这个喜悦用拥抱回馈给刘老师，她像一个大家长那样倾听着我的兴奋，教导着我走入管理层要注意的事项，严肃而不失关怀。我把升职之事告知父母，认真地告诉他们婴贝儿在母婴行业的前景以及对我的赏识，告诉他们这只是我迈出梦想的第二步，我不只是想当管理者，更想成为婴贝儿的股东！"

看着王润涵在婴贝儿一路成长，一路收获，很多人不知道的是，她从小家境优渥，二十几岁时买一条裙子就要三四千。毕业后，家里更是给她安排了一家大型国企的体面工作。可她偏偏选择了婴贝儿，从每月一千二百块钱的行政专员做起。为什么？她说："家里开始也不理解，因此我和我爸矛盾特别大。我说在婴贝儿能成长很多，他反问你都成长什么了？我说之前我不敢也不会反驳你，最多就是冲你大喊一句，现在我可以面对面把你说服，这就是我在婴贝儿的成长！"在婴贝儿，天高任鸟飞！只要你有梦想，我就百倍努力，直到你实现梦想为止！

在这里，有很多看似平凡的人，通过不懈的努力让梦想在婴贝儿肥沃的土壤里开花结果。2019年，我们决定吸纳乔祥敏成为集团股东。拿到股东水晶证书的那天，她一度不敢相信自己的眼睛："这是真的吗？"如今，大大的股东证书就端放在乔祥敏家里客厅最显眼的位置！从最基层的厂促，到店长、区总、集团股东，一路走来再回首，发现曾经小小的厂促，在婴贝儿也可以尽情做梦，圆梦时分，一切超乎想象！

很多人工作感到累是因为身体的能量在泄漏，而泄漏的原因就是他们没有梦想，对自己所做的工作不感兴趣，对公司更没有任何感情，工作无非是在应付。实际上，运动员之所以能够在比赛场上"超燃"发挥，正是因为心中有为国争光的梦想。诸葛亮之所以能够"鞠躬尽瘁，死而后已"，正是因为他有一个兴复汉室、报恩刘备的梦想。梦想和目标会让人热爱工作、充满能量、不知疲倦。若干年后，当你回首自己的职业生涯时，让你感动牢记的，恰恰是你不顾一切拼命工作、为梦想而战的岁月！

人的梦想有很多种，不仅有像"当股东"一样的大梦想，还有很多小梦想，为此我绞尽脑汁。婴贝儿组建了很多兴趣组帮助大家实现这些小梦想，如主持人小组、摄影组、记者团、导游团、礼仪团等，大家自愿加入，公司组织老师进行培训指导，同时我们还有誓师大会、周年庆启动大会、周年庆晚会等各种平台，让员工有更多的圆梦舞台。

图 7-6 婴贝儿礼仪团

　　孟芳芳是我们绝对"重量级"的员工，体重一个顶两个的她从小就渴望能有一天登台跳舞。可谁会让一个一点舞蹈基础都没有的胖子跳舞呢？刘老师会！婴贝儿会！2012年周年庆晚会排练时，我提议说道："谁说胖姑娘不能跳舞？孟芳芳一样可以跳'四小天鹅'！"孟芳芳得知这个消息后，当天晚上兴奋地失眠了！为了能够登上舞台，她每天下班后就在店门口练习舞蹈，都成了一道独特的风景线！

　　晚会当天，四只美丽的"天鹅"登上舞台，在绚丽的舞台背景、闪烁不定的灯光和极具感染力的音乐中，翩翩起舞，韵律十足，身着优雅的白色舞裙、跳得最起劲的那个就是孟芳芳！台下所有人为她疯狂叫好、拼命鼓掌，而我已经泪眼蒙胧，看到一个个绽放的生命绚烂多姿，我打心里为她们高兴！

　　晚会结束后，孟芳芳激动不已："谁想到我一个胖子也有机会上台跳舞！认为不可能的愿望在刘老师这里实现了！"也正是这次小小梦想如愿以偿的经历，让孟芳芳抛下了自卑，她变得越来越自信，从一名普通的员工通过一轮轮竞岗成为一名优秀的店长！**请不要小看任何一个不起眼的小梦想，它或许就是启动多彩人生的关键按钮！**

图 7-7　周年庆晚会上丰富多彩的节目（第二排第二张左三是孟芳芳）

在婴贝儿，有太多人在这里实现了五彩斑斓的梦想。潘沛芳此前是婴贝儿优秀的店长，有着出色的口才和销售能力，因此商学院向她伸出橄榄枝。有一天，她眼里散发着光彩告诉我："刘老师，您知道吗，我之前的梦想就是当老师！没想到在婴贝儿实现了！"孙文莹在周年庆晚会上过了一把主持人的瘾。王瑞萍成为导游，可以落落大方地给来客介绍婴贝儿。曾经是全职主妇的曹海凌，成了母乳指导师。做梦都想不到自己能演小品的侯天坤，成了婴贝儿的喜剧名角。配送中心的孙亮，成了婴贝儿舞台上的大歌星。采购部的田梅和财务部的杨敏，体验了一把动感DJ的美妙经历。从来没想过能收徒弟的张波，成了人人尊敬的师傅。化妆技术一流的孟繁瑜，成为每次婴贝儿大型活动的化妆总监……更让人欣喜的是，活泼可爱的婴二代们也在这里实现了各自小小的梦想，她们兴奋地穿上漂亮的演出服，在周年庆晚会的舞台上或是一展歌喉，或是翩翩起舞，或是担任颁奖礼仪小天使，每个人的小脸上洋溢着阳光喜悦的笑容，台下的爸爸妈妈们满眼欣慰地看着星光四射的孩子……

婴贝儿每年长达三个小时的周年庆晚会，所有节目都由员工表演，有合作伙伴来参观时对我说："我们可以出钱赞助婴贝儿请个明星给助阵。"我笑着婉拒说："明星从来不缺舞台，而员工很少拥有舞台。这个盛大的晚会是属于婴贝儿人的晚会，这个绚烂的舞台是属于婴贝儿人的舞台，舞台上真正的明星是每一名婴贝儿人！很多人其实都有登台做一次明星的梦想，却根本没机会实现。而我的工作就是为她们搭上辉煌舞台，打出五彩灯光，让每名婴贝儿人都有机会站在舞台中央，成为最闪亮的明星！让她们日后可以自豪地对儿女说：'想当年妈妈也是舞台上的明星！'"

人类因为梦想而伟大，婴贝儿为你圆梦而奋斗！

十周年庆晚会节目
《最美婴二代》

十周年庆晚会花絮

山东卫视《青年力量专访
婴贝儿刘长燕——站在
命运之巅的女人》

第八章

服务升级：
星级管家，360°呵护顾客

顾客通常愿意为两种东西买单：一是有形的商品，二是无形的服务。对母婴店来说，商品大同小异，服务却可以千差万别。什么才是最好的服务呢？婴贝儿二次创业，提出打造以顾客为中心的顾客关系型运营模式。因为我们认为真正地把顾客当作上帝，就是把顾客当作一切的中心，不仅为她提供商品，还要提供专家式的咨询、闺蜜般的陪伴和亲人般的关怀。与其说我们是在销售商品，不如说我们时刻准备着为顾客提供帮助！

不是销售员，而是星级管家

"门店销售员不是什么特别体面的工作吧？为什么你们的员工有一种发自心底的自豪？"很多人看不懂婴贝儿的一点是，来到门店发现基层的服务人员对自己的职业都充满自豪感。因此，不少朋友问过我同样的问题。

"如果你的工作必须有一张国家认证的专业资格证才能上岗，而且很多顾客遇到麻烦就来真诚又客气地咨询你，得到帮助后一遍遍向你表达感谢，你觉得这样的工作体面吗？"我笑着反问朋友。

"太体面了！"朋友毫不犹豫地回答。

"如果很多家庭的妈妈和孩子都因为你的工作，生活得更健康，更舒心，你自豪吗？"我继续向朋友抛出问题。

"当然自豪呀！"朋友干脆地回答。

"这就是我们婴贝儿门店星级管家们的工作呀！"我笑着看着朋友。她一下子恍然大悟！

婴贝儿人的自豪感正是来自每一名基层人员强大的专业知识储备。一次次专业培训，一张张育婴师资格证，让每一名婴贝儿管家拥有了全方位的育儿知识，这让最基层的服务工作变成了一份足够体面、足够受尊重的职业！

早在婴贝儿成立之初，我们的店员就有着和其他母婴店不同的称呼——健康顾问。因为我坚信母婴行业除了提供商品外，更重要的是用我们的服务呵护母婴健康。因此，**母婴行业的基层从业人员绝对不是普普通通的营业员，而是要成为真正具备丰富母婴知识的健康专家！**

婴贝儿二次创业以来，围绕顾客关系型运营模式，进行了轰轰烈烈的服务升级。我们在健康顾问的基础上，搭建了更完善的母婴管家体系——所有入职的员工最初都称为"健康顾问"，接下来要通过一系列的专业培训，掌握系统的母婴知识，通过考核后才能成为一星管家，之后根据每个人的服务水平不断升级，最高级为五星管家。不同星级，有不同的绩效标准，而且每高一个星级，每个月的工资都会多150元的专家补助。星级设置，不仅给了员工实打实的物质奖励，更是对大家专业知识的认可和肯定！

我们不仅在新员工入职培训中讲授育婴知识，同时，还引进了外部专业的育婴师培训机构，对管家进行更为系统的培训，学习从宝宝出生开始，可能出现的各种问题和解决方法，以及养育新生儿需要掌握的种种专业知识，考核通过后，由权威机构颁发专业的育婴师资格证。仅育婴师一项，公司每年就投入巨大。这份投入换来的，是从销售员到星级管家的角色升级！

曾经有个爸爸来店里买药膏，家里宝宝红屁股了，我们门店的管家并没有急着给他推荐药膏，了解完情况后建议爸爸回家用淡盐水给孩子洗洗屁股，多洗几次看看效果，如果还红屁股的话再来买药膏。结果，这个爸爸回家后给宝宝洗了几次，发现真的好了！第二次再来店里，直接找到那天的管家感谢她的专业指导。

我相信大多数销售员遇到这种情况，都会直接给顾客推荐药膏：一是最实际的原因，卖货拿提成；二是专业知识的局限，很多人没经过培训，根本不知道宝宝红屁股可以用淡盐水清洗。她们和这个爸爸一样，遇到健康问题第一时间想到的是买药。但是在婴贝儿，这种让顾客空手而归的情况不是个例，不花钱就可以解决的健康问题，为什么非要让顾客花钱呢？真正站在母婴专家的立场上，给顾客提供最合适的健康解决方案，哪个顾客会不感谢你呢? 这时, 很多人心中对岗位的自豪感油然而生!

知识给人尊严, 专业让一份工作拥有足够的体面! 我们的母婴管家放在第一位的不是卖商品, 而是用专业知识服务顾客。我们提供的是健康咨询服务, 商品只是健康咨询顺带的事儿。对于一些妈妈不了解, 宝宝应该用而未用的商品, 我们要用专业知识为其讲解, 讲不讲是我们的责任, 买不买是顾客的权力。如果不需要商品就可以解决健康问题, 如淡盐水就能解决的红屁股问题, 我们绝不强推商品。**该挣的钱, 我们一分钱都不能少挣。不该挣的钱, 我们一分钱都不多要!**

有些妈妈在喂奶的过程中, 会出现乳头皲裂的情况, 每次孩子吸奶的时候妈妈都要忍受钻心的疼痛, 有的就干脆给孩子断奶, 完全靠奶粉喂养。我们的管家在和一名顾客交流时, 得知她也遇到了这个问题, 就把培训中学到的母婴知识告诉她: 把香油熬开, 放入花椒, 煮一会儿后晾凉, 然后把香油涂在乳头上, 这样孩子吃奶的时候妈妈就不疼了。过了几天, 顾客又来门店买东西, 对她的管家感激地说: "你教我的方法太管事了! 这两天孩子吃奶的时候我一点都不疼! 前两天疼得我要放弃母乳喂养了! 没想到你用这么简单的方法就帮我解决了问题! 真是太感谢你了! 不仅减少了我的疼痛, 还给我省了不少奶粉钱, 最重要的是, 喝母乳对孩子最健康!"

实际上, 很多宝爸宝妈在专业育儿知识上非常匮乏, 无形中可能给还不会说话的宝宝造成很多伤害, 比如, 有些妈妈觉得孩子早点会坐会走是聪明强壮的体现, 都会早早训练坐立行走, 但事实是, 小宝宝脊椎还没发育成熟, 如果过早坐立, 很容易受伤! 还有些新手爸妈到超市买奶嘴, 为了给孩子最好的, 挑最贵的拿, 却不知道奶嘴还要看型号! 型号买大了宝宝很容易呛奶, 甚至由此感染肺炎! 类似这样的育儿雷区太多, 管家的职责之一就是用专业知识帮顾客排雷!

我们常说 "管家管家", 就是要管到家里。婴贝儿管家的服务不仅在门店里, 还渗透到每个顾客的家里。只要是妈妈们需要帮助的场景, 都有我们管家的身影。无论何时，无论何地，只要需要，我们的管家随时都在！

我们很多员工手机24小时开机，为什么？其中一名员工这样说："顾客家里有事情，随时可以给我打电话，比如有个顾客，一次晚上十二点多给我打电话，孩子发烧了！她这个新手妈妈一下子慌了，不知道该怎么办，我先是安抚她，让她不要着急，然后告诉她物理降温的方法。我在公司培训的时候学了三四种，我在电话里说，她一步步照着做，倒腾了快一个小时，后来烧终于退了！"我相信，此刻在顾客心里，我们的员工一定不是在母婴店里随处可见的销售员，而是一位可以深夜求助的好友，更是一位拥有丰富专业知识的母婴专家。当顾客在养育孩子的过程中遇到困难时，第一时间想到的，是给她的婴贝儿管家打电话，因为我们是她的健康守护者，这个电话就是最大的肯定！

母婴行业是一份最需要用爱来耕耘的行业，我希望婴贝儿提供的不仅是有温度的商品，更是足够专业的服务，专业是我们给妈妈和宝宝更大的爱！

婴贝儿有专业的母乳指导师，生完宝宝的妈妈遇到问题，一个电话打过来就可以上门服务，帮助妈妈们在无痛的情况下解决母乳喂养问题。母乳指导师曹海凌对此感触颇多："有一次，有人和我说她姐姐生完孩子回家坐月子，每次催乳师来给催乳，都是她姐姐在卧室里哭，她妈妈在客厅里哭，心疼女儿！因为有些催乳师硬生生地给你推，比生孩子还疼！实际上，妈妈们在生育上遇到的很多问题都可以避免！前期做好预防，大多能自然产奶，即便堵奶了，通过淋巴回流的手法把乳房里的水分排出去，也不会疼。"

专业多一点，妈妈的痛就会少一点！知识多一点，宝宝遇到的问题就会少一点！星级管家，就是要真正解顾客之所急，把带着温度的专业服务传递到每个母婴家庭。有时，我们的一个方法、一个建议、一点专业知识，就能帮助一个家庭解决一个大麻烦！看到一个个妈妈紧蹙的眉头因为我们的服务而舒展，一个个宝宝在我们的保驾护航下茁壮成长，试想，还有什么事业比这更温馨美好呢？

好的服务都是以心换心

好的销售人员一定足够聪明。什么是聪明？真诚就是最大的聪明！因为没有人会拒绝你的真诚和善意。我一直坚信的一点是从事服务行业，最重要的是以心换心，只有真心才能带来感动。销售只是顺带提供对方真正需要的东西而已，一切都是自然而然，水到渠成。

曾经洪楼店有位顾客，来店里总是买一些特价商品，从单纯赚钱的角度来看，这样的顾客对靠业绩吃饭的销售员来说没有任何价值。但是，人和人之间，即使是销售员和顾客之间，不应该仅仅是冰冷的金钱关系，除此之外我们一定还有一份更温暖的关系，有了这份温度，才是真正做到了以顾客为中心。有一天下午三点多，忽然下起了雨，店长看到这个顾客在对面的公交站牌前两手空空，神情焦急，于是拿着自己的伞冲着顾客就跑过去了。

"你怎么来了？不会是给我送伞吧？"顾客看着手拿雨伞跑过来的店长，开玩笑地问。

"对呀！就是来给你送伞！"店长笑着说，接着就把伞递到顾客手上。

"啊？太谢谢你了！"没想到店长真的是专门跑过来给他送伞的！顾客先是十分惊讶，然后有些不好意思地说。

"大家都这么熟了，不用客气！"店长如同和朋友聊天一样，用十分温暖的语气说。

"太感谢你了！我正急着去幼儿园接孩子，没想到半路就下雨了，正发愁呢！伞我用完了马上给你送过来。"顾客十分感动地说。

"不用急着还，哪天方便哪天送过来就行。"店长笑着说，然后又赶紧跑回店里工作。

没想到当天傍晚，这位顾客两口子拉着大儿子抱着小女儿，一家四口一起来还伞，嘴里一遍又一遍说着感谢的话，顺便问了一句："你们店今天奶粉有活动吗？"最后，这名顾客买走了两千块钱的奶粉，买完之后还一再感谢店长。顾客离开后，店长深有感触地对店里其他管家说："送伞的时候想的就是大家都挺熟悉的，有那么一份感情在，谁想到这个从来不在店里买奶粉的顾客，今天一下子买了这么多！"

销售最高的技巧是什么？是对顾客真心真意！所有那些技巧性的东西都要建立在真心为顾客负责任的基础上，而不是一心光想从顾客口袋里掏钱。当你真的为顾客着想了，顾客在你这里掏钱都心甘情愿，因为他信任你的人品，相信这样的人一定不会在卖东西时欺骗人，这才是最良性的买卖关系！

90后店长韩丽丽和现在90后的妈妈们有着天然的亲切感，同样的年纪、曾经追过同样的偶像、处于人生同样的阶段，这让她在工作中格外喜欢和这些妈妈们聊天。聊着聊着，韩丽丽发现自己已经快成半个心理咨询师了，因为她有很多顾客遇到心情不好、家庭矛盾、婆媳纠纷的时候，都会来找她倾诉，她和顾客之间的关系早已经变成了朋友、闺蜜的关系。"一天晚上十点多了，我的一位老顾客发微信过来，说是跟婆婆闹别扭了，心里特别难受，就想和我聊聊天。那时我刚准备睡觉，收到微信后就一直陪她聊天，开导她，聊了一个多小时，她情绪慢慢好了起来，最后还邀请我去她家做客。"

用一种闺蜜的心态和顾客相处，工作就不会那么乏味无趣，买卖关系也会变得充满温度和乐趣。试想一下，如果你每天的工作就是闺蜜来店里和你聊天，有时还能逗逗闺蜜的宝宝，然后和闺蜜一起购物，想尽办法替她省钱买到最物美价廉的东西，送货的时候顺便去她家做客，这听起来是不是都已经不像工作了？

对顾客而言，每次来母婴店买东西，母婴管家不仅能像闺蜜一样陪她聊天，还能用专业知识帮她挑选最合适的商品，担任她的购物"高参"。这也就是为什么韩丽丽调店后，还有老顾客打电话一定要来她这里买东西，因为亲闺蜜一定会让自己买得最实惠！

在婴贝儿的门店里，每天都有很多管家和顾客之间的感人故事发生。曾经有个顾客怀孕来店里买东西的时候，我们的管家在接待她的时候笑着说：

"等你生完宝宝，我去看你和孩子！"顾客本以为这是客套话，没想到她坐月子的时候，我们的管家不仅带着婴贝儿给每名会员准备的新生儿大礼包，还自己又给孩子买了一份礼物，拎着大包小包，坐了一个多小时的公交才来到顾客家里。顾客看到她时，拉着她的手感动地说："真没想到你工作那么忙，还能抽出时间来看我！"

传统文化里讲"大音希声，大道无形"，最大的声音就像没有声音一样，最智慧的道理往往化人于无形。我想用在和顾客相处中同样适合，最好的销售技巧就是没有技巧。好的销售员一定不是张嘴闭嘴就讲商品的人。**销售高手讲的是专业知识，更是那一份对顾客的真心！与其用技巧吸引顾客，不如用真情去产生共鸣！**

把顾客当亲人

我们对谁最真诚？绝大多数人的回答一定是亲人，是父母、爱人、孩子这些有血有肉，满怀真心关怀我们的人。如果真的关心一个人，我们一定会像对待亲人一样。同样，当你真的关心顾客时，就会像对待亲人一样对顾客，这才是最大的以顾客为中心！

在婴贝儿，有一个人人都听说过的行动——践行"牛华100"，培养100个像牛华一样的管家。牛华是谁？她是我们的大明星，是全公司人行拜师礼拜下的师傅！

我们的明星，不在于颜值高，而在于"情值"高，这份情，就是和顾客之间的亲情。把顾客当亲人一样对待，站在对方的立场思考，提供真正适合她们的商品和服务，为顾客省一分是一分。你拿真心对顾客，顾客自然也会真心对你。这是很简单的道理，有时把最朴实的道理做到位，就是最好的工作状态，而这，正是牛华的工作状态。

有个宝爸来店里买吸奶器和储奶袋，牛华得知他家太太主要是在家里挤奶，便说："你在家挤奶，挤完之后喝了就行了，又不像医院，挤完了之后每人一个袋放冰箱里，能不买的东西就不买了呗。"对这样实实在在为你着想，想着办法为你省钱的人，谁能不信任？

牛华的一个老顾客，搬家后，每次宁愿坐一个多小时的公交，也要来牛华所在的门店找她买东西，为什么？顾客说："就喜欢老牛这个霸气！"很多人看不懂，一个母婴管家，何谈霸气？又是什么样的霸气才能让顾客这么痴迷？

对此，牛华的回答是："我跟顾客霸气不起来，我就能跟厂家霸气。"原来，平时只要是能给顾客从厂家那里争取的赠品，牛华一定会努力争取。有时商品因为款式或者尺码问题需要退换，有的厂家不愿意，牛华一定会为顾客据理力争。老顾客常对牛华说的是："你要说做不到的，那肯定是争取不到，因为我知道，能给我的，你肯定会给我争取！"

一方愿意为了你站出来和厂家霸气，一方不需要任何解释完全相信你，这早已超越了单纯的销售关系，更多的是一种亲情关系。只有给自己家里买东西，才会为了一点赠品精打细算，只有把顾客当亲人，才会在她遇到困难的时候挺身而出！

一天，牛华的顾客打电话过来，说孩子没奶粉喝了。牛华一听，马上装好奶粉，骑上电动车就去送货，出了店门才发现："哎哟，我的妈呀，天下着蒙蒙雨，送货的地方也不熟，骑了半天没找着地儿，也不知道怎么就骑坑里去了，后来打电话，顾客来接我，帮我把车从坑里推上去。"对于这样狼狈的送货经历，牛华没有一句怨言，不能让孩子挨饿！奶粉没了，冒雨也得送！恐怕只有对自家孩子才会这么上心吧！

真的把顾客当亲人，顾客自然也会把你当亲人，这份真情最直接的表现就是顾客希望你有钱赚，谁不希望自己的家人有钱赚呢？牛华的很多顾客进门就找"老牛"，牛华忙着接待别的顾客，顾不上接待她们时，有的顾客排队等她，有的自己去逛商品货架。店里其他管家准备提供购物建议时，顾客婉言谢绝，逛了一圈，自己挑好东西到前台结账，终于说了一句话："老牛的啊！"原来，她不理其他导购是希望把她这一单的提成都算在牛华身上！

同样的奶粉，价格相差不大的情况下，哪里买不是买，找谁不是买？但是顾客一定要来婴贝儿找牛华买，希望这份钱让牛华赚，这是不是像极了"肥水不流外人田"的老话？老牛不是外人，是自家人，所以才有了收银台前一句"老牛的啊"！

在牛华身上，把顾客当亲人的故事数不胜数。这也就是为什么很多顾客和她说："来到婴贝儿，有种家一样的感觉！"因为在这里，有像家人一样彼此信任、真诚相待的人陪着你！

很多老顾客带着宝宝来店里买东西，一来二去，牛华和宝宝越玩越投缘，就直接认了干女儿、干儿子，赶上生日，还会给孩子精心准备礼物。当顾客再带着孩子来买东西的时候，作为管家，牛华十分用心地服务，同时作为孩子的干妈，牛华更是十二分用心地疼爱！给干儿子服务，听着宝宝奶声奶气地叫一声"干妈"，即使晚上冒着雨去给送奶粉也义无反顾！这种付出绝不再仅仅是为了挣钱，我们付出的是汗水，是爱，收获的是人与人之间的一份信任和真情！

正是因为这种超越了商品的买卖关系，因为有情在，所以才会有牛华在送货的路上，主动问顾客："用不用顺便给你捎点菜、买几个馒头过去？就省得你下楼再跑一趟了！"送完货之后，临出门看到顾客家里的垃圾桶满了，笑着说："我下楼顺便帮你把垃圾倒了吧！"也正是因为这种亲情互动，才会有顾客在孩子发烧的时候，第一时间想到的是给牛华打电话："宝宝病了，我一个人照顾不过来，你能不能买点药送家里来？"才会有顾客在牛华送货上门之前，就洗好水果等着她，回老家的时候还会给她带一份家乡特产！

飞鹤全国营销事业部副总经理周涛曾经十分感慨地对我说："**婴贝儿的店员真的是服务到家，风里雨里，高温酷暑，哪怕只是一桶奶粉，只要**

顾客需要，马上给送过去，这个我是亲自跟过的。而且，我们在邀约顾客的时候发现，只要是通过婴贝儿邀约来的，顾客和导购的关系都像家人一样，那种感情在我们看来已经超越了买卖关系，不仅在山东，甚至在整个中国，这种顾客和员工打成一片的情况都非常少见！"

倒垃圾、捎菜、送药，这些亲情化的服务，让顾客赞不绝口。越来越多的婴贝儿管家在工作中提供这些附加服务。我们的一次次服务反馈显示，无论是出门帮忙倒垃圾，还是帮忙买菜送药，这些行为绝对能感动顾客。因此，大多数老板的第一反应都会是：服务效果这么显著的事儿，当然要全员学习强制推广，最好再列入服务规范里硬性执行。

但是，在我看来并非如此，无论是认干妈、帮忙捎菜买药还是倒垃圾，都是很亲情化的东西，是因为我们的管家和顾客之间有了这份情，才有了这种自然而然的行为。如果强制推广，硬性要求所有员工都这样的话，一切就变味了，真情的味道淡了，商业的味道浓了，这不是我想要的。所以我们对这些附加服务从来都是宣传鼓励，但绝不强制要求，为的就是保留人和人之间的一份真情！

打造母婴生态圈：做妈妈们的幸福加油站

妈妈们生完孩子会遇到各种意想不到的麻烦，这份麻烦有多沉重？我的切身经历是一百八十斤！

生完女儿丫丫后，我的身材迟迟得不到恢复，整个人像是气球被吹鼓了一样膨胀起来。三铁运动员出身的我，身材本就高大结实，不属于娇小女人一类，生完孩子后，身上肉疯长，之前的高大马上变成了壮硕。

"欢迎光临，看看店里有什么您喜欢的衣服可以试穿。"产后的我去商场挑衣服，服务员对我热情地说。

"不论款式、颜色、材质，只要尺码是我能穿的，麻烦你都给我挑出来。"身材臃肿的我不好意思地说道。别人都是人挑衣服，而我已经丧失了选择的权力，让衣服挑人，这种痛苦和无奈又有谁能体会到呢？

一百八十多斤的我不仅身材出了问题，更要命的是，整个身体的健康系统紊乱了！以前站在讲台上，我激情澎湃，讲两天的课都挥洒自如，可是产后，我每天都感觉到虚弱和体力不支，晚上还总睡不好觉，失眠这个词现在想想还让人后怕！健康问题最直观地体现在脸上，我的脸颊两侧被对称的蝴蝶斑霸占，脸上被大片红疙瘩占据，形象惨不忍睹。一向被称为"太阳女神"的我，遭遇了人生最不自信的时期，变成满脸阴郁的"月亮姐姐"。

在精神和身体的双重折磨中，我的日子一片黑暗。这时有朋友对我说："为什么不尝试做产后恢复呢？"她的建议一下子点醒了我："天底下得有多少妈妈生完孩子像我一样，变成无容颜、无身材、无自信的'三无女人'？我们这些妈妈太需要产后恢复了！"于是，我有了将产后恢复项目引入婴贝儿的想法，并开始在众多产后恢复机构中挑选合作伙伴。经过多轮筛选，最终认准了提倡"养颜、养身、养心、养神、养命"五维养生理念的"妈咪淑院"。妈咪淑院曾先后获得"中华全国工商联产后修复专业委员会理事单位""中华全国工商联产后修复专业委员会十佳产后恢复中心"等荣誉称号，帮助众多妈妈不仅恢复了身材，还在心灵成长、形体美学等方面得到了全方位的提升。

我成了妈咪淑院的"首席体验官"，坚持调理一段时间后，我体虚的症状大大改善了，体重真的降了下来，脸上的脓包和疙瘩也越来越少！更不可思议的是，调理到最后，体重比我结婚的时候还瘦20斤，自己的身材变得更加魔鬼了！

更让我欣慰的是，妈咪淑院不仅帮助了我，更帮助了众多像我一样曾经痛苦无助的妈妈们。

"我恨我的孩子，都是他才让我变成现在这副模样！"一天，妈咪淑院产后恢复中心接待了一名充满怨气、十分绝望的妈妈。

原来，这位妈妈怀孕之前身材十分苗条，体重不到一百斤。生完孩子后，她的体重一下子飙到一百七十斤！身材的走形彻底摧毁了她对生活的积极态度。这位妈妈每天被焦虑和绝望包裹，每次来调理身体，都会不停地向服务人员表达自己的负面情绪。而她把所有痛苦都归咎为孩子，所以孩子出生之后，她拒绝母乳喂养，拒绝和孩子有身体接触。

妈咪淑院运营总监周欢说："我们不仅要通身体，还要通心情，每次给她调理身体的时候，都会陪她聊天，帮她调节情绪，减少对宝宝的抵触心理。"

几个月后，这位妈妈体重降了二十斤！身材的恢复一下子让她看到了希望，对孩子的不满情绪也渐渐减少，慢慢地开始进行母乳喂养。

又过了几个月，这个妈妈的体重持续下降，整个人的心态越来越好，在家里更愿意和宝宝互动了！她兴奋地说："没想到产后恢复效果这么明显，我现在不仅身材好了，心情更好了，整个家庭的幸福指数都噌噌上涨！"

当妈妈的神圣和喜悦背后，有着无数只有妈妈本人才能体会的风险和心酸，可知的、不可知的麻烦排着队等着我们，种种问题极大影响着妈妈的幸福感！有些妈妈省吃俭用，把钱都花在老公和孩子身上，结果老公光鲜体面，孩子茁壮成长，只有自己成了整天围着灶台打转的"黄脸婆"。我们看着身旁男人四十一枝花的老公，自己却情绪抑郁，终日惶惶不安，他还爱我吗？他会不会嫌弃我？实际上，身材走形后，有多少女人自己都嫌弃自己，又何况男人呢？与其有时间去担心老公出轨，不如让自己变更加健康美丽，让老公担心我们会不会出轨！**如果失去了自我，还拿什么去爱？活出了自信，才会让男人害怕失去！**

不要以为产后恢复只是恢复妈妈的身材和健康，它还是让家庭更幸福的助力器。因为一个自信美丽的妈妈才能传递给孩子自信美丽的人生态度，一个健康积极的妈妈才能让一个家庭更加健康积极！曾经有位男顾客拉着妻子来到妈咪淑院，妻子还在心疼费用时，他已经果断地把卡办好了还说："老婆，你生孩子辛苦了！我希望你的身材和健康能快速恢复到生孩子之前的状态，你好了咱们这个家才好！"这位妈妈的眼里泛起了幸福的泪花。

与妈咪淑院的合作不仅解决了我和众多妈妈的难题，也为婴贝儿打开了一个新世界，很多妈妈表示："在婴贝儿不仅能买到商品，还能享受到产后服务，真方便！"我们意识到妈妈们还需要更多服务，于是，2009年我们成立了婴贝儿水世界游泳馆。因为很多妈妈意识到游泳对宝宝健康的促进作用[1]，对专业游泳馆的需求日益旺盛。很多妈妈来店里买完奶粉，还要辛苦地带着孩子赶到游泳馆。婴贝儿水世界的成立，无形中省去了很多妈妈的奔波之苦。

一天，一名宝妈晚上七点半带着孩子匆匆地赶到店里，着急地对工作人员说："宝宝浑身起满了痱子，现在可以给她洗澡吗？"当时已经是下班时间，游泳馆的工作人员都已经将设备收拾整齐准备回家。看到妈妈焦急的神情和孩子满身的痱子，为了让妈妈安心，让宝宝早日恢复健康，我们的工作人员回到泳池旁，精心为宝宝洗澡、按摩。一个小时后，妈妈带着宝宝满意地离开，感谢地说道："耽误你们下班了，实在不好意思！没想到已经是下班时间了，你们的服务态度还这么好！"几天后，宝宝身上的痱子渐轻，宝宝的姥爷特意将一面写有"专业敬业，热情服务"的锦旗送到游泳馆负责人高凤君的手上，他说："太谢谢你们了！没想到游泳能这么有效地帮我们解决了孩子的健康问题！"如今，越来越多的妈妈切身感受到了游泳的效果，有妈妈说："自从坚持游泳，我家宝宝的免疫力明显提高了！之前生病真是三个月一小场，半年一大场，今年一年下来一次都没生病！"

婴贝儿不仅仅是商品的集散地，更要成为为妈妈们提供众多帮助的幸福加油站，我的这个心愿在二次创业中渐渐实现。

---

[1] 游泳可以提升宝宝免疫力，增强肺活量，促进大脑发育和肢体协调能力。

现在很多爸爸妈妈都希望用影像记录下孩子成长过程中的美好时光，有的妈妈说："我能想到最浪漫的事，就是老了的时候，和老公坐在摇椅上翻看老照片，瞧，孩子一百天的时候笑得多萌！五岁生日的时候多可爱！十八岁成人礼上多么意气风发！如果可能，真想把和家人在一起的每一天都定格封存啊！"这其实是很多妈妈的心声，和家人在一起的每个日子都值得纪念，影像或许是储存记忆的最好方式。为了帮助妈妈们更方便地记录下和孩子在一起的美好瞬间，2018年在众多摄影机构中，我们挑选了坤妮摄影作为战略合作伙伴。坤妮摄影以"让全中国家庭拥有爱的影像传承"为使命，在摄影行业技术雷同、样片同行购买的大环境下，始终坚持自主研发所有拍摄风格。而这份创造力正来自他们对摄影深深的热爱，通过一次又一次接触，我越发感觉到，这是一个有爱有情怀，有专业更有创造力的团队，所以将其引入婴贝儿门店，为更多妈妈提供优质的摄影服务。

"你们简直比医院里的护士还要专业！"一天，顾客接受坤妮摄影的满月照服务后，不停地向摄影师和爱婴师①表达着惊讶和感谢。原来，三组造型拍下来前后总共用了不到三十分钟，而且宝宝全程都在甜甜地睡觉！爱婴师在为宝宝换衣服、摆造型的过程中丝毫没有影响到宝宝的睡眠！这位妈妈看着爱婴师为孩子换衣服的娴熟动作，不禁发出了上面的感慨。

实际上，这在坤妮摄影是常态。所有的爱婴师、引导师、摄影师都要接受专业的系统培训，学习如何让宝宝在拍摄过程中更舒适。有位妈妈第一次孩子就在这里拍的满月照，之后每年孩子过生日都要来坤妮拍照留念，这位妈妈说："没见过像你们一样，能让孩子拍得这么舒服开心的！我们要一直拍到她十八岁！"

坤妮摄影创始人王小丛充满感谢地说："加入婴贝儿搭建的母婴生态

---

① 坤妮摄影对一个月以下的宝宝设有专业的爱婴师对一个月以上的宝宝设有专业的引导师，帮助宝宝愉悦、舒适地进行摄影。

圈，成为战略合作伙伴，是我做过最正确的决定！现在的流量越来越多地向线上倾斜，实体店的线下流量越来越少。之前一直为线下获客发愁，投入的推广成本很高，效果却不尽如人意。现在依托婴贝儿庞大的会员基数，我们的推广成本降低了，推广效率却提高了！坤妮摄影入驻婴贝儿华信店后，获得了大量的线下流量，最忙时顾客都要预约到三个月之后！我们期待能够进入到越来越多的婴贝儿门店当中，让更多的婴贝儿会员享受到最专业的儿童摄影服务！"

如今，婴贝儿旗舰店日益成为集吃喝玩乐购于一体的母婴综合体。妈妈可以把宝宝放到水世界游泳馆游泳，然后去妈咪淑院做产后恢复，再到坤妮摄影拍套温馨的亲子照，最后在门店轻松购物。除了这些，店里还有保险、小儿推拿、早教中心、悠悠岛儿童乐园等丰富多彩的母婴服务。凡是妈妈们需要的，我们必将全力以赴去实现！我们在打造母婴生态圈的路上开足马力，奋力探索！

专注陪伴，陪伴妈妈渡过生育之苦，陪伴宝宝度过人生最初的美好时光，我希望的婴贝儿，不仅承载着我个人一路成长的温暖记忆，更承载着无数妈妈的幸福回忆。在这座幸福加油站里，我们和一群有着共同名字的女人——妈妈，相遇相知，彼此陪伴，彼此温暖……

十周年庆晚会上水世界
游泳馆的家人们表演
节目《鼓舞》

婴贝儿下乡：给小镇妈妈更多关爱

妈妈们是弱势群体，小镇妈妈更是弱势中的弱势：小镇上专业母婴店稀缺，商品质量参差不齐，有些商家把三线品牌当作一线品牌来卖，更有甚者系统回收过期商品，然后改码用更低的价格再次卖到农村市场，毫不知情的妈妈们只能白白上当！种种乱象，在乡镇母婴市场上屡见不鲜。

对此，婴贝儿在六七年前曾尝试进行渠道下沉，期待改善乡镇母婴市场的野蛮生长状态，但是只坚持了一年便折戟而归。小镇妈妈们品牌认知度差，消费意识有待提升，再加之消费能力有限，婴贝儿的第一次下乡草草收场，但我们关注乡镇的目光一直都在。

几年过后，我们认为市场发生了变化。随着智能手机的普及，小镇妈妈对品牌的了解更多，对食品安全也更加重视，再加上经济的发展，乡镇居民的消费能力和消费理念都有了提升，小镇妈妈们越来越追求高品质的服务和商品。

市场在变，但一线母婴商品渠道下沉的速度并没有赶上小镇妈妈消费升级的速度，她们的需求无法在实体店里释放，只能更多地进行网购。网上商品鱼龙混杂，真假难辨，而且并不能给小镇妈妈提供更多的母婴增值服务。我们看到专业母婴店在小镇市场有了更多的可能性。于是，2016年，婴贝儿在二次创业中再次吹响了下乡的号角，让更多小镇出现专业母婴店的多年愿景再次整装启航。

2017年，婴贝儿新开门店中70%都是乡镇店。值得欣喜的是，这次我们获得了越来越多乡镇政府的支持，有些地方还给了各种政策优惠，希望我们把专业的母婴力量带进小镇，改善一方居民的母婴生活。两年间，我们布局了12座城市数十家乡镇店。

有人曾经问我："你们的乡镇店服务标准和城市一样吗？"言外之意是虽然乡镇房租和人工成本更低，但集客能力差，人均消费低，盈利难，如果执行和城市一样的服务标准，无形中又加大了成本。更何况，按照婴贝儿的服务水平，即使在乡镇适当降低标准，也能满足小镇妈妈对消费升级的预期。

我们一直坚持的是，婴贝儿绝不会因为店群差异而改变服务水准！
给新生儿送免费的宝宝礼、差价补偿、无障碍退换货、积分兑换、免费送货、一站到家的管家服务，乡镇妈妈都应该享受到！同时，还向每一位小镇妈妈宣传普及"三早一晚"等生育知识，讲解各种育儿专业知识。我们不能照亮所有盲区，但会竭尽所能在盲区里点燃更多的灯！

在我们布局乡镇店的过程中，出现了一群独特的身影——带货王。乡镇店在招聘员工时会从各个村子挑选，原意是希望她们可以充当不同村的情报观察员，及时反馈村民意见。结果，这些员工不仅成为村子的母婴代言人，还成了村子的带货王和母婴专家！每天下班，各村"代言人"的电动车上，大包小包都是村里人让帮忙捎的奶粉、纸尿裤等，不仅如此，她们还把在婴贝儿培训中学到的育婴知识和村民分享，越来越多的专业知识通过她们星星点点地传播到村里！

深入乡镇，才会发现这里的母婴服务可以用单调来形容。城里妈妈们轻而易举享受到的婴儿游泳馆、产后恢复、亲子摄影，小镇妈妈要走山路、坐公交，有的可能还要倒几次车才能到县城获得这些服务。有一次，仲宫镇店的一名顾客堵奶，乳房胀痛，急需疏通，可是镇上没有催乳师！小镇在山里，催乳师过来时间长、收费高，一家人急得团团转，最后，抱着试试看的心情给婴贝儿管家打电话。店里有管家之前培训时学过母乳指导，情况紧急，管家马上赶到顾客家里，给她进行母乳指导，一点点按摩，一个小时过去了，通了！刚刚堵奶痛到死去活来的妈妈，拉着我们管家的手："没想到你们婴贝儿还能干这个！太专业了，真不知道该怎么感谢你！"

如同这个堵奶的妈妈一样，众多小镇妈妈都面临着母婴服务缺位的窘境。我们在努力探索，将全业态旗舰店的模式引入乡镇，打造超级母婴体验中心，让小镇妈妈无须奔波，就能享受到更丰富、更及时的母婴服务。

当然，愿景很美好，在乡镇打造旗舰店意味着更多未知，我们在城市深耕多年，但在乡镇，婴贝儿是初下泳池的学习者，可能再次无功而返。但我愿意承担这份风险。失败了，赔钱撤店，我就当为这份使命感交了学费，而一旦成功，受益的将是一个又一个妈妈，是千千万万个母婴家庭！

让人兴奋的是，我们在探索乡镇店的过程中，看到诸多可喜的变化。我们的初心就是用婴贝儿的专业提升乡镇母婴生活质量，促进乡镇母婴行业的升级。曾经在乡镇店担任店长的李娜说："最开始我们到乡镇的时候，去其他同类门店看，商品根本没有陈列一说，都是胡乱摆一堆，有的甚至一摸一层土，等我们的店开了一段时间之后，我们再去其他同类门店看，发现他们也开始讲商品陈列了！几乎完全是照着婴贝儿的样子做的。更有一次，我们头一天用水瓶打了一个很漂亮的堆，放在门口最显眼的位置，第二天镇上其他母婴店就学着也在门口打了个一模一样的！"

国际知名品牌纽迪希亚的老总曾带领二十多名管理者，参观学习婴贝儿的乡镇店模式，现场临时出题，打算考考店里员工平时PK激励的标准、服务考核等内容，发现每个员工的回答都和城市店的标准一样！"婴贝儿的执行力太强了！"感慨的同时，当场留下了上千块的赠品，几天后就给门店上齐了纽迪希亚的全系列商品。

婴贝儿在乡镇取得的成绩被越来越多的厂家认可，我们的乡镇店销量不断上涨，很多厂家都开始投入更多资源，同时给我们上促销员。更有些厂家，开始主动联系我们的乡镇店，想给赠品给资源在店里做活动，有时候厂家要排队才能轮到呢！

我们衷心希望有更多同行可以走到乡镇去，因为只有更多企业不忘初心，进行下沉，大家合力才能使行业更好地发展，造福更多农村消费者。乡镇市场，天地广阔，空气清新，让我们一起给小镇妈妈们更多关爱吧！

2019年婴贝儿新店开业

第九章

培训升级：英成三实商学院

时隔十二年，重返培训台，这一次，我手握千捶万击练就的"三实"宝典，用实战的方式培训，用实践的形式训练，用实效的结果说话！当然，这一切还远远不够，英成三实商学院之新，在于新格局、新气象，用咨询式培训为企业家答疑解惑，帮企业浴火重生！

人生最终的归宿是"老师"

"大家知道这次作文谁写得最好吗?"小学三年级的课堂上,语文老师陈殿军笑着问同学们。

我和同学们一样,目光很自然地看向平时一向成绩很好的同学。

"这次作文写得最好的是刘长燕!"陈老师用充满肯定的语气说道。

全班同学都发出惊讶的语气,成绩一直平平的我更惊讶!

"刘长燕,你来把作文念给大家听听。"陈老师笑着对我说。

"昨天晚上,我做了一个奇特的梦,梦见我和大熊猫在说话……"我拿着作文本,声音从小到大,越来越洪亮地朗读起来。

因为我的家庭一般,资质一般,学习更一般,所以我从小自卑,平时不怎么公开发言,更别说上台朗读!我从来没有想过,有一天我的作文会成为范文,我会站起来给大家朗读作文!那一刻,我下定决心,哪科都可以学不好,但是语文一定要学好,作文一定要写好!

我永远都不会忘记三年级语文课堂上的这一幕,这一课给我自卑的心里燃起了自信的火苗。多年后,我事业小有成就,带着无比感恩的心情去看望陈老师。一辈子兢兢业业教书育人的陈老师已经不记得当年他对我的小小的赞赏。我笑着对他说:"陈老师,您记不记得不重要,重要的是您当年的话滋养了我的生命!是您在我自卑的心里种下了一颗种子,就像在绝望的田地里种上了希望的禾苗。您的一番话真的可以让我灰暗的天空瞬间变得充满阳光！"

我的亲身经历让我对"老师"这个职业充满敬畏。一个人，一个微笑，一声肯定，一句赞美，就可能让一颗凋零的心再次绽放，从而改变一个人的一生。我一直坚信一个时代最不容败坏的就是医德和师德！这两者一个救治人的生命，一个救治人的慧命。

此前我一直没有想过自己有一天能够有幸成为老师。直到1998年，我在做企业的过程中需要给员工培训，自此和"老师"结缘。当自己站在所有人目光的中心，传道授业解惑时，我更加体会到老师那种呕心沥血培养人的辛苦，也更加体会到辛苦背后，看到每个人都因你而成长时的喜悦！

及至后来，创办山东聚成，我开始更系统、更专业地对外培训，成为名副其实的"刘老师"。看到来自五湖四海的学员们都因我的课堂而受益、成长，那种自豪感是再多的物质财富都给不了的！一次下课后，台下一名女企业家冲我跑过来，激动地说："刘老师，我之前是个特别不爱学习的人，但是自从听了您的课之后我开始喜欢学习了。这是我第四次交费听您同样的一堂课，每次都有不同的收获！您的激情感染着我，您的幽默吸引着我，您的积极向上激励着我，我对未来更加有信心了！现在我的员工和女儿都说我像变了一个人似的！"看到她脸上那种情不自禁流露出来的笑容，那一刻，我才真正明白"园丁"的含义。老师就是园丁，真的是用心去浇灌每一朵花，在细心呵护下，鲜花绽放时，心中会有一种千金难买的成就感！

2006年，博鳌论坛上，国际政商群贤毕至，纵论风云。我有幸成为被中央领导人接见的企业家之一，交流时，领导人得知我此前做医药，后来做培训，饶有兴致地问道："为什么从医药转行到培训了？"

"现在国家和国家之间，是经济实力的竞争，更是企业间的竞争。我做医药稍有成绩，如果能把这些管理经验分享给更多企业家，让他们有所启发，把企业做得更好，那么济南的经济就能更好一点，山东的经济就能更强一点！我觉得这对中国经济的帮助更大一点。"领导人对我的回答露出赞许的微笑，在举杯之中表达了对我们这批青年企业家的勉励之情。

2007年，我从培训行业转到母婴行业，变的是行业属性，不变的是我依然站在讲台上，是大家心中的"刘老师"。培训是婴贝儿的原生基因，因为我一直坚信企业家不仅是教人做事，更重要的是教人做人。在婴贝儿的各个岗位上都有一群十分优秀的人在为了梦想而努力奋斗，而我的工作就是为她们服务。我希望能够通过"老师"的力量，在传道授业中培养出一批英才，让她们在阳光下尽情绽放！《齐鲁周刊》的记者由卫娟在采访我后，深深感受到我对"老师"这个角色的执着，所以将我的人物特稿命名为《刘长燕：每个企业家都应该是培训师》。

我身上"老师"的属性深深影响着我在婴贝儿的创业实践。

"刘老师，对手××母婴店的老板混进来了，我这就安排人把他请出去！"婴贝儿周年庆启动大会上，现场工作人员神情紧张地过来向我汇报，有同行"潜伏"进来了！

原来，婴贝儿周年庆的启动大会已经成为整个山东母婴行业的一道奇观，众多厂家都会来到启动大会的现场，观摩这场企业文化盛宴，被这里的斗志昂扬和激情疯狂所震撼。对于所有的厂家我们都是敞开大门，笑脸欢迎，启动大会全程公开，在这种情况下，很多竞争对手也混在厂家的队伍里，潜伏卧底，"偷师学艺"。

面对义愤填膺要把同行请出会场的员工，我的回复是："不用，人家愿意掩藏身份来，说明看得起婴贝儿。"

我之所以这样说，是因为我一直坚信同行不是敌人，而是成就婴贝儿最有力的一双手！在某种程度上，竞争越激烈，婴贝儿越受益，没有强有力的同行，婴贝儿很可能就像温水煮青蛙，在不知不觉中被市场淘汰。另一方面，因为我自身的"老师"特质，我一直信奉《论语》中提倡的为人师者，"有教无类"。一名老师应该有的胸襟和格局就是对任何人都可以给予教育，分享知识。

"刘老师，澳优其他母婴店的厂促也可以来这次培训吗？"澳优乳业（中国）有限公司（以下简称"澳优"）能力多事业部总经理宋艳曾经向我定制了英成三实销售特训营。开营前，她试探性地问道，语气小心翼翼，因为这意味着我是在给竞争对手培训。

"当然可以！"我回答得干脆利落。

"太感谢您了！我们之前还一直担心您不同意呢，没想到您答应得这么爽快。"宋总先是一愣，然后长舒了一口气，用感谢的语气对我说。而在我看来，这是为人师者应有的气度。

我身上有着各种社会角色，但是最打动我的还是那句最简单亲切的"刘老师"！我迷恋于这样一种感觉——在当老师的过程中，呕心沥血地传授知识，看着一个人的生命因而发生改变，用自己在讲台上的能量去影响更多人，这实在是一件意义非凡、无比神圣的事情。我曾一次次做梦，梦见自己的前世是老师，自己最终的归宿是讲台，这种对老师的信念感一直延续到今天。**人终有一天会离开这个世界，如果我的墓碑上一定要写一个身份的话，我希望是"老师"。**所以如今我不仅是婴贝儿的创始人，还有另一重全新的身份——英成三实商学院创始人。

早在2007年，婴贝儿商学院成立的那一天，我就充满期待地和大家说："我有一个梦想，今天虽然我们只是对内培训自己的员工，但将来我们一定会用培训的力量帮助更多企业！"2019年，我当初的豪言壮志开花结果，英成三实商学院正式成立！

从2007年创办婴贝儿商学院，到2019年成立英成三实商学院，十二年弹指一挥间，是一场天干地支的轮回，更是一场关于培训师刘长燕的自我突破之旅。我用婴贝儿的十二年，为英成三实商学院备了一堂大课。这堂课，备得格外辛苦，却也格外充实。关于婴贝儿的酸甜苦辣、风风雨雨，都成了我再次登上讲台的丰富养料！很多企业家朋友都说："您是企业家中最好的老师，也是老师中最棒的企业家！"

我能想到的我人生最伟大的时刻，不在聚光灯下，不在颁奖台上，而是在一个又一个平凡的讲台上，把一颗颗希望的种子种在每个人的心田，就像当年陈殿军老师在我心头轻轻种下那颗种子一样。看着学员在我的课堂上，经历着从迷茫无助到找到人生梦想的华丽蜕变，还有什么比这更神圣、更纯净的呢？

为老板解惑

这个世界上谁是弱势群体？你可能会说老人、小孩、残疾人。其实还有一个弱势群体，说出来可能会让很多人感到意外——老板。有人一定会问，老板们都是开着豪车、住着豪宅，享受着奢华的生活，他们怎么能叫弱势群体呢？

实际上，大多数人看得到的是他们人前的光鲜，看不到的是他们人后的痛苦。我创业很多次，深知这份痛苦是如何在深夜敲打着老板们每一根敏感的神经。婴贝儿走到今天，有人会说："如果当初跟随你一起创业就好了！"但我很清楚，当初跟我一起创业的人很多，但真正坚持下来的又有几人？每天顶着亏损一万多的巨大压力，让我回想起来依然痛感十足。每天看不到希望的纠结与迷茫，让我如今依然难以忘怀。那是一场押上身家性命的豪赌，一场拼搏到无能为力依然可能一夜回到解放前的冒险。经济上的压力和精神上的痛苦，这双重折磨在一个个深夜一口口吞噬着你关于创业、关于未来的所有希望。

如果当初失败了，我面临的将是巨额的负债和可能永远难以翻身的巨大风险。有人说创业九死一生，著名投资人阎焱曾经表示中国的创业存活率不会高于1%！按照这个比例来看，创业何止九死一生，简直就是百死一生！员工有千千万万条路可以走，这家企业不行了还有其他企业作为退路，但对于老板来说，唯一的退路就是无路可退！古人曾说"一将功成万骨枯"，这份惨烈用在创业中同样合适。一个成功老板的背后，有着无数老板失败的惨痛教训。

最初创业，我只想挣点钱提高自己的生活品质，但当企业越来越大的时候你会发现，你不再是为自己了。今天婴贝儿有两千多名员工，就意味着我不仅要对自己的家庭负责，更要为两千多名兄弟姐妹的家庭负责。企业的一点风吹草动，都有可能给上千个家庭带来巨大影响。也就难怪有老板开玩笑说："创业就是上了一条贼船，一旦上去了就下不来了。"

我深知老板们的不容易。不说风云突变的市场和异常残酷的竞争，单说企业内部的管理就已经足够让人累心累神。什么是企业？"企"字上面是"人"，下面是"止"。人不成长了，企业就会止步。人永远是企业内部管理的核心要素之一。如何自我成长，如何管理人、培养人、服务人，是很多老板每天思索，却永远没有终极答案的问题。

从2003年开始，我就到全国各地去学习，投入了大量时间、精力、金钱。外人看到的是我对学习的狂热，可是很多人没想过的是，我在做企业的过程中，该是有多迷茫、多困惑、多有危机感，才会如此狂热地去四处学习？就像生病的人，总要四处求医，只要不在求医的路上，心里就不踏实。

在培训台上，我不仅是培训师，更是有着丰富创业经历的老板，所以更清楚老板们有多难。老板们不仅自己需要成长，还要帮助员工成长。可当老板们自己都很困惑的时候，员工又怎么可能清楚方向呢？没有一个员工来到企业是想做差员工的，谁都想做好，但关键是谁为他们指路、给他们方法、教他们技能呢？所以很多老板都把为自己解惑、为员工赋能的希望寄托在培训上。

中国企业的发展离不开优质培训，改革开放后如雨后春笋般兴起的培训机构帮助了一批企业茁壮成长。但同时很多老板表示有些演讲式的培训，输出的知识是很丰富，但学员吸收效果有限，因此有人调侃说："培训就是上课的时候听着激动，走在回去的路上左右晃动，坐在家里就是一动不动！"

我希望把我在婴贝儿积累的经验分享给更多人，通过培训为更多企业赋能，切实解决老板们的困惑。英成三实商学院每次进行企业专场培训时，我都会带领商学院的团队提前进入这家企业了解情况，进行实地考察和交流，甚至还会作为神秘顾客去暗访，从而得到他们最一手的资料，了解每个企业不同的特点和问题。如同中医里的望闻问切，通过一系列的观察和切脉，全面诊断之后才能对症下药，药到病除。

薛记炒货（以下简称"薛记"）请英成三实商学院进行培训时，我并没有急着开营，而是通过和薛总的一次次交流，提出首先改变薛记的销售核算方式，才能开营培训。

开营后，培训不仅提升了薛记员工的销售业绩，更重要的是以此为契机，优化了整个薛记的招聘、绩效、人才培养等机制，解决了一直以来最让薛总犯愁的人员流动问题。零售行业招人难，所以面对一些工作消极的员工，老板也只能忍气吞声先用着。

在英成三实商学院培训的过程中，四名薛记员工态度懈怠，周围所有人都在努力学习，这些人还这么不配合，可想而知在门店里一定是负能量爆棚的。这种负能量就像是可怕的病毒，可以在企业中迅速传染，直接影响其他员工，让管理变得寸步难行，让原本可以积极工作的人也开始混日子。管理就是管风气，绝不能让一颗老鼠屎坏了一锅汤！最后，在我的建议下，培训过程中薛记直接清退了这四名员工。结果，其他人不仅对培训更认真了，而且工作热情更加高涨了！更有一名员工，原来准备离职，结果培训后不仅不离职了，还主动要求上全天班！

如今，薛总再也不会战战兢兢担心员工离职！薛记在培训后，以壮士断腕的决心，厉兵秣马，锐意改革，在一场大的颠覆中迎接一个脱胎换骨的全新薛记！员工李云起培训前原本已经准备离职，所以培训第一天别人都全力以赴的时候，他却在全力应付。我当场棒喝，将其喝醒。后来，在课堂分享环节，他用忏悔的语气真诚地说："之前觉得自己已经做得尽心尽力了，来了这里才知道原来根本没有全力以赴。刘老师的课堂让我真正感受了全力以赴的激情热血，从这一刻开始，我要成为一个真正全力以赴的李云起！"

之前李云起所在门店两名销售员每天营业额总共也就一千多元，培训结束后再回到门店，光他一个人一天的营业额就有四千多元！后来更是飙升到七八千元！有一天薛总去店里，看到他正对着空气讲话，问他干什么，他说："虽然店里只有我一个人，但也要每天开早晚会，给自己制定目标，总结经验！"后来，由于表现突出，他被提升为店长，而后又被提升为旗舰店店长。事实证明全力以赴的李云起就像是业绩吉祥物，走到哪里哪里业绩飘红，旗舰店在他的带领下销售额一路飙升！很多人都惊讶地说："这还是之前那个自以为是的李云起吗？"还有员工为他编了口号："李云起李云起，走到哪里业绩起！"像李云起一样发生巨大变化的员工不在少数。薛总高兴地说："以前几点下班店长说了算，现在是员工说了算！没完成当天任务都不好意思下班！还有个员工，主动给人力打电话说要调店，因为想去更有挑战性的门店锻炼自己！"薛记人资总监王祥垒兴奋地说："一场培训下来，让管理更有底气了！原来不敢管，怕把人管跑了，现在明白了不合适的员工就要及时清理出团队，把位置留给有能力的人！现在大家扔掉了懒散，竞争意识更强了，干劲更大了！"

更让周围人感到惊讶的是，一场培训后，就连薛总都变得红光满面更加年轻了！他激动地说："今年给门店定销售业绩的会议我都没参加，感觉薛记发展了27年走不动了。结果刘老师的培训，让我又看到了希望！之前我到全国各地参加了那么多培训都没学明白，没想到这次来英成三实商学院解决了我的困惑和问题，让我一下子明白了路该怎么走！让我对薛记的未来充满了信心！现在，无论在何种场合，只要见到刘老师我都会向她恭恭敬敬鞠一个九十度的躬，我的所有感恩之情都浓缩其中了！"

一场培训为薛记带来巨大的赋能效应，因此周围很多朋友对我说："你这哪里是培训干的活儿？你是连咨询公司的活儿都一起干了！"对此，我笑了笑，说："尽我所能，能帮多少就帮多少。"

如同薛记炒货一样，来英成三实商学院培训的企业来自不同行业，有着不同的困惑：山东慈惠仁健康科技有限公司（以下简称"慈惠仁"）董事长付海洋，毅然承担起复兴传统中医的使命，有好的专利却无奈员工都很"佛系"，用他们自己的话说"不好意思和顾客要钱，好像收钱就是难为顾客一样"；济南瑞诚汽车配件有限公司（以下简称"瑞诚汽配"）总经理曹洪翠说之前竞争比的是谁有货源，现在新的市场环境变了，更考验企业配套的管理能力和销售能力，发展中短板一下子显现出来，如何提高员工的销售能力实在是让人头疼的问题；济南信义通铝业有限公司（以下简称"信义通铝业"）董事长胡金忠更是面临着创业元老们理念不合的大难题……面对各自不同的问题，我们总会调整授课内容，为企业提供更有针对性的帮助。

慈惠仁付总在培训后感慨地说："以前都是培训机构追着我们，而参加英成三实商学院的培训必须是我们追着他们。刘老师会根据每场培训人员的整体素质和具体需求，及时调整培训内容，每一期的课程都有很多不同。这就是英成三实商学院最与众不同和敢拿结果说话的地方，因为它是以传统文化为准绳的培训，采用张弛有度、阴阳互补、法无定法、应机则妙的教学风格。处处做到因材施教，时时关注学员状态。1:6的辅导老师保证了能够及时指导和监督学员的学习情况，1对1的严格考核更是创下了培训之最啊！老师们用心，学员才能动心，结果才会暖心，这才是英成三实商学院从来不让人失望的原因！也是我们交完全款还要排队等三个月也心甘情愿的原因！"

很多人都问我："你配备这样的师资，一场培训下来成本是不是太高了？别人是一个老师讲天下，而你是一群老师促吸收！而且你这样因材施教，不就很难批量化复制、大规模培训吗？"我笑着说："**英成三实商学院的愿景是做最专业的实战商学院，而不是最赚钱的商学院。我追求的是培训行业的'匠心'，就是要带着匠人精神去培训。在我看来，匠人精神就是专**

注于一件事，不追求大工业批量化生产的速度，而是精益求精、投入心血打磨每一件产品。怀揣匠人精神去做培训，注定是一场慢培训，因为我本来追求的就不是大规模，而是高品质！英成三实商学院的使命就是深耕实战培养模式，培育商业实战精英。只要能帮助学员带来实际的学习效果，多一些成本也是值得的！"正是因为追求"匠人精神"，所以培训结束后，我们还会为企业提供一份所有学员的表现分析表，帮助企业发现潜力无限的好苗子，同时挑出潜在的定时炸弹。有人说："刘老师，您的一场培训不仅是做了咨询工作，还把人力资源的活儿都干了呀！"

英成三实商学院恐怕是中国唯一一个以企业化的方式进行培训，却不给工作人员定任何业绩指标的商学院。成立初期，院长孙维维问我："咱们是不是制定一个年度业绩目标任务？"我说："我们是老师，不是业务员。老师的任务就是好好教学，传道授业解惑才是老师的根本。你们的唯一目标就是呕心沥血地教好学生。酒香不怕巷子深，教学质量好自然有人排队等着培训。把心沉下来，好好做老师，是我对你们唯一的要求！"

我希望在市场经济的狂风猛浪里，带领英成三实商学院，释放培训行业的正能量。我的能力和时间都有限，但我还是愿意不断压榨自己的时间和精力去帮助有缘的老板们，让他们不再长夜失眠，真正为老板解惑，为员工助力。我也希望将婴贝儿成功的经验传播到不同行业，助力更多企业扬帆远航，劈波斩浪，帮助更多人重拾曾经的梦想，遇到更好的自己！

薛记蚬变记

慈惠仁蚬变记

实战培训，实践训练，实效说话！

"我不愿意投入培训，因为费时费力费钱，投入成本大，但回报不佳。"不止一个老板这样说。

"我不喜欢参加培训，虽然老师讲的都对，但是回去之后也没帮我提升多少销量，反而耽误了销售时间。"不是一个员工这样讲。

上面的话都是老板和员工发自内心的想法。现在很多企业都陷入了培训怪圈。一方面，老板们知道企业不培训不行，愿意花钱培训；但是另一方面，培训投入了很多，却常常达不到预期效果。老板们又开始纠结到底还要不要培训？

我十分理解老板们的疑虑。纵观当今的企业培训，绝大多数都是邀请老师来讲两天课。过程中，老师讲得激情昂扬，学生听得聚精会神，笔记记得密密麻麻。可是，结果呢？培训结束，又有几人再翻翻本子复习？过几天讲的内容基本又都还给老师了！让培训产生实际效果的关键，不仅在于老师讲了多少，更在于学员吸收了多少，在实际工作中运用了多少，运用后又创造多少实际价值！所以导致很多培训有开头无结尾，有理论无实践。

我既是老板，又是培训师，所以一直在企业实践中探索着最有效的培训方法。在竞争如此激烈的环境中，**你可以拒绝学习，但是你的竞争对手不会**。培训是投资，不是消费。投资是会产生回报的，而一场好的培训会带给你意想不到的回报率！这也就是为什么十二年间我全情投入到婴贝儿的培训中。我用十二年摸索出一套行之有效的培训体系：用实战的方式培训，用实践的形式训练，用实际的效果说话！这套体系被一次次验证，所以我每次都底气十足地对身边的企业家朋友说："**培训是最贵的，但也是免费的！**"

"用实战的方式培训"是指老师先对学员进行启发式引导，再进行**系统讲解。然后学员通过一对一模拟演练的方式训练，快速理解，吸收**

精髓。在实战中深化学员对内容的理解和掌握。整堂课下来，不仅是老师在讲，学生也在讲，在这种体验式互动教学中出现的任何问题，都会有老师现场指导，及时纠正。

每日的出门考和进门考都要求学员将所学内容当天吸收。培训课堂上，学员们积极思考，踊跃发言，从之前的被动学习变成主动学习。整堂课下来，没人走神，没人打盹，全都聚精会神，全情投入。老师从过去讲台上的单向输出，变成教学相长的双向互动。学员兴奋地说："这样的课程才是我们最需要的、最有用的！"

"用实践的方式训练"指"站在岸上是永远学不会游泳的"，老师给分析得再透彻，示范得再标准，学生本人不下水不可能学会游泳。学习知识不是目的，能运用知识并产生实际价值才是目的。所以我们要求所有学员回到岗位后，每天都要发视频，可以是用所学知识接待顾客时的现场视频，也可以是将同事作为顾客，运用所学技巧进行模拟销售的场景。同时，学员还要写每日成长和每日一惑，将自己在销售实践中遇到的成长和困惑发给老师。商学院老师不仅要对学员每天的视频和分享打分评价，还要一对一地指出优点和不足，针对每个人的疑惑给出具体的解决方案。信义通铝业的胡总感慨地说："英成三实商学院的老师们连作业里的错别字都给大家挑出来，拍的视频哪里有问题都会给一一指出，不合格的要求重新发，检查作业的严格程度是我前所未闻的！"

之所以要在实践中训练，是因为一个人的行为是由他多年养成的思维方式决定的，改变原有的思维模式很难，只有在实践中不断训练才能真正打破旧模式，形成新模式。

英成三实商学院的实战培训、实践训练之所以能带来巨大的实际效果，还在于教学过程中真正做到了因材施教。来接受培训的学员来自母婴、汽配、铝业、养生、炒货等不同领域，有初中学历的基层员工，也有年薪几十万的高管；有对营销毫无概念的佛系员工，也有营销能力已经十分优秀的销售老手；有女性占绝大多数的班，也有男性占绝大多数的班。如同中医里的望闻问切，每人一方，我们会针对不同特点的学员及时调整授课内容和方式。

变的是授课内容，不变的是我一以贯之的"三实"体系——实战培训，实践训练，实效说话。这就是为什么很多企业都会慕名而来，即使付完全款还得再等三四个月也要参加英成三实商学院的培训。澳优的宋总说："只要能接受英成三实商学院的培训，就是我们的福气啊！"瑞诚汽配的曹总得知我开始对外培训后，说："刘老师，您开销售班，我们公司所有销售人员都报名；您开管理班，我们所有管理人员都报名。总之一句话，只要是您的课，我们全报！"

薛总曾经带着高管来观摩我对新员工做的培训，在播放视频的间歇，迫不及待地跑过来找我，诚恳地说："刘老师，您一定要给薛记培训，婴贝儿是英成三实商学院的孩子，薛记也是英成三实商学院的孩子！"我笑着说："现在没有培训的档期，下课再说，您先回到座位上听课。"反复劝了好几次才把他劝回座位。没想到，他转头又去找院长孙维维："孙院长，您快把商学院的账号给我吧！我现在就打钱！只要能给我们培训，时间、地点都听商学院的安排！"孙院长惊讶地说："我早就听说只要是刘老师的课，很多老板在不知道时间和地点的情况下都抢着交钱等着上课，之前觉得那是天方夜谭，今天真的让我见识到刘老师粉丝的疯狂了！"

"用实际的效果说话"就是要保证一场培训下来能为企业带来实打实的积极改变。而这种改变让很多人直言"难以置信"！

薛记炒货培训后，16天成功挑战月度任务，销售达成率176%！更有意思的是，薛记炒货此前一款鱼皮花生每个月卖500瓶就算爆品，来英成三实商学院培训后，22天卖了上万瓶！销售直线提升20多倍！薛总惊呼"太不可思议"！之前他去天津厂家定50吨花生都胆战心惊怕卖不出去，培训后再去挺起腰板大手一挥，定500吨！

澳优英成三实销售特训营结束后，所有来参加培训的一线销售人员仅用18天就超额完成之前30天的任务。长沙总部派来两位培训负责人，全程跟完培训后表示："没见过这么热烈的培训现场，更没听过如此实战的内容，这样的培训我们真做不了！"瑞诚汽配培训后，仅用16天就完成1417万元销售额，超额完成561万元，销售达成率166%。信义通铝业也仅用16天就实现了销售额增加1683万元的神话，业绩达成率190%！慈惠仁更是创造了销售增长率之最，业绩达成率高达442%！

　　信义通铝业的胡总在台上分享道："之前我很痛苦，企业经营得太难了，我经常一个人偷偷掉眼泪。没想到培训带来的效果不仅提升了销量，还帮我解决了内部凝聚力的问题。老员工在公司的时间比较长，十几年干下来，难免有些人对公司有怨气和不理解，对老板有隔阂，工作状态比较低迷。通过这次培训，我感觉把这些老员工又激活了！回来后明显感觉他们对老板更理解，对公司的认可度增加了，开会的时候大家还能在一起说些心里话！"

　　变化更明显的是慈惠仁的员工们。慈惠仁的镇店之宝"经络排毒"具有国家认证的专利，排毒效果十分明显，我就是受益者之一。但是让我感到心痛的是这么好的技术却因为员工不会营销而让受益者寥寥。总部专家黄杰自责地说："从去年以来，已经有七名来店里查体的顾客去世了，就是因为我不好意思和他推荐我们的排毒，如果我早点学到这些知识，说服他们排毒，就是救了七条人命啊！"

　　结业典礼上，付总说道："我们是给人排身体的毒，而刘老师是给我们排精神上的毒，不仅给了我们'术'的成长，更给了我们'道'的指引。这次来参加培训的慈惠仁同仁们，在刘老师和英成三实商学院诸位老师的同心引领、精心打磨中，生命重新绽放，这股力量会帮助大家在家庭、交友、工作等方面带来多重收获！并把慈惠仁可以救人于病患的'经络排毒'推广给更多患者，让我们不仅有心救人，更有行动和力量救人！"

　　我一直坚信，**实际的效果才是培训的核心竞争力**。所以我坚持用心打磨以结果为导向的培训体系，有效果比有道理更重要！这也就是为什么很多学员在英成三实商学院结业后激动地说："这是我拿过最有含金量的毕业证！"很多老板都笑着对我说："以后我们招人，凡是看到有英成三实商学院毕业证的都直接录取，因为能在刘老师这里毕业的人实战能力肯定强！"

山东熟食行业龙头企业济南圣都食品有限公司董事长李志勇，曾经对我说："看到薛记通过您的培训后，发生天翻地覆的变化，我真是羡慕不已啊！我们公司发展了三十年，越来越觉得现在的年轻人难带。现在才明白之前我们虽然特别重视培训，但都是给中高层管理者培训。实际上，作为零售行业，基层员工就像我们的四肢，是他们在创造业绩啊，我们却忽视了对他们的培养和教育。婴贝儿的培训做得太扎实了，难怪你们的员工这么有激情又专业！真的是感谢英成三实商学院愿意把婴贝儿背后的文化秘诀分享出来，复制到各行各业！"

作为公开培训的机构，我之所以敢不设立销售推广部门，也不制定业务指标，就是因为学员才是最好的推销员！不要说业务难做，那是因为你产品不佳，品质不精。如果一场培训能够让老板看到实打实的效果，哪个老板会不动心？"英成三实商学院"几个字的背后，体现着我精心打磨的培训理念——用实战培训、实践训练、实效说话，三实精义成就英才！

英成三实销售精英
实战擂台赛1

英成三实销售精英
实战擂台赛2

营销的最高境界：真爱无敌！

早年创办山东聚成时，我创造了无数讲师向往的售课神话：2007年，在聚成集团所有研讨会老师中，我的成交量是全国第一，经常课还没讲完，中场休息时就有企业家要交钱买学习卡。这一年底，聚成集团全国总经理月度会议在西安召开，邀请我去给大家讲课，同时要求集团所有研讨会老师都到现场观摩，并且全程录像，把我的课程刻成光盘寄到各分公司推广学习。于是，我就开始接到来自各地的电话——

"刘老师，我比着您的课程一字不差背下来的，怎么就达不到您的上课效果呢？"

"我连您上课的手势和语气都模仿着学，可是怎么就没有您的感觉呢？"

......

"你学走了我外在的形，却没有我内在的魂。"我在电话里笑着回答。

我一直坚信，中国的培训台上，会有千千万万各具风格的培训师，但刘长燕只有一个！曾经有一次下课后，学员激动地过来告诉我："刘老师，您就像太阳女神一样给我力量！您就是女版的安东尼·罗宾①！"我笑着说："不，我是世界上独一无二的刘长燕！"

做世界的刘长燕，这份自信来自我的培训之魂——真爱无敌，无欲则刚！

"真爱无敌"指用一颗挚诚的心，全心全意地投入培训。我在课堂开场时说道："我知道做老板的都是很孤独的人，因为我也是老板，我们都是高处不胜寒。今天这堂课结束后，我们很可能这辈子都不再见面。所以我想在这三个小时里，和大家分享一些别人不愿讲也不敢讲的真话，或许您听起来可能不是很舒服，但是一定会让您很受益。我只想对得起您掏的学费、付出的时间以及对我的信任！"我相信世界上没人会拒绝别人对他的真心真意。为什么我常常讲着讲着就热泪盈眶？因为我是抱着满腔真心，去分享最有价值的内容。为什么我能在讲台上如此激情昂扬？因为我想用自己的那份激情去点燃别人的激情！当你敞开心扉去释放真情时，他人自然会有共鸣。

---

① 安东尼·罗宾，世界公认的潜能激励大师、世界第一成功导师、世界第一潜能开发大师，主要著作有《激发无限潜力》《唤起心中的巨人》《巨人的脚步》等。

山东舜邦商业运营有限责任公司总经理徐磊听完我的课后，给我发了长长的微信。

　　于我而言，初识只是匆匆，而后也仅仅是匆匆，都忙。偶尔几次电话，几个微信，业务多，问候少。但是对于我们这个年龄来讲，看人，几个眼神，聊天，几句话语，对了便是对了，所以总有些默契的香火情分，得以让我有机会近距离去倾听，去品味这一堂课，和这一个人。

　　成功，可以去形容她，但绝对涵盖不了她为之所付出的思考和殚精竭虑。一路走来，那光鲜的外表、充沛的表达之下，百千倍的付出，是我能够清晰地感受并体会得到的。困惑于她如何能将1600多位不同年龄阶段、不同学识修养、不同学历、不同经历的人，聚拢起来，一往无前；困惑于那一双双泪眼，一次次深情拥抱，彼此和睦是如何得来的，毕竟，我们带团队，太知道人心的复杂与多变，与好坏无关，那是人性。

　　在她，凌晨从外地赶回来，只为了新员工入职的这一堂课，足可见她对这一次见面的重视。然后便是讲台上五个小时，无NG，无尿遁，无走神；有泪水、有呼应、有至情至性的疯狂。

　　几句话，就将人带入一种情境当中，沉溺其中不能自拔。难得是那种不带功利色彩的真，贯穿于每一位新员工的生活、家庭、工作，以及世界观、人生观、价值观等。

　　这世界的样子，是我们的内心对外折射出的色彩所进行的填充，你是怎样，世界便是怎样。你是黑白，就别期待彩色；你善意直率，那处处都是鲜艳与芬芳。于是，她的美丽，变成一道七色的虹，架起一道沟通的桥梁，抵达每一个与之交往的人的心底。

　　于是无往而不利，包括事业、员工、友人、家庭，等等。智慧、正道、真诚，于我而言，幸之又幸的遇到。

　　　　　　　　　　　　　　　　　　——献给我心中的刘老师

图 9-1 用一颗真爱无敌的心投入课堂

"真爱无敌"的秘诀几乎在所有人身上都能带来神奇效果。时任惠氏华北大区总经理黄华文为了能够让华北区所有核心管理干部能够聆听到我的课程、参观婴贝儿，决定把他们大区的总结大会改在济南召开。当时，他们的管理人员和基层销售人员出现隔阂，导致人员流失，业绩低迷。课程分享环节，惠氏的一位管理者上台失声痛哭，说道："听课前我一直觉得下面的员工事多难管，听完刘老师的课，我才知道基层员工有多不容易！我没有像关心家人一样关心他们，却要求他们像爱家一样爱公司。这一刻，我觉得特别对不起他们！"惠氏商学院院长季菁特意从总部赶来，听完我的课后，十分感慨地说："您的课就像哈佛商学院的案例教学一样，通过一个个生动的案例，帮助大家打开心门，洗涤心灵，释放激情。真没想到，在两个小时的课上，您就能把所有人点燃，让他们放下面子，检视自己，坦诚表达，真情流露，最后发自内心地想去寻求改变！我之前看婴贝儿的视频，以为这种状态只有婴贝儿人能有，今天我才发现，是只要有您的地方，就能带来这种状态！"

其实，我之所以能爆发出如此巨大的能量，就是因为我是发自内心地想帮助这些员工，让他们意识到培训、工作和生活的意义与价值。老师怀揣真爱教授知识，学员一定会感受到。慈惠仁专场培训结束后，我十分意外地收到一封信：

> 刘老师：
>
> 您好！
>
> 能够遇到您真的十分幸运，您站在台上，不用说话就是一股力量的存在，指导引领着大家。台下每一位慈惠仁家人们都能感受到您的用心和付出，感受到您看到我们如此"佛系"时的焦虑。您不辞辛劳地一遍又一遍提点，怕我们再回到"佛系"的状态，怕我们回去之后没有业绩上的提升。我有许多感恩的话想对您说，虽然觉得有些老套，但还是忍不住俗气一点，让我真诚地向您说一声感谢！
>
> 带着这份感恩的心继续前行，松懈时能听到您在个人公众号发布的"长燕正能量"的音频，就感觉又充满了力量！
>
> 吕燕 敬上

读完信后，我的眼角湿润了。作为老师，在讲台上播散出去的每一份热爱，都会在不经意的某一天给我们带来意想不到的感动！

"无欲则刚"指我们和他人交流的时候，由内而外散发的气场。是一心想着销售，算计着如何从别人口袋里掏钱放进自己的口袋？还是真正站在对方的立场，很真诚地想去帮助他们解决问题？**起心动念的出发点不同，由语言、行为、神态等各种因素共同构成的气场就会不同。当你内心无欲时，就会充满自信与力量。**

"真爱无敌，无欲则刚"犹如传统文化中的一阴一阳，"真爱无敌"是内在柔软温暖的真心，"无欲则刚"是因为有了这份真心才能外显出来的自信霸气。作为一名女性培训师，要让那些男老板认可并不是一件容易的事。正是因为"真爱无敌，无欲则刚"，所以我才在上课的时候得心应手。因为我是发自内心想去帮助每一个听课的人。我在培训中总会告诉员工，该我们挣的一分钱都不能少，不该我们挣的一分钱也不要！所以为顾客推荐东西时，一定要推荐她真正需要的，如果纯粹为了赚钱推荐顾客不需要的东西，对方一定会感到的。同样，当你全心全意本着为顾客负责的态度去服务时，对方也能感受到你对她的那份负责任的爱。

"真爱无敌，无欲则刚"的培训之魂，如今同样在英成三实商学院落地开花。怀揣真爱打开所有人的心门，解决员工为何而战的内动力问题，这才是英成三实商学院培训的画龙点睛之处。

很多人对培训抱着应付交差的心态——"公司让我来的，没法不来"，有些甚至抱着抵触的心态——"耽误我卖货，少挣多少钱！"还有些人接受的培训太多，已经麻木了，就像一名高管来培训时分享的那样："我听过那么多的课，感觉都大同小异。这次老板让我来学习的时候，我最开始就抱着权当度两天假的心态。"当学员不能以积极的态度接受培训时，讲师再优秀、课程再优质都无济于事，就像你源源不断地灌水，却发现瓶子的底是漏的，输入的水再多瓶子都存不住！

所以打开心门是培训的第一环，也是最重要的一环。培训第一天的内容似乎和销售完全无关。实际上，这样的安排是无招胜有招。

第一天的培训不是讲授知识，而是打开心门。人从来不是为了赚钱而赚钱，而是因为对家的热爱才赚钱。当我在课堂上抽丝剥茧地为大家一点点分析"我为谁工作时"，所有人都被深深触动，泪流满面地悔恨过去虚度的时光，并且决心全力以赴迎接新的开始！因为我们的生命不仅属于自己，还属于那么多爱我们的人。我为何而战？为了自己有尊严的生活，为了成为父母的依靠，为了成为儿女的榜样！当大家知道为何而学时，内在的能量就会迸发出来！这也正是"真爱无敌"的魅力所在。心门一旦打开，学员自然全情投入。澳优宋总陪同员工全程参与了培训，她说："员工很难把培训和自身价值以及家庭关联在一起，而刘老师把它们串成了一条价值链，所以大家可以一直保持着满满的激情和斗志！"

我至今记得一名薛记的学员上台分享时声音怯怯的，后来在我的引导下，小声说出了平时不敢表露的梦想："我要当店长！""大声喊出你的梦想！让所有人都知道你是谁！"我用一百二十分的激情鼓励感染着他。最后，他提高声音，举着拳头宣誓："我要当店长！我要当店长！……"学员情绪激动，我根本无从喊停，二十几声一声比一声高的"我要当店长！"在教室汹涌回荡，学员喊到嗓子沙哑，哭得一塌糊涂。我相信，从这一刻起，他的潜力被彻底激发，接下来默默蓄力，必将开花结果。

慈惠仁的技术总监左温良，一个身材壮实的山东大汉，在上台分享时痛哭流涕地说："以前总是特别在意别人的看法，而且自我设限。来公司五年了，我还是把自己包裹得特别严实，总是放不开，做事畏手畏尾，非常痛苦纠结。今天刘老师的课帮我把心门打开了，感觉捆绑在自己身上的层层束缚都脱落了！感谢刘老师的教诲，让我整个人焕然一新、轻松无比！"

慈惠仁的学员范奉亮在培训结束后的一天，给我发来消息说："刘老师，我之前非常不愿意上台分享，因为害怕、胆怯，培训期间您和商学院的其他老师用各种各样的方法一次次将我唤醒，给我自信，渐渐地让我感受到了舞台的魅力和分享的快感。我还想跟您说一个好消息，接受了培训后，因为我回去表现优秀，所以公司决定让我当店长了，而且是12家门店之首的店！感谢您对我的用心，虽然和您单独交流不多，但您的每个动作和眼神都影响着我，我能感受到您强大的能量和想唤醒我们每个人的那份真心，感谢您以生命唤醒生命的方式唤醒每个学员！"

学员真心实意想努力学习，就像战士争着去训练，这时只要把武器交到他手上，他自然会无比珍视，拼命练习。这也就是为什么在英成三实商学院的特训营里，很多学员愿意点灯熬夜每天复习到凌晨三点，凌晨五点又接着起床学习，因为今天的努力影响的是家族的未来！

学员发自心底珍视培训，那么接下来培训带来的效果就是水到渠成的事情了，他们会发挥自己的智慧，努力把知识运用到实际中，带来让人意想不到的惊喜。

澳优学员尚荣强之前拜访了客户七八次，都没有谈成合作，培训后，又去拜访这个客户，只用了二十分钟，就成功促成合作。尚荣强分享道："之前和这个客户更多地谈商品，培训之后再去，运用所学知识前后谈了二十多分钟就成了。与之前最大的不同就是我更能从客户的角度去替他思考问题，看他真正需要什么，把合作过程中可能出现的问题都给他拿出解决方案。"

薛记学员李云起，早上六点多，在很多店还没上货的时候，已经卖出了大单："一个阿姨进门要买坚果，我一边拿坚果一边和她聊天，得知阿姨的爱人因为糖尿病正在住院时，就提醒不要吃每日坚果，里面果脯含有糖分。阿姨听了很感动，说小伙子你提醒得真好！接着我又陪阿姨聊孙子、聊儿媳，和她交流养生，她特别开心，多买了很多东西，还说：'小伙子，我就是来买东西的，没想到你这么关心我，等你叔叔病好了，我带他一起来看你，周围有朋友要买炒货的话，我一定多给你介绍！'"

我一直相信，**好的培训一定是怀揣着真爱无敌的心去做的。**培训讲师发自真心想去帮助企业解决遇到的问题，这样带着温度的培训，才是一场有灵魂的培训！

下 篇
文化的力量：
和谐共生，欣欣向荣

　　对企业文化的重视不是把文化架在圣坛上供人瞻仰，而是溶在每个人的心里，为大家带来心灵上的滋养和行动上的帮助，让文化发挥切切实实的力量和作用。这种力量绝不仅仅体现在帮助企业发展上，更体现在企业、员工与社会和谐共生的繁荣局面中。企业文化的终极指向是让内部的员工和外部的社会都因为我们而变得更好。

第十章

共享文化：人人都是创业家

　　从婴贝儿创业初期开始，我们就没有觉得婴贝儿是独属自己的。所以止亏之后做的第一件事就是分享胜利的果实，让最初一批跟着我们创业的人成为股东，"共创共享"是婴贝儿的历史传统。

　　二次创业以来，我们提出"人人都是创业家"的理念，将这一传统提升到企业文化和企业战略的双重高度。婴贝儿能够走到现在，就是因为有一群把婴贝儿当成自己的家去为之奋斗的人。公司今天的发展离不开每一名婴贝儿人的努力，我的愿望就是让为婴贝儿奋斗的家人们都能享受到收获的喜悦！

最好的管理方式是分享事业

你有一个观念，我有一个观念，大家交换一下就会有两个好观念，甚至还会在碰撞中产生第三个观念，这就是分享的价值。有些人觉得把自己的东西拿出来分享给别人，一定会让自己的越来越少。其实，有些时候占为己有等于一无所有，反之亦然，分享的越多我们得到的也就越多。

我认为最好的管理方式就是分享事业，把最好的事业分享给一群志同道合的人。从婴贝儿刚开始创业，我们就抱着开放的心态，希望把婴贝儿做成一份大家分享的事业。初期亏损时，跟随我的一批老员工就提出要拿钱入股，共渡难关，被我们拒绝："在看不到盈利的希望时拉人入股，不就变成害人了吗？"但大家这份患难与共的情义我们一直感念于心，没有他们卖房子也要干的决心，我们就不可能熬过那段惨淡的时期，没有他们每天加班加点的付出，婴贝儿就不可能抗住那么多磨难。当时，我们许下承诺：止损第一天我们就吸纳股东，带着兄弟姐妹一起赚钱！

2009年4月1日，我们兑现了最初的承诺，第一件事就是吸纳了首批八名股东。周晓宁至今回忆起当年成为首批股东的场景，仍满脸荡漾着幸福地说："通知我可以入股的时候，感觉特别意外和惊喜！我从来没想过我一个做财务的可以成为一家企业的股东！回去跟家人说明情况就马上拿钱入股了，因为我知道刘老师和贾总一定不会亏待我们！感觉这是公司对我的信任和嘉奖,特别感谢刘老师和贾总,他们真是舍得把公司分享给大家!"

员工入股的惯例一直延续至今,会员管理部部长乔祥敏、职能中心政委王云云、用品品类部总经理孙倩、财务共享部副部长彭雯等一批兢兢业业的员工,凭借对公司的热诚和付出,先后将集团股东的水晶证书抱回家!

二次创业以来,我们希望将这种分享的传统推而广之,让更多的人享受到企业发展的果实。我们想让每个人都成为企业的主人,让她们真正获得参与感。于是我们种下一个美好的愿景:人人当股东,个个拿分红!在这份愿景的驱动下,我们进行了门店持股、众创众筹、分享计划等多种形式的探索。

最初在企业内部推行门店持股时,一些员工将信将疑:"能找到一个按时发工资、交保险的老板,我们就已经很知足了,怎么可能有这么好的老板还会把公司的利润分给我们,让我们成为股东呢?"

为了消除大家的疑虑,在推行门店持股的最初阶段,我们打破年度分红的惯例,改为月度分红,而且所有符合条件想入股的员工,如果员工家里经济实在困难,可以向公司财务处统一借钱,相当于门店入股的钱公司掏,分红的钱归员工。渐渐地,越来越多的员工理解了这一做法。

"你能先不投吗?"时任店长唐玉英的老公听说她要交股金,用充满质疑的语气问。

"这是好事为什么不投?"唐玉英反问老公。

"一是咱们刚买完房子,实在没钱;二是你这叫投资,有风险。"唐玉英老公反对的态度十分明确。

"这么多年,刘老师说的话都兑现了。他们既然说这个事有钱赚,我就是砸锅卖铁都应该先投上!我觉得刘老师让我们当股东就是想兑现她的承诺,我刚来的时候她说让五年的员工都带上白金戒指,实现了;她说要给老员工实行分享计划,让我们每年都享受到更好的福利,也实现了;后来她又说让每个人都有机会当股东,现在就是在给我们兑现承诺,让我们一起当老板赚钱!"唐玉英坚定地说。最后她想方设法凑齐股金,成为最先入股门店的一批人，也是最先享受分红、吃到螃蟹的人。

时任和谐店店长袁红梅，当时七拼八凑也要借出钱来投到门店入股，她自信地说："投的钱都是投在我自己的门店，干得好不好，挣得多不多，我最清楚！换句话说，**不是我投资公司，而是公司在投资我的门店！**我身边很多朋友给别人打工一辈子，都没有这种自己入股当老板的机会，我赶上了这么好的一个公司，一定得抓住机会！婴贝儿创业的时候我没赶上，没能成为像玄总一样的人，二次创业我可不能再错过了！"

在一次次门店持股的宣讲会和真金白银的分红中，越来越多的人像唐玉英、袁红梅一样成为门店股东。入股的员工送给我们一个雅号——"中国好老板"！有人可能会问，厂促不属于婴贝儿的正式员工，有可能成为婴贝儿的门店股东吗？我的回答是当然能！在很多门店，厂促都被当作局外人，他们缺少归属感，没有安全感。而在婴贝儿，大家只有岗位上的区别，厂促和婴贝儿正式员工都一样。进了婴贝儿的大门，大家就都是婴贝儿人。这是我一贯坚持的理念，所以我们的"感动人物""五年醇""十年陈"等各种颁奖典礼上处处都有厂促的身影，同样，在门店持股上也是如此。

人人都是创业家，不仅仅体现在门店一线，总部职能部门同样洋溢着创业家的热血精神。采购部门率先进行阿米巴经营的尝试，在"采购当老板"的尝试下，通过调整商品结构、毛利结构等一系列操作，最终净利润远超同期，负责人蔡素洁拿到项目分红后，马上还清了前几年买房时的借款。她说："买房的时候我哥给我凑的钱，所以心理压力特别大，整晚地失眠焦虑，那几年每天想着都是还钱，拿到分红后把钱都还完，一下子没有了心理包袱，很感谢这个项目，让我整个家庭进入无压力状态！"

人人都是创业家，给大家带来的不仅是物质上的收获，更有心态上的改变。时任门店主管田春苗激动地说："在别的单位工作的时候，感觉只是为了工作而工作，只有来了婴贝儿才感觉是在为自己在工作。入股之后，感觉这个门店就是自己的了，心态一下子不一样了！"

成为股东后，大家从给别人干活的打工思维渐渐转变为老板的经营思维。我们曾经在企业内部尝试众筹项目，职能部门的王瑞萍入股参与后，本以为几千块钱的股金能有几百的收益已经很满足，没想到，最终的结果超乎想象，她激动地说："我之后的服务态度要更好，作为职能部门要更好地服务门店，把门店都服务好了，他们就能更快更多地卖货，我能拿到的分红就更多！"

济南市流通业供应商协会会长孙武虎到婴贝儿参观时，激动地说："商会里大家常常讨论为什么婴贝儿的团队这么有凝聚力？今天我才明白，就像《基业长青》那本书里总结的那样，最优秀的企业具有的特质之一就是以员工利益为核心，婴贝儿的信念和共享成果的机制让我相信，**婴贝儿一定会成为一家卓越的企业，你们的共享机制就是以员工利益为核心，让门店的员工成为股东，门店赚的每一分钱都和自己有关，这可以用最高效的方式实现目标。**"

孙会长的话和婴贝儿的实践产生了奇妙的共鸣。的确，当大家都是主人，企业真的以员工利益为核心，所有人为了共同的一个家努力的时候，会爆发出惊人的能量。之前可能需要四个人才能干的活现在三个人就可以完成，大家卖货、参与配合门店管理的积极性都有了提高，水电浪费减少了，因为"省下来的钱就是我们的分红"！

变革中的婴贝儿，我们秉持着人人都是创业家的美好愿景，打破旧思想，突破旧体制，学习新知识，探索新模式。我们怀揣感恩之心，用新的制度路径注入"共创、共享、共担"的合伙人文化，给婴贝儿注入了一剂强心针！这一切，都是为了让婴贝儿人更好地享受到发展成果。虽然我们还处于探索阶段，很多东西还在实践中不断变化，但永远不会变的是我们这份共享红利的初心！

很多时候大家都觉得，好像只有自己出去单打独斗才叫创业，为了获得这种几率微乎其微的成功不惜撞得头破血流。其实，创业还有一种形式，就是在一个开放性的大平台中，大家齐心协力，发挥各自的特长，共同成就一番大事业，在更宽广的格局里实现自己的老板梦！我们有位员工大学毕业后就想回老家自主创业，刚好姐姐和嫂子都生了孩子，她发现母婴行业是一个很好的创业点。于是，她决定先来婴贝儿"卧底"学习一段时间再回去创业。没想到来了之后发现要学的东西太多了，越学越心虚，就放弃了回家开店的念头，她说："特别庆幸自己来了婴贝儿，让我知道开母婴店多不容易。我当初要是直接回老家创业，肯定会把父母给我攒的那些钱都赔光了！之前老觉得自己有个店才叫创业，其实现在创业的概念很多元，通过婴贝儿门店入股的制度，我在这个大平台中同样实现了自己的创业梦！"

有创业梦想的小伙伴们，尽情策马奔腾驶向婴贝儿吧！你会发现，**这里有一群优秀的人聚在一起向阳生长。**

山东电视台《生活帮——
对话婴贝儿集团董事长
刘长燕》

从健康顾问到联席总裁

2003年夏天，我到山东省泰安市药材高级技工学校进行招聘宣讲，最开始来了七八十人，讲到一半时，学生越来越多，教室已经站不下，有些学生就在窗户外面扒窗听。我讲得激情澎湃，大家听得热血沸腾，演讲结束后，校长在现场握着我的手激动地说："学生们从来没听过如此令人振奋的演讲，刘总太厉害了！"最终的招聘结果是，现场一百多人几乎都报名争着要来我的医药公司，后来经过层层面试只录取了十三人到公司实习，其中有个十七岁的小姑娘玄小莎。

经过一个月的专业培训后，玄小莎要到药店入职，开始正式的实习工作。

"我刚好要去药店，可以捎上你一起过去。"在公司，老贾遇到要去门店报到的小莎，笑着对她说。那一刻，小莎心头泛起一股暖流，多年之后回想起来，她依然感动不已："当时就觉得这个老板怎么这么好，还能给员工当司机！"

开车去药店的路上，一辆清洁车挡住了老贾的路。老贾停下车，走过去把清洁车推到路边，对正在打扫卫生的环卫工人客气地说："大姐，你的车挡了路，我给你把车推到边上来了。"

没想到，这个不经意的举动竟然给车里的玄小莎带来巨大震撼："我以为老板遇到这种情况都是摇下车窗，嗓门特别大地让环卫工人挪车让路。没想到贾总竟然这么绅士地下车，自己去挪那辆堆满垃圾的车。我心想这样一个对环卫工人都如此尊重、友善的人，一定值得追随！"更让人没想到的是，当年这个在煤矿长大、只在电视上看到过城市繁华的青涩小姑娘，如今担任婴贝儿的联席总裁，成为大家口中的"玄总"。

十七岁的玄小莎从泰安来到济南，在医药公司工作了三年半，有一天我找到她："小莎，我们创业要开婴贝儿，你愿意来吗？"

"我愿意。"小莎毫不犹豫地答应。

"你现在平均每个月能有三千多的工资，来到新成立的公司每个月工资只有一千。创业很苦，很累，很难，成败未知，我唯一能保证的就是万一失败了，你还可以再回到药店上班。你要不要好好考虑一下？"我如实把各种情况告诉她。

"只要您相信我，我就去！"那一刻，她的信任给了我无限温暖和感动。

婴贝儿2007年8月8日正式试营业，玄小莎5月15日正式入职，此后一路经风历雨，却从未离开。成立之初的婴贝儿，每天亏损一万多，玄小莎从来没有埋怨过工资从三千到一千的落差，每天就知道埋头苦干，到路边、医院、广场去一个个"抓"会员，竭尽全力地付出，陪婴贝儿渡过难关。由于她管理门店能力突出，所以当时哪家门店业绩差，就把她派到哪家，对于这种调动她每次都毫无怨言，常常笑着说："我是婴贝儿一块砖，哪里需要哪里搬！"

就这样，我们一起走过亏损、走过因为低价风暴被洋奶粉打击的艰难时刻，在对手上门扫货时，她拦在门口据理力争。"她是愿意为婴贝儿挡刀的人！"如果让我用一句话形容小莎和婴贝儿的关系，我想这句话最贴切不过。

在婴贝儿最艰难的时候，她依然不离不弃。一路不问辛劳，不计回报，甚至不问未来，她说："你一旦选择相信一个人、一件事儿，很多东西就都不会去问了，跟着干就对了！"被人这样信任实在是一件幸福的事。

婴贝儿拥有20多家门店、经营渐渐步入正轨的时候，我和老贾开始把越来越多的时间和精力用在走出省外去交流学习。老贾和一个外地同行交流时，发现人家同样的门店数量，门店面积比我们小，月销售额却几乎是我们的1.5倍！这个数字深深刺激了老贾，小莎得知后，主动给团队定了目标：月总销售额过1500万元。

幸福来自比较，痛苦也同样来自比较。1500万元这个数字已经远远高于我们当时的月均销售额，所以我和老贾虽然受到同行的刺激，但是并没有给大家设定这个不可想象的数字，可是没想到，小莎硬是带领员工把这个看似不可能的数字实现了。

当时，老贾正在北京出差，小莎一条短信过来：过1500万元了！当时老贾正在和一起出差的同事吃饭，收到短信的他那晚喝着喝着就哭了。1500万元，该是加了多少班、顶着太阳出去推广多少次、吃了多少苦才有的这个数字？啤酒就着眼泪下肚，这种开心和感动是小莎带着一群家人送给我们的礼物，这份付出、这份情义远比一份业绩重要！回来问小莎用什么方法实现了1500万元时，她憨憨地回答："也没啥方法，就是人心齐，泰山移！人人都冲着1500万元拼！"

2009年4月1日，24岁的玄小莎成为公司第一批股东。当时入股需要六万块钱，她跑回家和父母拿钱，父母问她拿钱干什么，她说："老板让我拿什么就拿什么，反正她不会害我。"回来之后交完股金，她悄悄地问周围人："啥叫股东？"就这样，当年连"股东"具体是什么都稀里糊涂的小莎交了钱，成为婴贝儿最年轻的股东。

小莎一直有个梦想，希望能把半辈子都在农村老家生活的父母接到城里来，让他们好好享受一下城里的生活。2012年，26岁的小莎终于梦想成真——用自己赚来的钱在济南给父母买了套一百多平方米的房子！小莎的父母是煤矿工人，一直用集体澡堂，后来自家安上了热水器，但是空间狭小简陋。当父母住进女儿在济南买的新房子，在宽敞的浴室美美洗过一个热水澡后，母亲感动地说："我这会感觉特幸福！"

一年一度的孝亲会上，玄小莎的父母上台分享时，语气里充满了对女儿的自豪和骄傲。"做梦也想不到啊，玄小莎竟然能在济南买上大房子！"如今，小莎早已从刚走出校门的稚气的学生变成带领团队游刃有余的联席总裁。一天，她从外面参加培训回来后，我问她在班里都见到了哪些老板时，她爽朗地笑着说："班里我是最大的老板！"

"婴贝儿唯一不变的就是一直在变。"如今坐在联席总裁办公室的小莎，用玩笑似的话总结了婴贝儿过去十二年的发展特点。我们从零起步闯入这个行业，彪悍进入，小心求索，不断调整，每次哪个岗位缺人需要小莎时，她从来没有二话。"只要您相信我，我就去！"这是2007年婴贝儿还没正式开业时小莎给我的回复，十二年间，三十七次调动，她用行动把这句话铸成了钢铁一样的承诺！回顾在婴贝儿度过的十二年，小莎说："**一般人都是先看见后相信，我选择先相信后看见。**"

从最普通的基层员工，通过一路努力，在婴贝儿成为高管，成为股东，成为老板，玄小莎的巨大成长在婴贝儿不是个例。正如同样从健康顾问做起，如今成长为总政委助理的刘志新曾经所说："**在婴贝儿，只要你付出，没有得不到的！**"你的努力有多大，成长有多快，婴贝儿就有多高的平台等着你！

实际上，当年医药公司那么多销售员，为什么把玄小莎调过来？因为药店销售能力最好的工资都太高，他们放不下当下拥有的一切，去选择又苦又累生死未知的新事业。所以我们就挑了几个能力中等、有发展潜力的，玄小莎就在其中。十二年，她从能力中等的营业员，在婴贝儿一路成长，真真切切地苦过累过，也实实在在地不断收获着成功。**玄小莎的个性是独一无二的，玄小莎的成功却是可以复制的。**一天，一名离职员工回门店看望之前的同事时，发现此前能力并不突出的李姣姣成了店长，她惊讶地说："早知道你都能当上店长，我就不走了！"虽然是以开玩笑的语气说的，但的的确确道出了婴贝儿人普遍的成长路径——很多最初能力并不出众的人，在这里经历一番磨炼后成就了更好的自己！如今的李姣姣更是从店长提升为采购部商品品类中心副总经理！

如果你有梦想，欢迎加入婴贝儿，这里可以让你的天赋和才华得到充分施展。

加入婴贝儿，释放
你的能量！

"我就是婴贝儿的老板！"

婴贝儿的故事里，主角从来不是一个，是一群人共同以主角的姿态演绎着婴贝儿的大戏。**在这里，更多的人不是以员工的姿态去奉献，而是以老板的高姿态去捍卫。**为什么愿意不惜一切捍卫婴贝儿？因为婴贝儿是我们大家的！

2018年，婴贝儿某市旗舰店开业当天早上六点，出现了让所有人都措手不及的情况：当地的YY母婴店对婴贝儿发起了声势浩大的围剿，开来房车直接停到婴贝儿旗舰店门口，房车上的音响一直在喊"YY母婴"。不仅如此，门店旁十几个停车位，他们每隔一个停车位就停一辆车，所有车上都贴着"YY

母婴最便宜""购物到YY母婴"等宣传语。这还不够,对方还派了十几个人在马路上举着牌子巡街,满街都是YY母婴的牌子,大喇叭里喊的都是YY母婴。

原来,开业前夕YY母婴就发狠话说:"供货商谁去给婴贝儿剪彩就下谁的货!"结果我们邀请的厂家当天都来了,婴贝儿十二年来能够一路发展壮大,离不开供货商等众多合作伙伴的支持,没有他们的支持就没有今天的婴贝儿。

YY母婴眼看着阻拦不住供货商,为了阻止我们顺利开业,前一天晚上连夜布置房车和宣传语突袭婴贝儿,早上所有门店的员工几乎都被调到了开业现场和婴贝儿打擂台。

时任鲁中大区政委的邢兰兰面对这场突如其来的"母婴大战",看着对方欺负到家门口,她说:"一看现场,我特别生气,心想真是欺人太甚!就把高音炮推出去,喊'欢迎光临婴贝儿,进店送大礼',一手推着音响,一手拿着喇叭喊,只要他们喊我就喊,一定把声音压过他们!"

后来,YY母婴的员工直接来到婴贝儿门口喊,邢兰兰火了!"老虎不发威,你当我是病猫呀!"她一手音响一手喇叭,一直喊到YY母婴门口。

"你站住,把音响给我留下!"对方凶神恶煞地对邢兰兰喊道。

"不可能!我凭什么把音响留下?"邢兰兰拿出火拼的势头冲对方喊道。后来,索性站到对方音响旁边,只要对方张口准备喊"YY母婴",邢兰兰马上跟着喊"婴贝儿",不怕扯破嗓子玩命地喊。

"姐们,要不咱有点节奏,你喊一句我喊一句。"对方声势上先弱了下去,有些示弱地对邢兰兰说。

"那不行。"邢兰兰寸步不退。

"你这样别人都听不见了。"对方继续讨价还价。

"听不见最好,要的就是这个效果!"面对混战的局面,邢兰兰还告诉对方:"高音炮就是给你们准备的,你喊我就喊,你不怕被城管拉走我也不怕。我陪你玩到底!"

同时，邢兰兰还安排了12名形象好的员工，穿上大红色的礼服，往门口一站，整个婴贝儿的精气神无论在声势还是在气势上都远压对方。

YY母婴一招不成，又开始给城管打电话，说我们扰乱治安。城管介入后要求双方都取消门店之外的一切活动并相互拍照监督，不允许对方在街上进行宣传活动。

我们只想顺利开业，不想多生事端，自然十分配合城管。邢兰兰猜到对方一定还会出来捣乱，就时刻盯着准备拍照，果然对方又出来喊口号，邢兰兰马上拍照，被对方发现后，一群人气势汹汹地围上来让她删除照片，有人更是直接上手推了她一把。邢兰兰身材娇小，这时她拿出一股豁出去的劲头，站在门口护住手机，天不怕地不怕地大声喝道："你敢再动我一个试试！"对方只是YY母婴的员工，而她是以老板的身份在捍卫自己的家！双方士气高低立现，对方悻悻而回。最终，门店成功开业，不仅压倒了对方的士气，还克服重重困难，超额完成了开业的销售目标！

"你当时哪来的勇气？"开业火拼，战况激烈，有人曾经这样问过邢兰兰，她的回答是："**在婴贝儿待久了，就会把自己真正当成老板，那一刻不觉得这个市场是别人的，就觉得是我自己的，就像自己的孩子受欺负，当妈妈的那一刻义不容辞！**"

邢兰兰不仅像虎妈一样捍卫门店，还像每一个精打细算的妈妈一样为自己的家节省每一分开销。

公司安排邢兰兰去武汉参加高管培训，培训前一天，她买了一大早就出发的机票，五点多就要起床。为什么不买下午出发的？她说："早上的机票919块钱，下午两点的机票就要1400多了。""作为婴贝儿人，大家都是这样子。我们挣的每一分钱都特别不容易，每一分钱都是靠一桶桶奶粉换回来的，八百多一晚，得卖多少桶奶粉才能赚出来呀！省下该省的每一分钱，这是我们的责任和义务。因为这个家不是一个人的家，是我们所有人的家，如果这个企业倒了，也意味着我们这份工作没有了。"

　　像邢兰兰一样，以老板的姿态精心维护婴贝儿这个大家庭的还有太多人。有一次要开新门店，老贾和房东谈完房租，第二天让时任行政部部长的王萌过去盖章签约。王萌却坚持："只要是我能尽一份力，能谈下来的，我都要竭尽全力去为公司降低成本。"到了现场，王萌和房东软磨硬泡要求再降一降。"昨天你们老总都谈好了，你怎么还讲价？"房东感到有些意外。王萌却十分硬气地回答："我是公司股东！今天是我拿着公章来跟你签合同，我说了算！"几轮交锋下来，王萌愣是在原来的基础上又把房租降了10%！

　　一次一个女顾客买了36桶奶粉，同时打开4桶喝，过段时间后发现打开的奶粉里有虫子，认定奶粉质量有问题。实际上，我们发现她拿来的奶粉，桶上面的沿已经结了类似蜘蛛网的网状物，不是奶粉里面，而是桶沿上的网状物已经招虫了。但顾客一口咬定奶粉有问题，给我们的管家打电话，语气恶劣地说："你给我滚过来！"

　　下午，这位女顾客的老公直接带了十六七个小弟模样的人，开着五六辆车把店堵死，气势汹汹地进门，让员工给她下跪，还要店长一起跪！前线情况紧急，时任客服部部长的王云云接到电话后飞速赶到门店。

　　"负责人就你啊！"对方看到王云云，语气恶劣。

　　"对，就是我！"王云云不卑不亢地回复。

　　"你说话算吗？"

　　"我说了不算就不来了。你们谁说了算？咱们进去聊聊。"王云云的气场让对方态度有所收敛。

　　女顾客的老公和王云云开始坐在门店里聊。王云云回忆说："刚坐下对方火气还很大，我先是确认孩子喝了奶粉没事，孩子没事就没什么大事。对方听了，说'孩子没事，就什么事都没有了吗'？我说只要孩子没问题，其他的能有多大点事？奶粉不愿意要就给你退，婴贝儿这么大的店还处理不好你这点事吗？"这场阵仗吓人的围店事件就这样被王云云顺利化解。

　　这样的事情王云云每年都要遇到几次。每次情况之棘手、状况之奇葩都让很多人望而却步，有的弄来五十米白条幅，把整个店围一圈，有的直接闹到了派出所，有的纯粹为了讹钱，买完东西说有问题，进店里直接要一百万！有的甚至找来催债公司，一群人拿着音响喇叭堵店门，故意把烟头扔得到处都是！每次遇到这种极端情况，王云云都冲在最前锋。

我想，一个女人被十六七个大汉包围的时候，心里不可能真的像表面那样平静，但王云云从来没被吓回来，从来没和我抱怨过，不管多苦多难，一次次用自己的努力，去化解矛盾，解决问题。她说："说一点都不怕是假的。但是公司就是我的家，家里有难，我不上谁上！"

一次，两万块钱的货架从广州发到济南，仓库一时腾不出地方安置这些货架，就把它们暂时放在仓库外面。没想到周末晚上下起了大暴雨，负责货架的朱玉芬看到大雨忽然想起来："货架还在外面！雨一淋不就生锈了吗？生锈了这两万多块钱就报废了！"

于是，正在家休假的朱玉芬马上从家里往仓库赶，满脑子都是货架的她叫上住在仓库附近的爸爸，两个人顶着大雨把所有货架都用防水布盖上。雨哗哗地下，朱玉芬只顾着给货架防雨，根本顾不上自己，全身都被浇透。回家后，她当晚就感冒发烧。对于这一切她平静地说："那时候顾不上想其他的，想的就是不能让它淋雨生锈，要不两万多块钱不就白费了吗？"花谁的钱最心疼？向来是花自己和家人的最心疼，只有把企业真的当作自己的，才会冒雨去盖货架，即使感冒也在所不惜。

至今记得2017年桃园店因为隔壁饭店起火被连带，200万元的货物被烧光，所有店长到桃园店的时候，只剩一片灰烬。有的店长当场心疼得落泪，有的店长看到还有大桶的洗衣液没烧坏，顾不上玻璃碴子，穿着连衣裙就冲到废墟里扒洗衣液。担心玻璃扎到她们的脚，老贾急得大喊："快出来！注意安全！"一边喊一边拦着还要冲进去的店长，她们却说："能抢救一点是一点！"

曾经担任店长，如今在"三好妈咪"公益组织担任母乳指导师的曹海凌，坐公交路过桃园店，看到一片废墟时，当场落泪。回忆起那场大火，她心痛地说："太心疼公司的损失了，每一家店都像是我们的孩子，开一个店太难了，从选址装修到推广开业、正常运营，真的要付出很多很多。当看到贾总一个人面对废墟的那个背影时，我心里特别不是滋味，就想做些什么和公司共渡难关。"

最终，曹海凌用了一种最朴素的方式，把一个两千块钱的红包放到我的手上表达心意。曹海凌的老公身体不好，家里收入主要靠她一个人，这种情况下还能拿出钱来支持公司，我紧紧抱住她，泪流不止。最后，我把钱退给了她，把这份情铭记在心里。在所有婴贝儿人的共同努力下，从租房装修、上货推广到顺利开业，我们仅仅用了三天就把新的桃园店开了起来。为什么会有这么快的速度？**因为我们开的不是一个门店，而是属于我们所有人的家！**

一个又一个让我感动不已的故事，共同回答了很多人问我的一个问题："你为什么要把企业分享给员工？完全可以不这样做，只要平时多发一些奖金就可以呀！"我却认为，婴贝儿就像是我的孩子，但是养育她的不只我们这一对父母，而是有众多像我们一样疼爱她的爸爸妈妈们一起呵护婴贝儿，才有了今天活力无限的景象。我们常常感觉有爸爸妈妈疼爱很幸福，如果身边的人都是婴贝儿的爸爸妈妈，不就有更多人疼爱她吗？那么婴贝儿走到哪里都不会孤单，遇到什么困难都不会害怕，只有这样，她才能更加茁壮地成长！

拼搏中的
婴贝儿人

第十一章
怀着使命感修行

　　小时候，我穿的大多是姐姐们的旧衣服，第一个玩具是从垃圾边捡的，缺了一条腿的塑料娃娃，第一本书是从路旁拾来的缺少结尾的《海的女儿》，沾着污渍，字迹和画面被磨损得有些模糊，我却看得津津有味……

　　或许和早年出身有关，我曾经穷苦过，所以更能知道别人有多渴求拥有；我曾经无助过，所以更能知道别人有多渴求帮助；我曾经自卑过，所以更能知道别人有多渴求绽放。这种强烈的同理心，让我对精神的要求极其苛刻，因此从未停止过对使命的追寻。发光发热，生而绽放，我的人生注定是一场满怀使命感的修行，在这场修行里，渡己，更要渡人……

受尊重比做第一更重要

"婴贝儿未来是不是能够成为中国数一数二的母婴企业，我并不知道，因为这取决于很多方面的因素。但是我希望婴贝儿未来一定要成为受人尊重的母婴企业：受员工尊重，受顾客尊重，受社会尊重。我觉得这些是我为之而奋斗的目标！"接受济南经济广播电台记者郭慧的采访时，我坚定地说。

在追求企业规模的同时，我更追求一家企业的尊严感。因为我认为这才是一个企业更大的使命所在。对尊严感的看重，或许源自我少年时代的苦涩经历。

1992年，年底大扫除，我在擦玻璃时被冻感冒，当时家里生活困难，要强的我因为没有收入，自认为身体好能扛过去，坚持不肯花父母的钱去看病。没想到感冒越来越重，最后高烧39度我才同意吃点药，却坚决不肯打针，因为贵。

硬扛的结果是烧退了，我却起了满嘴的溃疡。溃疡比感冒还要难受！感觉整个嘴里的肉都要烂掉，每天往外渗着血丝，疼得根本没办法吃饭喝水，就连张嘴说话都成为奢侈！大年三十那天，外面鞭炮阵阵，满天礼花，过年的喜庆欢乐飘散在大街小巷。我将自己独自关在屋里，拿来脸盆放在脚下，坐在沙发上一点点把药抹进嘴里，满嘴刺痛感，泪水和口水混合在一起落在脸盆里。外面欢天喜地的氛围与此刻我独自承受的痛苦形成了鲜明对比。一个念头突然在我心里强烈翻涌：这不该是我刘长燕的人生！

那一刻，我受够了这种被生活打败、活得毫无尊严感的狼狈模样，决心和旧生活决裂，用自己的努力改变人生和家庭。我要有尊严地活着！我的家庭也要有尊严地活着！

总有一些经历，会让人对自己的生命做一次全面的超越。这种超越看似只是由某一件事触发，实际上这件事只是一个按钮。之所以能够开启按钮，是因为之前已经有着无数次对命运的侧面反击，只为了这次能够和命运正面交战，狭路相逢勇者胜！

于是，我开始了人生的第一次创业：创业资金十元，白天在学校门口摆摊，晚上在夜市卖头饰。起初因为缺少周转资金，我经常每天骑自行车往返二十公里批发货物，中午把货卖完了，下午赶紧骑车再去进货。

毫不夸张地说，在摆摊的商贩中，我绝对算是独树一帜：在大家对什么是"促销活动"还没概念的时候，我已经早早展现出经商天赋，把飞镖抽奖和摸彩抽奖的活动做得风生水起。这不仅解决了滞销商品的销售问题，还吸引了一批学生成为我的忠实粉丝！有些学生看到同学去别人的摊上买东西，会拽着同学的衣服把他拉到我的摊前，笑嘻嘻地说："燕子姐姐，他去买别人的东西了，我把他'抓'过来了！"我的生意越来越好，最多的时候一个月赚了将近两千多块，要知道，当时人均工资是一个月五百！我成了妥妥的"小富婆"！

摆摊的收入极大改善了我们一家的生活，我为家里重新粉刷了房间，安装了暖气和热水器，心中一份小小的自豪感油然而生。我心满意足地沉醉在小富即安的生活里。这时，一部电视剧激发了我对生活更大的渴望——1994年，电视剧《公关小姐》①火遍大江南北。这部电视剧让我看到了大城市的繁华，更让我见识到原来世界上还有这种生活，女孩子妆容精致，穿着漂亮讲究

---

① 《公关小姐》讲的是香港女孩周颖来到广州，应聘成为酒店公关部经理，克服种种困难开展公关活动，最终实现职业价值的故事。

的职业装，踩着高跟鞋，出入在各种高端场所为梦想拼搏。

《公关小姐》犹如一剂猛药，让我意识到现在摆摊虽然赚得不少，但人生不会有质的提升。于是，我决定放弃摆摊的生意，选择一份更能提升人生层次的工作。虽然母亲坚决反对，怕我年纪轻轻出去打工被骗，但我还是毅然决然地去应聘，成为一家公司的业务员。后来的事实证明，这个选择彻底改变了我的命运，让我不仅收获了事业，还因此认识了老贾，收获了一生的伴侣。这也就是为什么我常说**"选择比努力更重要"**。选择对了，你的努力往往带来事半功倍的惊喜；选择错了，可能再怎么努力都只是原地踏步。老贾对我的评价是："大事不糊涂，小事不计较。"在婚姻和工作这两件可以改变人生的事情上，我都做出了最坚决也最正确的决定。这次事业的抉择彻底改变了我的人生轨迹，否则我现在还是个小富即安的个体户。当初选择婚姻时，父亲得知老贾打篮球时腰受过伤，关爱地提醒我说："你确定要嫁给他吗？将来像扛煤气罐这种活有可能都得你干！"我笑了笑，轻轻地点了点头："我确定。"事实是他从未让我扛过一次煤气罐。也正是这样的经历，所以我才会在新员工培训时说选择事业就是在"相亲"。

人生就是在一次次选择中不断放弃，同时在一次次放弃中不断收获。就这样，在一次次选择、一次次打拼中，我获得越来越大的成功，鲜花和掌声让我渐渐走出自卑的阴影。我越来越活出尊严，活出精彩！

因为曾经实实在在地痛过，所以更能体会那些在深夜痛哭的心酸。新员工培训的课堂上，当我问到大家为什么要出来工作时，很多女员工说着说着就泪流满面。

"当全职妈妈的几年，每次伸手和老公要钱，他都会说你就不能少花点儿吗？实际上，我花钱不都是给这个家吗？自己平时不舍得花一分钱，好几年没买过新衣服了，好的护肤品不敢用，就买十块钱一瓶的油。就是这样，还总是被老公凶，因为自己没有任何收入，所以一点家庭地位都没有……"

"有一次，我去接孩子放学，孩子对我说'妈妈，下次你不要来接我了'，我问为什么，他说因为我没有工作，穿的也没有别人的妈妈好看，在同学面前给他丢人了。那一刻，我感觉我这个妈妈在孩子面前一点尊严都没有，就是这么被孩子看不起，所以我一定要出来工作！"

......

看到一个又一个女员工在培训课堂上哭得无比委屈，被老公看不上，被孩子瞧不起，最后连自己都看不起自己，我的心和她们一起体会着这份痛苦。因为我深深知道没有收入而带来的没有尊严的刺痛感，就像我年少时感冒也要硬扛着，不肯花家里的钱，最后口水泪水一起落在脸盆里的狼狈一样。

看到这些满脸泪痕、为了家庭每日辛苦、还活得没尊严、没自信的妈妈们，我很想对她们的老公说：一个家庭的幸福首先取决于一个女人的幸福。当一个母亲在家里没地位、没尊严的时候，孩子一定不会有出息。因为只有一个女人自己活得有尊严感、有幸福感，才能教育出一个自信阳光的孩子，才能让一个家庭更幸福！

几乎所有女人都希望能够全心全意地照顾好家庭，相夫教子，但是一方面，现实生活的压力让很多家庭仅凭老公一个人的收入根本难以支撑，因此女性不得不出来工作；另一方面，一个个家庭的真实经历让我们看到当女人放弃工作，全心放在家里时，大多数男人并不能善待她们，让她们享受到应有的尊重。所以，越来越多的女性跨出家门，走上工作岗位，成为在风雨里搏出一片天地的英雄！婴贝儿90%的员工都是女性，如果能够通过我的努力，通过婴贝儿这个平台，帮助她们活出人生别样的精彩，在我看来，这比把婴贝儿做成中国第一更意义非凡！

如何让婴贝儿这些家庭条件一般、学历不高、见识不广的员工活出地位和尊严？这和婴贝儿的人才观密切相关——**"人人是人才，赛马不相马"**。我坚持英雄不问出身，赛出来的一定是人才。一切用实力说话，业绩就是尊严！

在婴贝儿，我看到越来越多和我一样草根出身的女性，在一次次对生活的奋起反抗中，活出了精彩，活出了自信，活出了尊严！

员工张丽（化名）最开始是全职妈妈，后来态度很坚决地要出来工作，她说："我天天照顾一大家子，每天也很忙很累，可老公天天觉得我在家里没什么贡献，只有他一个人劳苦功高。实际上，你雇个家政还要给工资呢，你的脸色不好人家还可以辞职不干呢！每次和他要钱给家里买东西都跟犯罪似的！"

来到婴贝儿工作之后，张丽渐渐有了自己的存款，不仅给家里买东西的时候不用再和老公要钱，还能底气十足地给娘家的父母一点养老钱。在享受工作带来的红利的同时，新的矛盾也产生了。

"铛铛铛"，一天店里盘点晚了，张丽临近11点才回到家，忘记带钥匙的她敲着自家的门。

"铛铛铛，铛铛铛……"家里的灯明明亮着，还能听到里面电视的声音，可敲了十几分钟，还是没人开门，当时是冬天，在自家门口的张丽冻得瑟瑟发抖。

"你不是喜欢在外面工作吗？你就不用回家了！"屋里传出张丽老公充满不满和愤怒的声音。

"你开门，咱们进去再说。"门口的张丽又冷又饿。

流着眼泪委屈地几次恳求老公开门未果后，进门无望的张丽不想回娘家让爸妈担心，就去了公婆家，没想到婆婆不但没有安慰她，反而同样埋怨她不顾家。

那一刻，张丽面临两个选择，回家还是继续工作？她并没有犹豫多久，就做出了决定：我要活得有尊严！回家虽然忙里忙外也很累，但是没有价值感，老公和婆婆依然看不起我。所以我必须工作，才能让他们看到我的价值，给我应有的尊重！

第二天，张丽又回到门店像往常一样工作。没想到，晚上回家时老公因为工作的事情动手打了她！第二天，同事们看到鼻青脸肿、眼睛充血的她，关心地问:"你怎么了?出什么事了?"她只是苦涩地笑了笑,说:"没什么,就是两口子之间的一点矛盾。"

至今张丽回忆起那段日子,依然泣不成声:"从那以后,我更加玩命地工作,把所有愤怒和委屈都投入到工作中。我拼命参加公司组织的各种培训。大家都觉得很吃惊,我年纪这么大,哪来的学习力?她们不知道的是我不学就没有活路呀!只有让自己的能力快速提升,收入不断增长,才能让我在家挺起腰板!"

一次,张丽的公公生病了,却一直拖着不肯去医院,因为没钱。这时,她拿出自己的工资卡给老公:"拿去给爸交住院费!"自此以后,张丽在家里的地位得到提升,她的婆婆到处跟别人说:"我儿花的我儿媳妇的钱,我儿媳妇真的和亲闺女一样!"

如今,张丽不仅每个月的收入是老公的近三倍,还因为工作优秀被公司奖励,有了第一次坐飞机去广州、上海各地旅游的经历,视野不断开阔。更让她自己都想不到的是,现在每次出差回来老公都会去车站接她,还会提前给她做好饭!她哭着说:"真的特别感谢婴贝儿,彻底改变了我的人生。工资越来越高,我老公态度也越来越好!真的是经济地位决定家庭地位,没有婴贝儿就没有今天的我!"

现在的张丽不仅家庭矛盾少了,更是彻底"不行了"!怎么不行了?时髦得不行了!有一天我见到她感觉眼前一亮!这还是之前的张丽吗?几年间,她从穿着土气的全职妈妈变成了打扮时髦、自信靓丽的职场女性!

在婴贝儿,有太多像张丽一样,通过自己的努力,活出尊严,活出另一番人生风景的女性!公司成立之初就来到这里的高山,从最基层的设计人员一步步成为婴贝儿集团股东,当上股东的那天,她自豪地给老公打电话:"从今天开始你不用上班了,姐养你!"业绩卓著的乔祥敏被评为金牌店长时,奖励是一辆全新的风云牌轿车!乔祥敏载着婆婆,把车开回家,路上婆婆说:"还没兜够呢,咱开到高架桥上再转一圈!"从高架桥下来,开进小区,婆婆又高兴地说:"把车停到咱家楼下!"街坊邻居看到新车后,婆婆一次次自豪地说:"儿媳妇公司奖的!"

图 11-1 崭新的风云轿车

我相信,一家企业帮助一名又一名员工改变命运,活出尊严感和幸福感的时候,自然会获得员工的尊重。我常说:"你可能没有高学历,但不能没有学习力!"你或许能力不够,但只要进入婴贝儿,我们就为你准备了上升的通道。只要你保持旺盛的学习力,我们就有一套完整的培训和晋升体系为每个人赋能,帮你快速升值。赛道已经铺好,马达已经启动,接下来能走多远,就看你愿意给自己加多少油!真正做到能者上、平者让、庸者下!如果你是千里马,我就是伯乐,婴贝儿赛马场的大门永远为你敞开!如今,婴贝儿已经吸引了一大批人才来这里描绘梦想蓝图。员工武欣欣毕业后,拒绝家里为她安排好的银行工作,而是选择来婴贝儿闯荡一番天地,现在已经成为一名优秀的店长。这里"天高任鸟飞,海阔凭鱼跃"!

一家企业怎样才能受顾客尊重,受社会尊重?我想首先要保证是一群有道德的人在做事!《孝经》第一章便开宗明义:"夫孝,德之本也。"这句话十分醒目地印刻在婴贝儿总部一楼的墙面上。婴贝儿向来重视以德兴企,因此从儒家思想出发对员工明确提出了"四德":孝敬父母、友爱兄弟、尽忠职守,诚实守信。这也就是为什么我常常对员工说:"人活着,不管你多聪明,多能干，如果无德，那么你的人品就会遭人唾弃。德与才的统一才是真正的智慧。若平时不注重修身养德，那么你到哪里都不会受人欢迎。只要做人以德为先，事事与人为善，无论你走到哪儿，都能赢得别人的好评，你的人格都会熠熠生辉。有德之人，必受人尊敬！"

如今，企业道德长期的教化已经产生了明显影响。保洁员刘珂两次捡到金手链，每条金手链都是她四五个月的工资，但她每次都马上上交，物归原主；顾客钱包落在收银台，颜浩发现后第一时间联系顾客，下班后主动把钱包给顾客送到家；郭金雨在厕所旁的监控死角捡到钱包，里面有十几张银行卡和近四千块钱现金，最后物归原主。

总部二楼孔子像前的桌案上，常会发现一块、十块、一百不等的人民币。

"大家猜猜这些钱是哪里来的？"经常有很多企业家来婴贝儿参观，每次来到孔子像前，我常会笑着问他们。

"员工们给孔老夫子捐的！"大多数人都会给出同样的答案。

"是员工从路上捡的！"我笑着给出了正确答案。很多人发出赞叹的语气。

婴贝儿的很多员工都说："之前看到路上有钱，噌地捡起来，觉得自己今天真走运！自从学了传统文化之后，知道'君子爱财，取之有道'，捡到的钱不是自己的，应该上交。"孔子曾经说："君子忧道不忧贫。"我认为中国传统文化最高贵之处就在于将道德修为远置于物质财富之上。这种价值导向已经被越来越多婴贝儿人内化吸收——婴贝儿有一支庞大的义工团，推广传统文化、帮助困难人群、提倡母乳喂养，各种公益活动上都有他们的身影。

一群有道德的人一起做事，天长日久，一定会受顾客尊重，受社会尊重。这份尊重最直观的体现就是，电商汹涌的情况下，婴贝儿的销售额依旧连年攀升，很多顾客对比了网络和其他实体店后，兜兜转转还是回到婴贝儿，说"来这里买的就是'放心'两个字"！

2019年，山东广播电视台《品牌山东》栏目为婴贝儿做过一期专访，采访结束后，聊到为什么选择婴贝儿时，主持人毛馨说："《品牌山东》是响应省委省政府推动高质量发展而打造的大型融媒体节目，致力于帮助本土品牌企业更好地走向全国，我们在选题上非常慎重，审核也很严格。近几年电商迅猛发展，而婴贝儿的实体店却越开越多，会员持续增加，营业额不降反升。我们觉得婴贝儿的发展可以给其他企业提供借鉴。"

婴贝儿十二年，获得不少荣誉。历山店的一群娘子军，凭借诚实敬业的精神，被全国妇联评为"全国巾帼精神文明岗"！我也获得越来越多的社会荣誉，"中国杰出创业女性""中国经济女性成就奖""中国儒商风范人物奖""山东省最具文化力女企业家""山东慈善企业家""济南市优秀企业家"、2013"影响济南"年度创新人物……我知道一个个荣誉背后，正因为婴贝儿受到社会的普遍认可，我才有机会站在领奖台的最中央，才有机会担任一个个意义非凡、充满责任感的社会职务——山东省女企业家协会副会长、山东省女商会副会长、济南市工商联总商会副会长、济南连锁业跨界商盟执行会长……对于来自社会的各种认可，公公还特意为我写了一首诗——

赠刘长燕

我家几代种梧桐，

而今有幸落金凤；

心慈志高才出众，

体健貌美人称颂。

历尽坎坷创大业，

笑对磨难挫更勇；

巾帼豪杰已公认，

再攀人生更高峰！

更让我感恩同时也感到沉甸甸的责任的是，在评选2013"影响济南"年度创新人物时，山东省政协委员李新峰向评委会大力推荐我。后来有人问他为什么时，他说："参观完婴贝儿的周年庆晚会后，我真的太感动了，看到那么多基层员工在那里实现梦想，展现出无限活力，能明显感觉到刘老师是一个充满正能量的人，所以把婴贝儿打造成了一个充满正能量的企业。我希望让更多人了解她，让她能给更多人带来正能量！"

山东卫视《品牌山东——对话婴贝儿刘长燕》

每一份荣誉和认可对我都是一种激励，用百年心去做百年事，就会越来越发现，受尊重比做第一更重要！

七周年庆晚会花絮

爱出者爱返

"你已经四十岁了，不适合生孩子，会有生命危险！"

"你已经有三个孩子，经济压力已经够大了，这个孩子就不要了吧！"

"现在国家计划生育查得严，你真的要生，可能影响老刘在单位的铁饭碗！"

……

在当时"计划生育，利国利民"的社会氛围下，听说老刘家的媳妇怀孕了，居委会成员集体来动员妈妈，用各种理由劝她打掉孩子。

"要不，这个孩子咱们不要了吧？"爸爸听到高龄产妇可能有生命危险，小心翼翼征询妈妈的意见。

"谁也别想抢走我的孩子！"妈妈把我生下来的决心从未动摇。这种从母胎里带来的爱和安全感，渗透我的一生。

　　妈妈启蒙了我一生所有关于爱的信仰。她从小就告诉我，我们家受到了周围很多亲朋好友的帮助，当初妈妈生完我坐月子的十块钱还是找邻居借的，后来哥哥姐姐上学的钱还要靠国家救助……生活的窘迫让妈妈更能知道求助人的那种走投无路的感觉，所以她一直教育我："在别人有难时，能帮就帮一把！孩子，吃亏就是福啊！"有一次，妈妈被骑自行车的人撞了，肇事者的腿也磕破了，于是妈妈不计较自己被撞，反倒把肇事者带回家，给他处理伤口，还留人家在家里吃饭！

　　妈妈的言传身教，让我继承了一副热心肠。十二岁时，一天我看到我家楼下有个流浪的孩子，全身脏兮兮，一个人很可怜地蜷缩在地上。于是，我跑回家给他拿来吃的喝的，然后给《齐鲁晚报》打求助电话，让媒体帮忙找他的家人，最后成功联系到孩子的爸妈，把他送回了家！

　　我从不吝啬给予他人帮助。因为我曾经深深体会到，最困难的时候是多么无助和痛苦；也曾经真真切切地感受到，被人帮助时有多么幸福和感动。你只有尝过痛，才能对别人的痛感同身受；你只有拥有爱，才能去和别人分享爱。爱从来都是越分享越多。所以我愿意拿出实际行动去分享爱、传播爱——在母亲河的源头青海捐建长燕希望小学；救助甲流妈妈去世后遗留的四胞胎；成立婴贝儿慈善基金；给聊城师范学院捐赠了教学楼；资助失学儿童；成为中华骨髓库里的志愿者；在山东女子学院出资设立奖学金，不仅给德才兼备的大学生物质奖励，还尽我所能帮助她们更好地就业和发展；受邀到山东大学、山东师范大学、山东建筑大学、山东财政大学、山东女子学院等高校为大学生演讲，并被聘为客座教授、创业导师，尽我所能在大学生们成长的道路上提供更多帮助；经常受邀成为电视台、电台的嘉宾，通过媒体将爱和温度更广泛地传播出去……

刘长燕大学励志巡讲

图 11-2 被青海曲麻莱县"长燕希望小
学"授予"荣誉校长"称号

图 11-3 邀请"长燕希望小学"的学生
们来山东观看全国运动会比赛

2012年，当我得知一个人的遗体捐赠可以帮助很多被病患折磨的人重获健康时，我马上填了捐献申请。

"我一直有个心愿就是把遗体捐出去，希望你能够支持我。"捐献表上需要亲属签字同意，回家后我小心翼翼征求着老贾的意见。

"我支持你。"老贾十分理解我。

"那你呢？"我笑着反问他。

"我追随你的脚步！"老贾笑着看着我。

于是，我就从包里拿出另一份捐献申请，递到他的手上。

"原来你早有准备呀！"老贾笑着接过表格。

"咱俩绝对是灵魂伴侣！"我用料事如神的语气说。我俩就像当初领结婚证时签字一样，在另一半的申请表上签上了自己的名字。

决定捐献器官后，我对孩子们说："孩子，等有一天妈妈走了，看似我是不在了，实际上我是变成更多人陪在你身边。到时候你看这个阿姨的眼睛就是妈妈的眼睛，这个叔叔的心脏就是妈妈的心脏。"

"你做的事情太了不起了！我也想捐，但是想想又觉得太害怕了！年纪轻轻就捐献了遗体!"朋友听说了我捐献器官后对我说。

"如果你现在感觉很害怕,就先不要去捐。我之所以捐,是因为我在做这件事情的时候感觉浑身都被温暖和爱包围。"我回答道。

在传递爱的道路上越走越远,我对如何传递爱也有了更深的理解。传递爱未必一定要捐钱捐物,一个善意的微笑,一个真诚的问候,当他人遇到困难时我们伸手拉一把等,都是爱的传递。世间处处都可以是爱的道场。

我曾经以"刘长燕"的名字创办了微信公众号,分享自己的心得感悟,传递爱与温暖。坚持一段时间后,由于工作繁忙就暂停了公众号的更新。

"刘老师,您猜现在您的微信公众号有多少粉丝?"一天,我的助理神秘地问我。

"二三百就不错了。"我不确定地说。因为我已经两年多都没有更新,能有二三百粉丝就已经很满足了。

"一万多!"我的助理难以置信地说,"而且两年间几乎没怎么掉粉!我第一次看到粉丝忠诚度这么高的公众号!"

那一刻,我的心里涌起无限感动。原来还有一群人默默等我,期待聆听我的心路历程,为大家带去正能量。于是,我决定拿出更多精力投入到微信公众号的运营,希望借助网络的力量帮助更多人实现心灵成长。如今,很多企业家作为"燕窝",不仅把我的公众号推荐给家人和朋友,还把它列为员工必关注的公众号之一,每天倾听我的语音专栏"长燕正能量",第二天早会大家还要集体分享。有人在后台留言说:"我之前听过刘老师的课,非常精彩,就像听梅兰芳说书一样,后来您做婴贝儿了,花钱也听不着了,总期盼您能再出山。自从关注了公众号后,我的心愿终于实现了,现在不仅每天能听课,而且还是免费的,有了您这样一位心灵导师真好!"

我一直在不断追寻传递爱的更好形式。2015年,我发起了"一元爱"公益活动,因为我想让受助者能够有尊严地接受帮助。常见的公益活动通常会给捐赠者设置一定的经济门槛,会让一部分弱势群体无法得到及时救助。而慈善活动以强扶弱的形式，往往也会带有一定的施舍性，无形中伤害到受助群体的尊严。因此，**我希望有一种方式，既能为受助群体提供生活救助，又能让他们享有尊严感。**

于是，就有了"一元爱"公益商店——爱心人士只需将家中闲置物品如服装鞋帽、图书文具等清洁后捐赠到就近的婴贝儿门店以及莱商银行，我们进行统一分类、消毒，然后搭建一个临时商店，通过"一元义卖"的形式，让留守儿童、环卫工人、贫困人群、园林建筑工人等受助群体只花一元钱，就能自主选择，买到自己需要的物品。

图 11-4 "一元爱"公益活动现场

"一元爱"传递的是一份神圣的大爱，不仅关乎物质，更关乎尊严。这也就是为什么"一元爱"有着严格的礼仪培训，要求给所有人标准的45度鞠躬。礼仪的背后是对来者的尊重！义工来自各行各业，其中不乏企业家、高管、律师，但在这里，大家只有一个身份——义工。每个人都恭敬有礼地向来者鞠躬、问好，耐心地帮他们挑选商品、试穿衣服。无论是环卫工人还是贫困村的村民，只要来到"一元爱"商店，他们就是我们的上帝，在这里没有被施舍的感觉，有的是被尊重的喜悦和自主选择的快乐！

我很感恩也很感动的是，"一元爱"为了传递爱而诞生，同时也是在大家的关爱中诞生。创立伊始，千慧知识产权代理咨询有限公司（以下简称"千慧"）董事长李侠得知我要为"一元爱"注册商标，主动把这个任务承揽过去，所有费用都由千慧承担。她说："'一元爱'的想法很好，但困难肯定很多。我是活在道理里面的人，刘老师是活出道理的人，只要刘老师认准一件事，这件事无论再难肯定都能成！我只需跟随就行！"

时任公益组织"泉城义工"负责人马雪岑得知我要做"一元爱"，对我说："长燕，只要是你做，我一定全力以赴地支持！"后来马雪岑在我遇到困难的时候，给我温暖的鼓励和最及时的帮助，为我们积极联系受助单位。济南市流通业供应商协会会长孙武虎对我说："'一元爱'这种公益形式太好了！协会大力支持你，你需要我们做什么就做什么！"

最初，我作为发起人在探索中做了几期"一元爱"公益商店活动，社会反馈非常好。几期下来，我们的经验日益丰富，活动日渐成熟，影响力越来越大，新华社还对"一元爱"进行了报道，当天浏览量就直逼一百万！

现在有越来越多的爱心企业加入这项公益活动。温州商会、江苏商会、济南总商会、千慧、三宇和记、山东建通、经五路小学、德照黑带跆拳道等爱心企业和单位纷纷举行了专场公益活动。红谷皮具还特意为"一元爱"捐赠了3000件崭新的服装，薛记和三宇和记为义工们捐赠了上百套义工服，顺通石化为我们提供了免费的清洗消毒服务，开创集团和鼎视星空传媒为我们提供拍摄服务。如今"一元爱"已经有一批参与了众多场活动的老义工：徐明芝、赵金砚、刘萌、周雅迪、徐赛男、杨冰、杨雪峰、张珂、杨静、熊英等。济南市工商联书记张鹏也是一元爱公益的义工，同时还捐赠了大量的家中衣物，他说："'一元爱'公益活动不仅为济南脱贫扶贫工作作出了贡献，同时也彰显了济南企业家的社会责任感，应该将'一元爱'打造为济南市工商联的一张公益名片，推荐到中国工商联成为一张全国闪亮的公益品牌！"这一切让我越发坚信，当你心中有爱的时候，会有一群有爱的人向你涌来。

让我记忆犹新的是山东省女商会在玉函银座举行的环卫工人专场。现场不仅所有物品都由女商会的企业家筹集而来，而且三十多位义工也都是由优秀的女企业家担当。她们不仅有能力，有颜值，更富有爱心！环卫工人看到我们为他们搭建的"一元爱"公益商店时，激动不已地说："没想到你们对我们这么好，我们就是一群没有文化也没有多大能力的环卫工人，真没想到你们对我们还这么隆重！"

开场主持时，我对所有环卫工人说："或许您没有高学历，也没有超强的能力，但是这个城市却是因为有了你们，才变得如此美丽整洁，每天我们开车从路上驶过，都是你们为我们服务。今天，也让我们为你们服务一次吧！站在门口为你们迎宾和在里面帮你们挑选物品的，都是来自各行各业的优秀女企业家，能为你们服务是我们的荣幸！今天请允许我代表济南市的市民们向你们表达感谢，谢谢你们为这座城市所付出的辛勤汗水！"说完我向所有环卫工人深深鞠了一个九十度的躬，并给身旁的环卫工大姐一个大大的拥抱。台下，掌声叫好声一片，现场的环卫工人们脸上有光，眼中含泪，我知道这一刻他们是最幸福的！

活动现场，义工给每名环卫工人都带上红围巾后，真诚地说："您辛苦了！"一名大爷当场流下了眼泪，为什么一句"您辛苦了"就可以让他们如此感动？因为他们太缺少尊重了！"一元爱"就是要把尊严感还给这群最可爱的人！

当然，公益之路从来都不是一帆风顺的。我曾经一个人为了争取支持各方奔走，号召大家捐赠物品。活动现场，冰天雪地我待过，酷暑烈日我晒过，突发暴雨我淋过，也曾在活动结束，一个人处理物料的时候无助过。但这一切我都扛了下来，并且自问无愧于心。在公益的路上，质疑声却一直不断。有人说我图名，有人说我作秀，也有人为我打抱不平，我笑着说："相信你的人，不用解释也相信；不相信你的人，解释百遍也不信。不求别人议是非，但求自己坦荡荡！其实我做公益并非无所图，**我图的是内心的一份宁静和付**

出后的幸福满足。"

至今还清晰记得，活动现场，一名环卫工人用一元钱买了件女式大衣，然后开心地拨通电话："媳妇儿，我给你买了件衣服！"两个人分享着甜蜜，环卫大哥的神情洋溢着喜悦和满足。我们雇用的货车司机，晚上忽然退回五十块钱："我家里也是农村的，看到你们原来是为我们做好事，这点钱就算是我为公益做的一点贡献！"举办留守儿童专场活动的时候，有个孩子为妈妈和弟弟买了衣服和玩具，质朴的小脸上露出满足的笑容，本来都已经要离开商店，又跑过来从后面抱住志愿者，感动地说："阿姨，谢谢你，我今天好开心！"……

古人曾经说过"爱出者爱返"，我在做"一元爱"的过程中深切体会到这句话的温暖和力量。因为有了"一元爱"，才寻觅到我最好的搭档孙晓霞，从此风雨并肩，一路前行。

"晓霞，'一元爱'公益空缺秘书长一职，入职要求，搭时间、搭精力、搭人力、搭物力，入职待遇，一分钱没有，还要随叫随到，你愿意吗？"在女商会与孙晓霞结缘，她做事认真负责，正是我寻觅已久的秘书长一职最合适人选，于是我拨通电话，发出真诚的邀请。

"我愿意！"电话那头的晓霞没有丝毫犹豫，一口答应。

这一场景如同求婚，从此我俩携手步入公益的神圣殿堂。晓霞担任秘书长后，承担起"一元爱"所有的筹备工作，夏天三十八度高温下，依然在室外布置场地，一站就是一天，晒得紫外线过敏也没和我埋怨一句。她经常笑着对朋友说："自从做了'一元爱'，我省了不少钱。之前每次做美甲就要四五百，现在经常整理物资，都不用去美甲了！"曾经有人问她，为什么要当这个秘书长？她说："看长燕姐一个人太辛苦了，心疼，就是想帮帮她。"我在付出爱的过程中，收获了一批像晓霞一样关爱我、支持我的人。

山东慧敏科技开发有限公司董事长周慧敏看我做完活动后十分辛苦，特意邀请我到她家里，不仅给我熬粥，还特意给我买了一个坎肩，说："这个坎肩你贴身，穿着暖和！"

后来，因为我的力量十分有限，需要媒体为我们代言，本以为能有两三家就很好了，没想到最终二十三家媒体都成为"一元爱"公益的代言人！记得一次在给济南慈善总会时任会长张泽汇报工作时，她说："刘总真是有影响力，能号召这么多家媒体！"我说："并不是我有多大影响力，而是这些媒体有社会责任感和爱心。"

更让我感动的是，"一元爱"如同一场修行，不仅帮助了需要帮助的弱势群体，同样帮助了每一个参与到活动中的人，**每个人在付出爱的同时，温暖了别人，也滋润了自己。志愿者们弯下的是腰，扬起的是更加丰盈的灵魂！**

孙晓霞曾经感慨地对我说："做了'一元爱'之后，自己在不断付出的过程中，精神上也不断成长，感觉整个人都活得更加豁达坦然。虽然做的过程辛苦，但是这种内心的富足和丰盈让一切辛苦都值得！"

音乐制作人葛子玉此前一直梳着个性的小辫，他十分珍爱这一充满个人特色的发型。成为"一元爱"义工，做留守儿童专场活动的时候，他竟然把留了很多年的辫子剪了！大家惊讶地问他原因时，他说："害怕给孩子留下不好的印象，要给孩子做个好榜样！"活动结束后，他对我说："担任'一元爱'义工的时候，外人看上去是我在付出，其实我收获的远比付出的多！这种感动是最难得的！我一定要为'一元爱'创作一首公益歌曲！"

千慧董事长李侠赞助"一元爱"商标注册后，没想到她的员工就此患上了"公益上瘾症"！千慧的员工大多是高学历高收入高智商的三高男性，理性有余，感性不足。动员大会上，我一番演讲后，出乎李侠意料，这些平时不苟言笑的男士们争先恐后地报名，有人甚至要给负责人"送礼"，只为争取一个义工名额！

活动现场，这群平时坐惯办公室的高知分子，流着汗顾不上擦，马不停蹄地准备物料，我问："你们累不累？"一名义工一边干活一边笑着说："不累,可幸福了! 看着衣服被他们开心地一件件买走,我从来没这么幸福过!"
后来,李侠对我说:" '一元爱' 激发了大家对他人的爱和理解,参加完活动后明显感觉公司内部再遇到问题时,大家更好沟通了,管理效率更高了! 难怪你之前常说公益是最好的培训! 以后我们争取每年都做一场!"

爱出者爱返,如同一句魔咒,在所有参与"一元爱"的人身上应验。我期待在未来,把"一元爱"做成有影响力的公益品牌,用一元爱心,温暖济南,影响山东,感动中国! 如果你渴望播撒爱,欢迎加入"一元爱",我们一起把爱传递给更多需要温暖的人!

"一元爱"公益宣传片　　"一元爱"第四站　　　山东卫视报道
　　　　　　　　　　为留守儿童圆梦　　　　"一元爱"

用传统文化点燃心灯

传统文化有一种力量,可以直击人心,让人放下一切浮躁虚荣,感受人间真情。我深感这份力量的神圣,希望有更多人能像我一样,在传统文化中受益,让传统文化帮我们把大火乱炖的生活调成小火慢熬,给心灵吸氧。压力倍增的现代生活,这种精神上的帮助显得格外重要,而这也是我成立华恩启慧书院的初心——做一个精神的燃灯者,照亮人心,释放温暖,如果这个社会因为我而有一点点变好,也是一件无比神圣的事情。

"我想成立华恩启慧书院,专门做公益,对外免费推广传统文化,预算不少,前期最少两百万启动费。"我试探着寻求老贾的支持。他只说了一句:"嗯。我老婆平时是不大花钱,一花就是大手笔!"

1月2日是我的生日，这天老贾满面春风地送上大礼："老婆，华恩启慧书院我大力支持，这就算是今年送你的生日礼物啦！"面对这份浪漫，我感动不已，这是最好的生日礼物！于是，2017年婴贝儿总部大楼旁，华恩启慧书院诞生了。

无论年龄，无论学历，无论职业，传统文化总有一种力量，触动每个人最柔软的地方。

长兴集团董事长刘继营（以下简称"刘总"）看到婴贝儿将传统文化引入企业产生巨大能量后，十分希望传统文化也能在长兴集团落地生根。他曾经上过我的课，因此对我和我的课程无比信任。得知我创办华恩启慧书院，对外进行公益培训时，马上决定带领员工接受传统文化的洗礼。

没想到在统计报名人员时，长兴集团的员工并不是很配合，对培训百般抵触，觉得上课不能玩手机也就算了，竟然还不能吃肉，要在五观堂吃七天素！这群向来爱吃肉喝酒的男人心里上万个不愿意，以工作忙、生病各种理由不来，甚至有人直接跑到董事长的父亲那里，求老爷子帮忙请假！

对此，华恩启慧书院院长李铭担心地问："刘老师，他们连报名都这么不配合，能认真听课吗？而且咱们之前培训的大多是女性，他们来的90%都是男性，我真是担心他们的上课状态，对这群从事建筑行业这么多年的男人，我心里没有底啊！"

看到员工对这次培训如此消极，刘总也十分担心培训是否能产生效果。而我有足够的信心，让这群男人在传统文化的课堂上脱胎换骨，于是跟刘总说："你只负责把他们拉到课堂上，其他的就不用管了！"出于对我的信任，刘总回去和员工说："两种人可以不来，一种是医院出具证明有病没法来的，一种是准备辞职的！"

七天的培训终于如期开启。开营仪式是在晚上进行，而我要求长兴集团所有副总及以上级别的管理者都要早上八点半就来到华恩启慧书院担任义工，为培训做好提前准备工作：到宿舍为员工准备床具、套被子，为了晚上欢迎员工到来练习鞠躬……在套被子时，这群职场上的高管们都难为得急出一身汗，深有感触地说："回家必须好好感谢一下老婆，原来套被子也是技术活呀！"

此次培训义工的工作由我亲自负责，这群汉子腰板真硬！最开始鞠躬所有人都动作僵硬、面无表情，我就一个个辅导，一次次练习。一位副总笑着说："刘老师，这是我这辈子第一次鞠躬，这次义工经历把我前半生少鞠的躬都补回来了！"终于，所有人都领会了鞠躬的真谛——我们看似鞠的躬是给别人，其实成就的却是自己的一颗感恩之心。当一个人可以面带微笑深深鞠躬时，他的心门才会渐渐打开，把爱和温暖涌进去，把理解和感恩释放出来。在反复上百次的训练中，大家的动作和笑容越发自然。为了进一步锻炼他们放下身段，打开心扉，我让大家去婴贝儿办公室给每一位见到的人鞠躬，一位副总开始还说自己腰疼，结果现场他鞠得最好，还惊讶地说："鞠完了，结果腰不疼了！"

当天晚上，当所有员工来到华恩启慧书院，看到平时不苟言笑的领导们整齐站成两排，笑容满面地鞠躬欢迎他们时，所有人都不敢相信自己的眼睛："这还是我们的领导吗？"

刘总感慨地说："晚上吃饭的时候就发现这些高管们的态度全变了！之前大家做管理做惯了，缺少为别人服务的精神，还老板着脸。义工工作让他们学会了把企业中的身份放下，把一颗高傲的心变成一颗感恩的心，大家吃饭的时候氛围更轻松了！"

传统文化是打开所有人心的万能钥匙。以"孝亲"和"感恩"为主题的七天培训，这群看惯了建筑图纸的男人们从最开始的不以为然，到慢慢若有所思，再到后来彻底打开心门，给心灵来了一场酣畅淋漓的洗礼。法务部的一名员工，中途因为工作有急事要处理，只能先走。离开时她特别不愿意，问刘总："之后还有没有这种机会？我还想来学习！"从不愿意来到不愿意走，传统文化就是这么神奇！

培训中，一名平时不怎么表露情绪的员工，上台分享时，"扑通"一声，这个一米八几的山东大汉跪倒在讲台上，声泪俱下地忏悔着："我对不起家里的老母亲！这么多年一直忙着工作，忽视了对家里爸妈的照顾，每次回去母亲都一大早就在村口地大树旁望眼欲穿地等我……"语声几度哽咽，台下所有人面对这突如其来的一跪，先是一惊，然后陷入沉思，默默擦起了眼泪……当我们自以为对父母不错时，对照古人，反省自躬，才知道自己做得多么有限！我们的大好年华都是用他们的汗泪铺就，我们对他们的照顾，远不及他们对我们的关心，因为我们只顾着向前奔跑，而对父母来说，孩子才是他们永远的前方！

图 11-5 传统文化课堂上对父母的深深忏悔

有人在课堂上哭着表达对妻子的爱和歉意："平时工作经常要喝酒应酬，晚上回家很晚。妻子总是让我早点回家少喝酒，之前心里烦她整天唠唠叨叨，觉得我这样不都是为了这个家吗？我培训的前一天刚和妻子因此大吵一架，早上我摔门而去。今天我突然意识到，妻子的唠叨都是对我的关心和爱啊！我还不领情，不懂得感谢她这份深深的爱！回家后我一定要给她买份礼物，真诚道歉！"

还有人在分享时表达了对孩子的愧疚与忏悔："平时工作忙，对孩子的关注很少。看到孩子成绩不理想马上就发火，孩子也渐渐和我产生了芥蒂。之前觉得我挣钱回家给孩子好的物质条件就是爱他，通过这次培训我才知道，养育孩子的过程中钱固然重要，但是陪伴和关心更重要！我们总期待孩子能成为一名懂事听话的好孩子，其实我们应该先学会成为一名好父亲！把大嗓门收起来，把时间拿出来，让孩子感受到爸爸对他的陪伴和爱！"

"这群男人哭起来比女人还痛快淋漓啊！"培训过程中李铭院长的感慨化解了他之前对培训的担忧。我当初之所以对培训如此自信，是因为确信所有人都会有心里柔软的那个点，需要去释放。别看他们是男人，外表坚强，其实他们内心更柔软，压抑得更多，这也就是为什么男人的寿命常常比女人短！他们平时找不到倾诉发泄的机会，所以一旦有机会去释放，他们自然哭得比女人还狂野！

为什么这么多人哭得如此动情？你会发现讲到孝亲和感恩时，家庭关系越有问题的人，触动越大。不是我想让他们哭，而是这些有心结的人自己需要一场"情感地震"，在泪流满面中打开心结。我只是提供了一个放肆哭泣而不被嘲笑、哭到哽咽会有人安慰的场所。这也就是为什么他们哭得如此撕心裂肺。在华恩启慧书院，抛开所谓"男儿有泪不轻弹"的心理负担，情到伤心处，想哭你就哭吧！刘德华有首歌唱得好："男人哭吧哭吧哭吧不是罪，再强的人也有权利去疲惫，微笑背后若只剩心碎，做人何必撑得那么狼狈！"

佛家有云："身是菩提树，心如明镜台，时时勤拂拭，莫使惹尘埃。"眼泪或许是拂拭心灵尘埃最彻底、最酣畅淋漓的一种方式，一场眼泪犹如一场心灵的暴风雨，风雨过后，心灯熊熊燃起，火光干净温暖。你会发现原来一切这么美好！

　　培训最后一天，经过传统文化的洗礼，长兴集团的学员们从铁骨铮铮变成了铁血柔情。最后一餐结束，他们把五观堂做饭的范师傅请出来，所有人毕恭毕敬行鞠躬礼，感谢范师傅七天来为大家辛苦付出。离开时，一群老爷们把宿舍收拾得干干净净。

　　刘总说："培训之后整个人的思维方式变了，之前老是担心这个担心那个，怕什么来什么，课堂上刘老师讲'都说世事无常，其实是有常的，种什么因得什么果'，对我的触动太大了，与其担心这担心那，不如踏踏实实做好当下！"真切感受到传统文化给所有人带来的积极改变，刘总马上又组织了第二批员工来培训。回去之后公司再开早会时，有了全员诵读《弟子规》的传统，成为长兴集团内部一道亮丽的风景线！长兴集团的员工说："虽然《弟子规》只有1080个字，讲了113件小事，却教会了我们很多为人处事的道理！"

　　更让刘总感到惊喜的是，员工学完传统文化更好沟通了！一次电话里，他说："从华恩启慧书院回来，员工不像之前那么拗了，大家沟通起来，达成共识的速度更快了！建筑行业需要各个部门上下协调，之前大家都是为各自部门考虑，现在还会替对接的下游部门考虑！和您说实话吧，培训之后到现在，我们公司的效益翻了一番！"

　　中国老龄事业发展基金会孝文化传播委员会副主任、中华炎黄文化研究会文明传播工作委员会理事长吕明晰曾经说："中国企业学习传统文化是必然的结果，西方的企业管理建立在西方文化之上，把这一套用在中国的企业管理中，往往效果不大，所以一些有智慧的企业家就开始探索用中国文化解决企业的问题，发现效果很好，这才是中国的根和本！把传统文化引入企业是大势所趋，越来越多的人看到中国企业必须用中国文化来塑造，用传统文化来引领。"

　　我和婴贝儿都因传统文化而受益。很多企业家来参观，也想把传统文化落实在企业中，但是却不知道怎么落地。在婴贝儿的实践让我摸索出一套行之有效的方法，让传统文化得以在企业生根发芽。我愿意将这些经验分享出来,让传统文化成为更多企业的助力器。这既可以帮助企业家们解决很多管理中的疑惑,又能让员工在圣人智慧中得到滋养,提升幸福感,同时还能让消费者和社会受益。因为信奉传统文化的企业会更有责任感和爱心。如果所有企业都推行传统文化,学习古人凡事向内看的自省精神,少一些对外界的抱怨,多一些对自己的反思,遇到问题都先从自己身上找原因,那么这个社会的风气就会好很多。

华恩启慧书院面向企业免费培训的唯一要求就是企业家自己先学习。因为影响一个企业家往往意味着影响一个企业和企业里的所有员工,进而影响这个员工的家庭,这样可以充分发挥传统文化的力量。让人们把上班当作修行,而企业就是修行的道场。长兴集团刘总说:"以前我真的是不会笑,现在会笑了,把心结打开了,笑容越来越多,我给员工一个笑脸他们能幸福一周,整个公司大家笑容都更多了!"而培训之前,长兴集团一个员工说:"进公司十三年,看刘总笑超不过三次!"

华恩启慧书院七天的培训不仅不收任何学费,而且所有吃住费用都由书院承担。身边的朋友曾经友善地提醒我说:"这是一笔巨大的开支,你做公益可以,至少收个成本费呀!否则将来怎么持续下去呀?"我想的是,**大家都觉得商人无利不起早,但我就想做一件彻彻底底和钱无关的事情,让更多人看到世界上真的还有这种单纯无求的爱。**虽然我的财力有限,但是我想尽我所能,反哺社会,影响更多人一起加入弘扬传统文化的队伍中。欣慰的是,我的这份情怀得到了越来越多的支持。长兴集团刘总经常为华恩启慧书院送来食用油和自家种的新鲜蔬菜,并且很认真地说:"我就是华恩启慧书院的终身义工,坚定不移地跟随刘老师弘扬传统文化,帮助更多企业践行传统文化!"

薛记的薛总一天突然说要送我一千斤大米。

"为什么要送我这么多米?"我十分惊讶地问。

"这是我支持华恩启慧书院的,你给大家培训不收一分钱,还免费提供吃住，我也想为弘扬传统文化出份力。"薛总真诚地说。

华商书院则将华恩启慧书院列为济南校友会学习基地。

华恩启慧书院是弘扬传统文化的开放性平台，期待想把传统文化引入企业的企业家与我们联系，让我们在华恩启慧书院共享圣贤智慧！

用传统文化点一盏心灯，燃希望之火，远离迷惘，卸下喧嚣浮躁，自有一番欢喜自在！

八周年庆晚会节目
《家国梦》

用爱引领中国母婴生活

"哇哇……"产房里传出婴儿清脆的啼哭声。看到产妇终于成功地自然分娩，宋淑香悬着的心终于落了地。

突然，宋淑香整个人感到一阵眩晕，瘫坐在椅子上。

"你已经两天两夜没睡觉了，快躺下休息一会吧！"一旁的医护人员心疼地说。

"宋姐，太感谢你了！没有你我肯定不能顺产，这几天你不眠不休地陪着我，真是太辛苦了！"刚刚顺产生下一个大胖小子的产妇流着泪感动不已地说。

产房里这样温馨的一幕不是电视剧中的情节，而是在"三好妈咪"公益组织中（以下简称"三好妈咪"）真实发生的感人故事。宋淑香是"三好妈咪"的一名志愿者，经常为对自然分娩没有信心的妈妈们提供导乐服务。

"没有'三好妈咪'，我不可能有勇气坚持顺产！"

"太感谢'三好妈咪'了，帮助我成功实现了母乳喂养！"

"没想到济南还有这样的公益组织，不收妈妈一分钱，出人出力为我们这些孕妈谋福利！"

……

"三好妈咪"究竟是何方神圣？让这么多妈妈感激不已，念念不忘？

这要从"三好妈咪"的发起人贾志欣说起。志欣是两个孩子的母亲，生大宝时经历痛苦不堪的分娩和母乳喂养不愉快的过程，让她开始思考女性自身能力和应该获得的人文关怀。

为了寻求解决方案，她曾受训于（ICEA）国际生育教育协会，并跟随多名国内外知名生育专家学习，2017年，她将这些知识在自己身上实践，第一胎剖宫产后第二胎顺产成功，温柔幸福地生下了她的女儿。也在这一年，她萌生了成立公益组织的念头——通过妈妈帮助妈妈的方式，帮助女性更好地实现自然分娩和母亲喂养。就这样，2017年"三好妈咪"公益组织应运而生。"三好妈咪"的含义是智慧、勇敢、慈爱，希望母亲们通过智慧的学习成为勇敢的顺产妈妈、慈爱的母乳妈妈。

图 11-6　"三好妈咪"致力于"让生育更美好"

"当你经历了一场温柔的分娩，你会体验到生命的狂喜，你会深深感到爱的链接，你会对自己的身体全然地相信和臣服，你的内心会有巨大的满足和喜悦！而这，才应该是分娩本真的样子。"

贾志欣在台上动情阐释着"三好妈咪"让生育更美好的理念，我和老贾都被深深打动。之前如果能有"三好妈咪"这样的组织，在生浩浩时我就不用在待产室中痛苦煎熬36个小时了！似乎是冥冥之中注定的缘分，同样是在

2017年，婴贝儿盛大的十周年庆典上，我们发布了新愿景——**"引领中国母婴生活，做百年企业"**。这份愿景与钱无关，与爱有关。为了实现这份美好的愿景，我们愿意以**"守护母婴健康、强壮少年、富强中国"**为使命，怀揣**"忠诚守信、勇于担当、艰苦奋斗、共创共享"**的核心价值观，为中国更多母婴家庭带来爱和希望。于是我们决定出资赞助"三好妈咪"的一切公益活动，携手给妈妈们更温暖的关爱。

对此，很多人都十分不解地问："你们出钱赞助'三好妈咪'推广自然分娩也就算了，为什么还拿出真金白银支持母乳喂养？这可会实打实地影响你们的奶粉销量呀！你这不是明摆着自断财路吗？"对于这些疑问，老贾的回答掷地有声、铿锵有力："这是在做正确的事情，如果大家都母乳喂养，让孩子们更健康、更受益，我们宁可不卖奶粉！"这也就是为什么婴贝儿不仅赞助"三好妈咪"，还在所有新门店设有母乳喂养室。

我在坐月子时曾经堵了三次奶，发了三次烧，像我一样有过堵奶经历的妈妈们几乎都体会过催乳的痛不欲生，"三好妈咪"志愿者都是母乳指导，她们使用专业的知识帮助妈妈成功哺乳，而不是暴力地催乳，而且特别重视让宝宝成为妈妈的"催乳师"，发挥宝宝自己吃奶的能力。母乳指导师曹海凌说："分娩结束应该让孩子尽快和妈妈皮肤接触、吮吸乳房，妈妈的身体会分泌大量泌乳素，促进产奶。有一次，我去做母乳指导，那个妈妈生产完精疲力竭，本来已经累得不想让孩子吸奶，我就安抚她的情绪，一点点引导她，让孩子趴到她身上，过了一小会儿宝宝就开始自己找奶吃了，最后妈妈很顺利地产奶了！这个妈妈还要认我当干妈，有一次晚上十一点给我转过来一篇文章，大意说母乳很贵，如果靠买母乳喂养孩子的话要花21万！所以她整天对儿子说：'宝宝你看，都是姥姥给我们指导了，让我们省了多少钱！'"。

同时，"三好妈咪"还走进医院为妈妈们提供导乐支持，像宋淑香一样的导乐师们，全程陪伴，给产妇最温柔的鼓励和帮助，回应妈妈身体、情感和精神的需求，支持妈妈的选择，帮助妈妈、孩子和家庭获得幸福的生育体验。在这里，一名又一名产妇成了勇敢的顺产妈妈，一个又一个自然分娩的温柔故事在这里诞生。

"90后"初产妇潇潇最初十分害怕分娩，认为生宝宝是一件十分恐惧的事情。她怀孕后便大量阅读孕期图书，希望能找到一种不那么令人害怕的分娩方式。后来，经朋友介绍，她加入了"三好妈咪"温柔分娩工作坊，期待这里不仅能够给她顺产的勇气，同时给她专业的分娩知识。

怀孕期间，潇潇和老公一同学习，几乎不错过任何一场公益课堂，课程结束后还经常留下咨询更多问题，老师都一一耐心解答。同时，她坚持跳生育舞蹈、每天运动打卡。"三好妈咪"一直相信，每名女性都有自然分娩的本能，我们要做的就是激发大家的本能，实现顺利分娩。在志愿者们的帮助下，不断学习的智慧妈妈郑潇渐渐消除了对生育的恐惧心理，越来越有勇气坚持顺产。

2018年11月18日晚上11点，潇潇感受到腹中胎儿的蠢蠢欲动，于是马上前往医院。由于积极配合"三好妈咪"进行生育舞蹈、徒步等孕期运动，并且通过学习知道如何更好地配合助产士，所以到达医院后不到两个小时就实现了超快顺产！后来，她感动地说："非常感谢'三好妈咪'，让我能够如此顺利地渡过人生这一重大关节！"

随着日渐成熟，"三好妈咪"发现要想实现自然分娩和母乳喂养，除了让妈妈们意识到这两者的重要性外，更要获得医护人员的支持。于是，"三好妈咪"从世界各地请来最前沿、最专业的生育专家，举办研讨会，给医护人员进行免费培训。国际大牌生育专家的授课费往往四五天就要几万美金，而这所有费用都由婴贝儿赞助，一切只为给妈妈一场最美好的分娩体验！

最初，医护人员十分不解，不相信"三好妈咪"没有任何功利目的地为妈妈们谋福利，所以第一场研讨会只来了十几名将信将疑的医护人员。后来，随着"三好妈咪"工作人员的不懈付出，越来越多的医护人员看到了志愿者们的真诚和奉献，越来越支持和信任"三好妈咪"。现在，每场研讨会大家都积极参与，上百名医护人员齐聚一堂，共同帮助把美好生育的理念落实在每一位妈妈身上。

有一位助产士白天接受了"三好妈咪"邀请的生育大师玛哈老师的培训后，恰好当天晚上就有位妈妈分娩。这位妈妈持续胎位不正，医生建议剖宫产，就在产妇已经躺在手术室准备打麻药的时候，这位助产士说："等一下，我觉得这个妈妈还是有顺产的希望，让我最后再试一下！"于是，她运用白天玛哈老师教到的助产知识，帮助妈妈调整胎位。最后，结果让所有人惊喜——胎位正了！这位妈妈顺利实现了自然分娩！后来，这位助产士感慨地说："接触了'三好妈咪'后，对产妇更有耐心了，也更有方法了。要是之前遇到这种情况，肯定放弃顺产的努力，直接帮妈妈进行剖宫产了。"

"三好妈咪"把对妈妈和宝宝的关爱，渗透在分娩的每个环节，除了顺产外，还包括被很多人忽视的晚断脐。此前，济南几乎没有妈妈会主动提出"晚断脐"。一方面是因为妈妈们不了解晚断脐的好处，另一方面，很多医院都没有把这一操作列入常规操作手册。

为此，"三好妈咪"开展了一场场妈妈课堂，向孕妈妈们强调晚断脐的重要。所有婴贝儿门店都摆上了晚断脐的宣传海报，向孕妈妈宣导"三早一晚"生育理念。另外，还积极争取医院的支持。目前，在"三好妈咪"的宣传影响下，济南已经有90%的医院支持晚断脐，更有两家医院将晚断脐列入常规操作！2018年底，接受"三好妈咪"帮助过的孕妈妈们的晚断脐比率高达63%！

和医院的合作也取得了丰硕成果。目前，山东四十家医院近三百名助产士接受过"三好妈咪"的培训；近四十家医院已经张贴了"三好妈咪"的生育新理念的公益展牌；三家医院成为"三好妈咪"的温柔分娩基地；越来越多的医院和医护行业协会邀请"三好妈咪"创始人贾志欣去分享最前沿的生育理念；2019年4月，通过"三好妈咪"和医院的共同努力，成功将省内一家三甲医院的剖宫产率降到了18%！

两年来，"三好妈咪"先后成立了一百多个"三好妈咪互助群"，群里有妇产专家答疑讲课, 运动打卡, 并提倡妈妈帮助妈妈。在线下定期举办"温柔分娩工作坊""母乳喂养工作坊""生育舞蹈训练营", 开办了数百场公益性生育讲座, 帮助了超过两千位准妈妈实现了温柔分娩和母乳喂养的愿望。仅2018年一年, 就有上千人接受了"三好妈咪"第一口奶的免费指导。"三好妈咪"会员里, 零到六个月的母乳喂养率高达65%, 远高于社会平均水平40%! 参与过"三好妈咪"学习的孕妈妈顺产率高达70%, 远远高于济南平均顺产率51%!

更让人欣慰的是, 在我们的积极赞助和推动下, "三好妈咪"的所有内容, 包括课程内容、教学经验等, 免费开放给所有人, 期望带动更多人, 让生育更美好! 如今, 效果正在一点点显现, 比如婴贝儿的合作伙伴们先后和婴贝儿一起倡导"晚断脐", 十几万促销员, 向全国各地的妈妈们传递晚断脐的生育理念, 帮助更多妈妈实现美好生育, 温柔分娩。相信接下来, 还会有越来越多的人加入我们, 在促进美好生育的道路上怀揣真爱, 温暖前行!

用爱耕耘母婴行业是我永远不变的使命。希望我们可以用生命影响生命, 用生命唤醒生命。让生育更美好的愿景正在一个又一个妈妈的身上产生温柔的效果。或许前行路上, 我们的力量还很渺小, 我们影响的人有限, 但我们坚信, 每一点努力都是一道微光, 只要心怀热爱, 用心坚持, 微光成炬, 终将燎原!

让生育更美好　　一路有我　　没有陪伴, 不知艰辛

结 语

看不懂的企业，摸得到的文化

婴贝儿所有看不懂的背后有着共同的落点——企业文化。彻底洞悉了婴贝儿的企业文化，也就看懂了我们为何有诸多不同之处。

我出生在一个再普通不过的家庭，后来能取得一点小小的成就，精神力量的引领给了我最强大的支撑——绝不向磨难妥协，绝不向痛苦妥协，绝不向命运妥协！劈头盖脸而来的苦难要么把我压垮，要么成为我成功的垫脚石。只要还有一点力气，我都会充满激情，笑着去面对种种困难！若是命运黯淡，我就去努力追寻那一缕阳光，最终还给世界一片灿烂！

自身的奋斗经历让我坚信精神的力量无坚不摧，这也是为什么我从创业伊始就格外重视企业文化的原因。1998年成立医药公司时，我们就有自己的司歌和口号，每天在昂扬的旋律和嘹亮的口号声中鼓舞士气、振奋人心。后来创办山东聚成分公司，让我深度接触了"军队+学校+家庭"这一模式，对企业文化有了更为系统深入的了解。因此，我带领婴贝儿走出了一条先有文化后有企业的逆向成长之路。

古人曾说："孤阴不生，独阳不长。"阴阳平衡、虚实结合是万事万物的规律，对企业来说同样如此。管理制度是阳，企业文化是阴。用经济的纽带协调利益关系是阳，用文化的纽带协调人际关系是阴，都在同一个平台工作的人不叫团队，有着相同文化基因的人才叫团队！企业文化一定要落地生根，把根扎深了，文化就外显为带着温度的人际关系和组织制度，变成了能带来切实效果的凝聚力和执行力。

我不敢妄言婴贝儿的企业文化是最好的，但可以自信地说婴贝儿是将"军队+学校+家庭"这种文化模式运用得最好的企业之一。其中的诀窍在于三点：一是坚信仁爱文化，二是掌握中庸的智慧，三是充分发挥培训的黏合剂效应。

坚信仁爱文化，这是秉承中国文化的核心价值观"仁者爱人"。在这个世界上，唯一一个通行于全世界、跨越各民族的共同文化就是"仁爱"。解决人间诸多问题的共同"药方"就是"仁爱"。老板对员工的仁爱又决定着员工对客户的仁爱，当一群人将爱不断传递给别人时，就会成为一个巨大的能量源，感染着与你接触的每一个人，这样的企业就会成为充满能量和魅力的企业。

如何掌握中庸的智慧？正如古人所说"过犹不及"，适度最好。"军队+学校+家庭"这一文化模式的中庸智慧主要体现在如何平衡"军队"和"家庭"这一刚一柔两种力量，如果过于强调军队文化，很可能让人与人之间变成冷冰冰的上下级关系，极大伤害团队凝聚力；如果过于强调家庭文化，可能由此缺乏对工作的敬畏心而带来行为懒散、执行力低等问题。所以针对不同人、不同场合、不同时间、不同事件，应将这两种文化灵活运用，在需要推一把的时候就要铁面无情，说一不二；需要安慰和鼓励的时候就要满腔柔情，悉心呵护。如同家里既需要严父又需要慈母，军队文化如同严父，家庭文化如同慈母，张弛有度才能充分激发这两种文化的无限能量！

如何发挥培训的黏合剂效应？一方面，婴贝儿在培训中进行一次次军训，不断强调军队文化，加深每个人对军魂的理解。另一方面，员工会在培训中理解公司给予她的家人一般的关爱——正如每个父母都希望孩子成才，所以从不吝惜钱也要给孩子报各种辅导班。我作为婴贝儿的大家长，希望每个人都能在这里快速成长，因此愿意为她们培训，给她们交学费，让员工获得更好的谋生能力才是最大的关爱！在培训中，除了教授专业知识外，把这两方面做到位，培训的效果就会给人带来超预期的惊喜！因为此时培训已经不仅仅是学校文化的载体，还是军队文化和家庭文化的黏合剂，是锻造组织内部共识的炼丹炉！

一场培训下来，婴贝儿的军队、学校、家庭三种文化就会真正走进每个人的心里。很多新员工都说报到的第一天看到一楼有华恩书院、五观堂，二楼还有孔子像，第一反应"我是不是走错门了？这里不是公司吧"？直到参加培训的前一天都感觉企业文化大多是枯燥地喊口号，是没有生命力的，看到时间表里有军训一项，以为就是走个形式，应该不会真的军训。培训后才真正意识到公司对企业文化是动真格的！培训回来再看华恩书院、五观堂、孔子像、二楼墙上的各种军训和孝亲照片，一下子有了感觉，对企业文化的理解更深了，发现公司的文化是特别鲜活的，是有温度、有灵魂，每个人都触手可及的！

所有企业的文化都不会是一成不变的，企业文化是服务和引领企业发展的重要力量，自然也要随着企业发展而不断进化。2012年以来婴贝儿进行的文化升级是企业进化的必经之路，是婴贝儿发展的内在需求。并不是所有文化升级都会遇到如同婴贝儿一样如此激烈的文化碰撞，一家企业的企业文化越鲜明，外来高管越容易水土不服，越容易出现文化碰撞的现象。引进高管的同时又恰恰赶上互联网文化的大潮，两种外力冲击共同加快了婴贝儿文化升级的速度，为婴贝儿的升级发展提供了有益的养料。

文化升级后的婴贝儿浓墨重彩的一笔自然是传统文化的引入。很多企业家朋友都问我："传统文化在婴贝儿发挥出如此之大的作用，你是怎么做到的？"传统文化博大精深，小到修身齐家，大到治国平天下，各种智慧都可以从中寻得踪迹。而在企业内部推行传统文化，如果没有重点、全而广地去推等于不推，要想让传统文化真正在企业里爆发巨大能量，需要找到一个有力的抓手，既能体现传统文化的精华，具有充分的普世价值，能够让大家普遍认可，同时又能和企业文化、行业特点相契合，这样传统文化才不仅能在企业内部落地，更能在每个员工心里开花结果。我选择的抓手是传统文化中的孝文化。因为一方面婴贝儿一直推行家文化，家文化的核心就是孝，以孝文化为抓手不仅不和原有企业文化冲突，而且十分契合；另一方面，母婴行业本身就是一个充满爱的行业，孝是一切爱的源头，所推行孝文化和婴贝儿所在行业特点十分切合。

另外，要想让传统文化真正在企业内部扎根，老板本人身体力行至关重要。有些老板自己并不信奉更不践行传统文化，只是将其作为一种管理工具引入企业，交给人资去落地执行，最终效果不佳。总听人们说"企业文化就是老板文化"，但哪家企业的老板没有自己的想法呢？那为何不是所有的老板都能够把自己的想法贯彻下去呢？婴贝儿的实践证明，老板的信念唯有合于大道和人心，并且老板自己去身体力行，信仰和理念才会自上而下传导到企业的每个神经末梢。反之亦然，如果老板本人想法自私，只是口说文化却不去践行传统文化，员工又怎么可能践行呢？我将传统文化作为信仰，自己对此深信不疑并愿意拿出切实行动去践行，正是这份真心诚意才可能感召更多人发自内心地认可传统文化。也许，这也证明了我的想法合于大道并符合员工的人心吧！

很多人都说企业文化很容易做成形而上的虚无缥缈的口号，的确如此。婴贝儿的企业文化之所以能够做实不做虚，把文化变成摸得到、看得见、有温度、有触感的体验，秘诀在于理念背后有一系列配套措施——文化的落地既需要大江奔流似的引导号召，又需要潺潺溪水似的滋养浸润。以传统文化为例，婴贝儿既有像孝亲会、拜师会一样轰轰烈烈的仪式性活动，以一种高调的姿态引导大家懂得孝亲尊师，又有一系列润物细无声的细微体验，让传统文化真正走到每个人的心里。要想让一个人发自真心地认同一种文化，无声的浸润比有形的宣导更重要。这也就是为什么婴贝儿办公大楼的墙上悬挂着众多孝亲主题照片；五观堂用餐时总会播放空灵澄澈的禅乐；婴贝儿总部大楼二层常年端挂着一幅圣人孔子像；员工宿舍的门牌号不用数字标示，而是用"仁义礼智信"等充满儒家气息的汉字标示；办公桌上的装饰品都是充满传统气息的摆件，或是憨态自得的小和尚，或是寓意君子的莲花饰品……

习近平总书记在十九大报告中指出："文化是一个国家、一个民族的灵魂。文化兴国运兴，文化强民族强。"文化的力量势不可挡！这种力量在商业中体现为企业文化就是一个企业的灵魂，进行企业文化建设的过程才是一家企业真正叩问灵魂的时刻。一家企业的终极追求不仅在财务报表里，不仅在增长速度里，更在企业文化里。无论是军队、学校、家庭文化还是共享文化和传统文化，都有着共同的归宿，这也是婴贝儿企业文化的底层价值——人心向善。我坚信每个人心里都渴望被温暖和善意包裹，渴望积极进取实现更大的价值。婴贝儿的企业文化就是要通过各种方式激发每个人心底的善意，当一个人内心充满了对自己、对他人、对生活、对工作的善意时，就会爱自己、爱他人、爱这个世界。而只有一群心怀善意与爱的人，才能带着温暖在母婴行业耕耘，让世界因为我们变得更美好！

致 谢

大约在2005年，我看过一部名为《首席执行官》的电影，作品以海尔集团创始人、首席执行官张瑞敏为原型，讲述了一个企业家激情创业的故事，令我印象深刻。2007年创办婴贝儿以后，我就梦想着将来有一天写一本书，再拍一部电影，记录婴贝儿人的成长，见证婴贝儿的发展。今天，当《婴贝儿你看不懂》正式付梓之际，我算是实现了第一个梦想，至于能否拍成电影，就要看未来婴贝儿能发展到什么程度了。

因为心中有梦，想把婴贝儿这些伟大的小人物的故事记录下来，既是对老婴贝儿人的致敬，又是对新婴贝儿人"吃水不忘挖井人"的勉励——一批老婴贝儿人蹚过无数磨难才换来婴贝儿今天的欣欣向荣。所以我一直留心收集各种资料，将一路走来的点点滴滴记录下来，作为日后创作的珍贵素材。我的好朋友、山东青庐会创始人马翠曾经感慨地说："我认识那么多企业家朋友，还没有一个像您对企业文化这么上心的！"

2016年秋天，马翠牵线，将著名财经作家、润商文化创办人陈润引荐给我，协助我一起写作、出版这本书。2016年11月，陈润开始驻扎在济南婴贝儿总部采访，然后进入漫长的写作周期，此后两年间多次和我讨论、修改、补充采访。这本书还真是难写，2019年春节过后，陈润带着助手、财经作家孙秋月再次进驻婴贝儿，重新拟定目录框架、写作风格及补充采访。整个项目一共采访了将近150人，录音时长将近400个小时，采访速记再加上媒体报道、我的博客文章、日记及员工心得等，文字素材超过600万字。经过半年多的不断修改、完善，而今终于完稿。

陈润老师曾先后受美的、华润、招商金融集团等多家世界五百强企业的邀请，写作相关企业史，创作经验丰富，写作水平一流。在《婴贝儿你看不懂》一书的创作中，他几次感慨地说："刘老师，婴贝儿实在是一家太独特的企业了，它的企业文化个性如此鲜明，又如此让人摸不透，我看得懂五百强，看不懂婴贝儿啊！"在修改书稿的过程中，孙秋月老师惊叹地对我说："刘老师，您是我见过的企业家里对图书创作最有想法也是修改最认真的，逐字逐句一个标点符号都不放过。不一样的婴贝儿背后是因为有着不一样的刘长燕！"

这是一部凝聚了我和写作团队大量心血和汗水的作品，前后历时3年，数度修改调整，我们遇到的困难外人无法体会，好在我们都全部承受并克服过来，最终将这部作品完整呈现。很多员工听说我要把她们的名字和故事写进书中，激动地说："这是我一生最值得自豪的事情！"看到她们满足的笑容，为书稿付出的一切辛苦也就值得了！

在写作过程中，我得到了来自社会各界的支持和帮助。在此，我对以下人士表达诚挚的感谢。

首先感谢陈润、孙秋月等润商文化同仁的才情和激情，妙笔生花协助我完成作品。感谢马翠自始至终的支持，让这件有意义的事情善始善终。

感谢所有在职的婴贝儿人和曾经的婴贝儿人，我们共同书写了婴贝儿精彩绝伦的传奇故事。尤其感谢李铭、王长亮等参与项目的同事，大家在策划、采访、审读、出版过程中付出很多，尤其辛苦。

我要特别感谢中国老龄事业发展基金会孝文化传播委员会副主任、山东卫视《天下父母》栏目总导演吕明晰，华商书院董事长、南开大学商学院教授、博士生导师齐善鸿，财经作家、《海底捞你学不会》策划人邱恒明拨冗为本书作序，你们对作品的评价是对我莫大的鼓舞和鞭策。感谢双鹤乳业董事长冷友斌，英富曼中国董事总经理龚康康，新一代企业史作家、财经作家、润商文化创始人陈润，女性情商专家、《女性情商课》作者杨文利等为本书写推荐语力荐。你们的溢美之词让我充满信心，亦深知责任重大，希望这部作品没有辜负读者的阅读时光。

为写作本书，我们查阅了大量管理著作，参考、引用了很多媒体报道，尤其是山东媒体和行业报道，感谢所有作品的写作者。

感谢中华工商联合出版社李红霞、孟丹两位编辑老师，你们的付出与努力我铭记于心。

最重要的是，我要感谢我的先生、婴贝儿董事长贾俊勇，他对我做任何有意义的事情都无条件支持，无条件信任，我时常感动于这份默契与和谐。感谢我的家人这么多年来对我的帮助与支持，让我专注于热爱的母婴事业，永远不知疲惫，激情万丈！

刘长燕

2019年11月18日

附 录

婴贝儿工龄5年以上人员名单

以此致敬所有正在为婴贝儿流汗流泪、奋斗拼搏的家人，以及曾经为婴贝儿奉献过青春的家人们！

工龄12年人员名单（共10人）

贾俊勇、刘长燕、玄小莎、段立青、温爱臣、周晓宁、朱玉芬、贾志欣、孙维维、彭雯

工龄11年人员名单（共19人）

李侠、杨敏、曹海凌、李姣姣、刘霞、刘希文、李兆芹、乔祥敏、牛华、宋东梅、谢小梅、李娜、马德英、薛明夏、苏秀蕾、孙悦怀、王红霞、孟爱芹、贾俊亭

工龄10年人员名单（共30人）

田广婷、刘志霞、王玉霞、姜雪晶、王萍、李芳、白秋霜、石小荣、郭春彩、侯天坤、袁红梅、刘常美、李利、石亚汝、张安丽、范雪芳、孙文莹、王蓁、肖思荣、孙淑波、徐燕如、柏丹、潘沛芳、王洁、于慧杰、邢延民、周万迎、张艳、姜乐、张学军

工龄9年人员名单(共35人)

贾士玉、张建香、颜浩、田春苗、孙丹丹、刘志新、曹建敏、武雁京、王晓莉、
冯艳、张会、薛芹、王红英、孟玉珍、李光霞、卢爱平、石小荣、陈红花、
张翠莲、沾霞、崔艳华、王萌、王润涵、孙倩、孙亮、何素华、钱峰、阴智慧、
吴丽丽、杜雪荣、王树宾、陈淑会、郑响平、常娜、候绪玲

工龄8年人员名单（共44人）

尹卫花、邹春瀛、刘蕾、李其峰、刘鹏、朱洪财、房小涛、王玉鹏、王维、
路利利、田梅、左玉芬、李小利、王磊磊、朱士菊、王敏、马新花、王云、
张芹、杜菲菲、李靖、高德文、孙文鸣、张明美、巩金花、孔相伟、苏静、
周红、王萍、朱丽春、李福生、高凤君、孙燕、林萍、马珊、李娜、张维维、
鲁燕、赵传霞、赵敏、邱纪霞、张汝燕、苑宝慧、董静

工龄7年人员名单（共72人）

唐玉英、秦立峰、王芹、种慧芳、谷群、张悦、王娟、王金兰、王莹、阴法莲、
刘宁霞、赵洋、宋红、张淋、张宏、咸欣、高树俊、都春霞、郝秀玉、王春燕、
宗芳、修翠荣、韩蕊蕊、王晓鸣、杨洪雁、王春莲、高玉红、朱莉莉、
刘春花、卢在美、潘玲、蔺春辉、徐崇燕、徐莉、王健、王瑞萍、张玉景、
蔡素洁、赵金砚、孟繁瑜、郝贞、周亮、邢兰兰、孟芳芳、毛磊、任玉英、
王华丽、黄琳琳、林庆云、杨春霞、张爱青、房霞、毛海燕、李丰雪、孟爱芹、
刘翠霞、赵燕、张焰、张鹏、于金妹、王荣娣、崔玉真、李树丽、刘珂、
段娥、孙爱华、张俊芝、张清、王卉琼、滕石宁、邵海英、侯华

工龄6年人员名单（共109人）

于晓春、王立荣、王云云、毕永悦、刘淑彬、罗文清、武传荣、张丽、李铭、
刘婷婷、孙娜、苏建玲、路红利、孟宪俊、刘凤云、马可、秦峰、刘晓燕、
刘亚男、李丽丽、郭凤荣、赵苹苹、程巧巧、韩燕、吴国红、王淑慧、
李炳娟、黄琳琳、卢士峰、闫旭蕾、郭素芳、杨媛媛、刘倍倍、张兴美、
李玉红、张相峰、魏汝焕、朱广云、姚卫卫、段倩倩、牛艳美、高连凤、
张波、李娇、王丹、刘亚平、刘晶、宋海伟、徐亭亭、张冰、刘苹、安璐、
司维、聂红杰、张明连、陈红英、李赢、刘辉琴、卢惠红、高淼、刘焕、
王月梅、赵玉梅、徐淑平、张丹丹、郭太照、刘士香、刘灿群、郭灵、何燕、
孙英娟、马玲玲、蒋英、宿倩、韩伟红、史国丽、刘长明、康飞飞、潘绪燕、
邢宝红、刘立平、张昭霞、侯静静、杜青、高士香、侯丽娟、韩刚、高荣、
贾如伟、孙敏、李静、段瑞净、张丽纳、林乃凤、王秀林、赵爱梅、徐延红、
张玉、王红丽、马丽亚、孙爱菊、李花、于会元、徐荣荣、孟淑菊、付焕英、
王付兰、张秀珍、牛光会

工龄5年人员名单（共135人）

王莉、扈炳敏、义西勤操、李慧、邵小杰、韩丽丽、于雅楠、谯珊、杨启侠、
滕长美、张艳、冀云、靳磊、李莉、潘霞、李冉冉、赵海燕、辛军、隗茂瑞、
胡广平、刘志梅、王满满、周娜娜、白玉蒙、李晓静、李杰、罗欣、杨宗娜、
刘东霞、李曰花、刘稳稳、王静、李雪、曲延玲、李迎迎、王婷、王令娟、
金述媛、陈兴梅、周长花、范玲玲、刘殿姝、袁梅、李红、于凤君、程菲菲、
庞琳、赵庆英、张珊珊、隗培培、索蕾、王小平、雷道宁、李学喜、杨学华、
刘建芬、孙丙美、王春雷、王玉莲、唐蕊、杜记振、万颖颖、郭金雨、
尚秀秀、马聪聪、孙珊珊、孙红梅、宋小雪、周芳芳、宋聪聪、魏鸿燕、
白秀萍、王秀芹、黄鹏、王艳文、艾敏、张玉娟、孙娜娜、李婷婷、王婷婷、

管延玲、李丹丹、刘海冰、高迪、刘静、赵艳华、尹义芬、祝晓燕、赵丽丽、

张先虎、刘凤娇、李娜、井晓琳、许婷婷、赵元元、徐彬、张营营、王朋、

路燕、李文忠、滕爱芳、张海丽、谷丽媛、杨春红、卢晓、杨敏、孙振芹、

王建光、贾俊飞、刘佳、朱春荣、赵林林、王焕、李杰、李红、张爱青、王平、

张延芝、董静、侯璐英、王玉秀、程娟娟、王新年、齐静、李如芳、李以霏、

孟庆燕、薛辉、徐龙梅、陈新芳、尹月红、柳秀芳、金克玲、董旭华、刘海红

共计454人

图书在版编目(CIP)数据

婴贝儿你看不懂 / 刘长燕著. —— 北京 : 中华工商
联合出版社, 2019.12
ISBN 978-7-5158-2702-5

Ⅰ. ①婴… Ⅱ. ①刘… Ⅲ. ①刘长燕 – 自传 Ⅳ.
①K825.38

中国版本图书馆CIP数据核字(2019)第291364号

婴贝儿你看不懂

作　　者：	刘长燕
项目统筹：	李红霞
责任编辑：	孟　丹
封面设计：	周　琼
责任审读：	李　征
责任印制：	迈致红
出版发行：	中华工商联合出版社有限责任公司
印　　刷：	北京印匠彩色印刷有限公司
版　　次：	2020年1月第1版
印　　次：	2020年1月第1次印刷
开　　本：	145mm×210mm 1/32
字　　数：	270千字
印　　张：	10.5
书　　号：	ISBN 978-7-5158-2702-5
定　　价：	59.80元

服务热线：010-58301130
销售热线：010-58302813
地址邮编：北京市西城区西环广场A座
　　　　　19-20层，100044
http://www.chgslcbs.cn
E-mail: cicap1202@sina.com(营销中心)
E-mail: gslzbs@sina.com(总编室)

工商联版图书

联系电话：010-58302915